商务印书馆语言学出版基金
《中国语言学文库》第三辑

浮现语法:
基于汉语口语和书面语的研究

方 梅 著

商务印书馆
2018年·北京

图书在版编目(CIP)数据

浮现语法:基于汉语口语和书面语的研究/方梅著.—北京:商务印书馆,2018
(中国语言学文库.第三辑)
ISBN 978-7-100-16170-1

Ⅰ.①浮… Ⅱ.①方… Ⅲ.①汉语—口语—语法—研究②汉语—书面语—语法—研究 Ⅳ.①H14

中国版本图书馆 CIP 数据核字(2018)第 114287 号

权利保留,侵权必究。

浮 现 语 法
——基于汉语口语和书面语的研究

方 梅 著

商 务 印 书 馆 出 版
(北京王府井大街36号 邮政编码100710)
商 务 印 书 馆 发 行
北京市艺辉印刷有限公司印刷
ISBN 978-7-100-16170-1

2018年5月第1版	开本 880×1230 1/32
2018年5月北京第1次印刷	印张 14⅝

定价:48.00元

目 录

0. 导言 ·· i
   0.1 用法研究与动态语言观 ······················ i
   0.2 本书的主要内容 ······························ iv
   0.3 汉语研究的动态语言观 ····················· xxii
   0.4 材料 ·· xxiii

第一部分 背景信息的句法表现 ················ 1

第一章 反指零形主语小句与描写性关系小句的背景化功能 ··· 3
   1.0 引言 ·· 3
   1.1 背景信息与句法整合 ·························· 4
   1.2 反指零形主语小句 ···························· 6
   1.3 描写性关系小句 ······························ 14
   1.4 功能与形式 ···································· 19
   1.5 小结 ·· 21

第二章 "V 着"小句与背景信息 ··············· 24
   2.0 引言 ·· 24
   2.1 "着"的性质 ··································· 25
   2.2 "V 着(NP)"的依附性特征 ················· 28
   2.3 前景、背景与时体 ···························· 33
   2.4 小结 ·· 36

目录

第三章　关系小句的语序 ································· 38
  3.0　引言 ··· 38
  3.1　前置关系小句的"简单结构限制" ················· 39
  3.2　后置关系小句 ··································· 43
  3.3　口语中的特殊后置关系小句 ······················ 47
  3.4　前置与后置的语义-功能差异 ····················· 51
  3.5　小结 ··· 53

第二部分　主句述谓语的去范畴化 ····················· 55

第四章　从认证义动词到语用标记 ······················· 57
  4.0　引言 ··· 57
  4.1　去范畴化 ·· 58
  4.2　内部差异 ·· 65
  4.3　虚化条件 ·· 73
  4.4　小结 ··· 79

第五章　从言说动词到从句标记 ························· 82
  5.0　引言 ··· 82
  5.1　从言说动词到标句词 ···························· 84
  5.2　从言说动词到非现实情态从句标记 ·············· 91
  5.3　演变动因和机制 ································ 95
  5.4　小结 ··· 98

第六章　从情态助动词到饰句副词 ····················· 101
  6.0　引言 ·· 101
  6.1　位置游移 ······································· 101

6.2 语义磨损 ·· 105
6.3 句法属性 ·· 110
6.4 小结 ·· 114

第三部分 指称功能扩展与去指称化 ·························· 117

第七章 指示词的篇章功能与冠词用法的浮现 ················ 119
7.0 引言 ·· 119
7.1 "指示词+名词"的篇章-语义属性 ························ 120
7.2 指示词功能的扩展 ·· 124
7.3 "这""那"虚化的不对称 ································ 132
7.4 "一"的不定冠词用法 ···································· 137
7.5 小结 ·· 140

第八章 行为指称与话题结构 ······························ 144
8.0 引言 ·· 144
8.1 指称形式与指称属性 ······································ 145
8.2 话题延续性 ·· 148
8.3 两种行为指称形式的来源 ································ 156
8.4 小结 ·· 161

第九章 人称代词的功能扩展与去指称化 ····················· 163
9.0 引言 ·· 163
9.1 指称功能的扩展 ·· 164
9.2 去指称化 ·· 170
9.3 去指称化与直指系统的对应性 ···························· 176
9.4 小结 ·· 179

第十章　"里"从空间表达到时间表达 ·············· 182
10.0　引言 ·· 182
10.1　意义和用法 ······································ 183
10.2　使用限制 ··· 187
10.3　"里"的句法性质 ································ 189
10.4　"里"的虚化轨迹 ································ 191
10.5　小结 ·· 195

第四部分　词类的活用与转类 ························· 199

第十一章　修辞的转类与语法的转类 ··············· 201
11.0　引言 ·· 201
11.1　"转类辞"的浮现意义 ·························· 201
11.2　名词动用的两种意义 ··························· 203
11.3　修辞性转类的解读 ······························ 207
11.4　修辞性转类的特点 ······························ 210
11.5　小结 ·· 213

第十二章　儿化的形态和语义 ························ 215
12.0　引言 ·· 215
12.1　儿化词的来源 ···································· 216
12.2　自指和转指 ······································ 219
12.3　儿化的个体化功能 ······························ 222
12.4　小结 ·· 227

第十三章　儿化词语阴平变调的语法意义 ········· 229
13.0　引言 ·· 229

- 13.1 状态形容词与副词之别 …………………………… 230
- 13.2 阴平变调的扩散 …………………………………… 233
- 13.3 阴平变调的动因 …………………………………… 236
- 13.4 正在发生的演变 …………………………………… 238
- 13.5 小称与大称 ………………………………………… 240
- 13.6 小结 ………………………………………………… 244

第五部分 句法成分的语用化 ……………………………… 247

第十四章 连词的话语标记功能 …………………………… 249
- 14.0 引言 ………………………………………………… 249
- 14.1 连词的语义弱化 …………………………………… 250
- 14.2 弱化连词的话语标记功能 ………………………… 255
- 14.3 不对称性分布 ……………………………………… 265
- 14.4 小结 ………………………………………………… 268

第十五章 会话结构与连词的浮现义 ……………………… 271
- 15.0 引言 ………………………………………………… 271
- 15.1 连词在毗邻语对的特殊分布 ……………………… 271
- 15.2 连词的浮现义 ……………………………………… 274
- 15.3 言域用法与话语标记用法 ………………………… 281
- 15.4 影响功能解读的篇章因素 ………………………… 282
- 15.5 小结 ………………………………………………… 285

第十六章 "是不是"从疑问标记到话语标记 …………… 287
- 16.0 引言 ………………………………………………… 287
- 16.1 在对话中的主要用法 ……………………………… 289

16.2　线性位置与信疑程度 ··· 293
　　16.3　疑问标记的互动功能及其虚化 ································ 298
　　16.4　小结 ·· 300

第六部分　语体特征与语法特征 ·· 303
　第十七章　语气词变异形式的互动功能 ·································· 305
　　17.0　引言 ·· 305
　　17.1　现有关于语气词语音变异形式的分析 ······················· 305
　　17.2　不能从语流音变得到解释的用例 ······························ 308
　　17.3　分布差异 ·· 312
　　17.4　清末民初的北京话 ·· 319
　　17.5　施为性及其句法效应 ··· 324
　　17.6　小结 ·· 327

　第十八章　语体特征对句法的塑造 ······································· 328
　　18.0　引言 ·· 328
　　18.1　在线生成的编码特点 ··· 330
　　18.2　功能类型 ·· 335
　　18.3　共时系统中的句法选择 ·· 337
　　18.4　语体因素在语法演变中的作用 ·································· 342
　　18.5　小结 ·· 346

　第十九章　语体特征的句法语义表现 ···································· 347
　　19.0　引言 ·· 347
　　19.1　句法特征的语体分布差异 ··· 348
　　19.2　句法限制的语体相对性 ·· 351

19.3　语义解读的语体依赖性 …………………………………… 353
　　19.4　小结 ……………………………………………………………… 357

第二十章　结语 ……………………………………………………………… 360
　　20.1　功能扩展与结构浮现 …………………………………… 361
　　20.2　语法范畴的浮现 …………………………………………… 363
　　20.3　语用功能的浮现 …………………………………………… 363
　　20.4　语音弱化 ……………………………………………………… 364
　　20.5　语音强化 ……………………………………………………… 365
　　20.6　类推机制与重新分析 …………………………………… 367
　　20.7　高频效应 ……………………………………………………… 368

参考文献 ……………………………………………………………………… 371
术语索引 ……………………………………………………………………… 410
后记 …………………………………………………………………………… 421
专家评审意见 ……………………………………………………… 陶红印 422
专家评审意见 ……………………………………………………… 毕永峨 428

0. 导　言

0.1　用法研究与动态语言观

　　功能语言学家认为,一方面,说出来的话是认知系统的外部表现,任何表现形式都具有它的心理现实性;另一方面,语言的组织形式完全是出于社会交际目的考虑,研究形式不应该割裂结构表现与其动因的关系。因此要考虑听说双方的互动因素,听话人脑子里已然知道什么,要考虑听话人能够从中辨识出什么信息、获得什么新的信息,要考虑到听话人的记忆限度,等等。从这个意义上说,语法不是先天存在的,而是与实际交际活动相互作用、相互影响的,研究语法从根本上说不可能脱离语言的运用。这意味着:

　　第一、语法是从交际需求中产生的。

　　第二、语法规则是相对的,变化才是常态。

　　第三、语言的研究实际上可以归结为对语言变化的研究。研究语言必须观察具体的交际环境和语言的运用,了解结构的动态变化,解释成因。

　　关于篇章和句法的关系,通常有四种观点:

　　第一,篇章话语与句法无涉,句法研究根本不应考虑到篇章话语因素。

　　第二,部分句法现象受篇章话语因素的制约,但那只体现在句法现象的一些非本质方面。从方法论的角度考虑,阐释句法特征时可以不理会篇章话语因素,虽然此举并不意味着否认后者的存在。

第三,句法现象从形成到现状都受到篇章话语因素的制约,句法研究过程中若不考虑这些因素,势必无法得到理论上富于洞察力的阐释。

第四,不存在相对独立于篇章话语的所谓句法成分和句法规则。

功能主义语言学家普遍接受的是第三种观点。第四种观点越来越多地成为功能语言学家研究的根本性理念,并用来描写和解释共时差异和历时演变。(参看陈平,1987c)

以篇章-功能为导向的语法研究有两个目标。其一是描写,说明使用者如何运用语言形式。语言中存在着大量的表达"内容"相同而表现"形式"不同的表达方式,比如指称一个对象,可以用名词,也可以用代词,说话人在怎样的情形下选择使用两种不同的表达方式? 其二是解释,回答"语言结构形式何以如此"。比如代词,人类语言中普遍存在这个范畴,代词的普遍性是由什么机制决定的?

篇章-功能语法学家一般从三个方面寻求对所描述现象的解释:第一、认知视角的解释;第二、社会或互动视角的解释;第三、历时演变的解释。尽管切入点不同,但这三个方面事实上是相互联系的。篇章-功能语法学家认为,语言表达形式的多样性源自互动交际中不同的功能需求,不同的需求之间的相互竞争塑造了语言的结构形式。(Du Bois,1985)同时,基于"语法乃言者着力之码"的理念("grammars code best what speakers do most", Du Bois, 1985),篇章-功能语法学家认为,频率对理解语法结构动因至关重要。

浮现语法(Emergent Grammar)是功能语法的代表人物 Paul Hopper① 在 1987 年的一篇题为"Emergent Grammar"的文章中提出的。这种语法观主张,任何一种语言的语法都具有不确定性,语法系统

---

① 为方便读者查询检索,本书所有外国人名均以外文呈现;不再翻译成中文。

从来就不是最优化的,永远处于演化状态,"用法先于语法"。这一主张与话语功能语言学家的观点一脉相承。这一理论主张的主要倡导者有Paul Hopper、Sandra Thompson、Talmy Givón、John Du Bois、Joan Bybee等。他们提出:语法是凝固的话语(Grammar is frozen discourse——Givón)。结构和规则在篇章中产生、被篇章所塑造,并且始终处于这个塑造过程之中,"昨天的章法就是今天的句法"(Givón,1979)。

对于"Emergence"的性质其实各家的看法不尽相同,Hopper(1987)强调语言变化的非预期性和不稳定性。而另一些历史语言学家(如Traugott)则认为,"Emergence"是语言运用的自然的合乎逻辑的必然结果,Joan Bybee 的研究则是从认知的角度探讨用法问题。

总体上说,功能主义语言学家有一个基本共识,即语言的变化是"用法"的变化。近些年来,也有形式语言学家对功能主义语言观提出质疑,如 Newmeyer(2003)曾在 *Language* 上发表了题为"语法是语法,用法是用法"的文章。而后,Meyer 和 Tao(2005)等则对此做出回应。功能学派的主要代表学者之一 Joan Bybee 在 2006 年则出版了专著 *From Usage to Grammar*,对用法为基础的语法学说从基本理论和研究思想上做出系统化的总结。

从研究的焦点来看,语法化(grammaticalization)研究主要侧重历时的考察,关注:

(一)语法中的"形式"从何而来。比如从词汇形式到句法和形态的演化,考察实义词语在演变中如何逐渐失去实义,变成表达语法范畴的虚词或者构词构形的虚语素。

(二)语法中的"范畴"从何而来,比如语义内容和话语-语用功能是怎样逐渐发展固化为专门的形态手段的。

浮现语法研究则更多地侧重共时系统中的变异,试图从共时差异

透视历时演变的规律,关注:

（一）从章法到句法的演变;

（二）从句法范畴到语用范畴的演变。

前者属于语法化,而后者属于语用化(pragmaticalization)。

基于上述基本理念,篇章语法研究者特别强调研究对象的自然性,研究自然发生的语言材料(naturally-occurring data)——真实的篇章和自然的言谈。不仅重视言内语境(linguistic context),同时也重视情景语境(situational context)和社会语境(sociocultural context)等言外语境(extra-linguistic context),强调语言形式的选择不是一个单向的表达过程,而是一个交际参与者相互制约的互动过程。

0.2 本书的主要内容

本书是以上述功能主义理念为基础,通过对口语和书面语材料的考察,揭示当代汉语正在发生的演变。讨论共时差异背后的演变机制和功能动因,探求汉语里语法化的语用条件和语用化的句法-语义条件。

本书主要关注以下六方面问题:

1) 背景信息的句法表现;

2) 主句述谓语的去范畴化;

3) 指称功能扩展与去指称化;

4) 词类的活用与转类;

5) 句法成分的语用化;

6) 语体特征与语法特征。

0.2.1 背景信息的句法表现

叙事语篇(narrative discourse)中,有些语句是直接报道事件的进展、人物的动作的,而另一些则是对事件进行铺排、衬托或评论的。前者被称作前景(foreground)部分,后者叫作背景(background)部分。前景信息用来直接描述事件的进展,回答"发生了什么"这样的问题。背景信息用来回答"为什么(发生)"或"怎么样(发生)"等问题。

前景信息(foreground information)与背景信息(background information)在不同层面上有不同的表现形式。Hopper 和 Thompson(1980)关于及物性(transitivity)的研究将信息属性与小句的句法特征联系起来,指出前景信息小句往往对应于一系列高及物性特征,背景信息小句对应于一系列低及物性特征。

从句法整合(integration)的角度看,在以动词屈折为形态手段的语言里,信息背景化包装可以通过谓词的非限定形式做句法降级(downgrad)。Reinhart(1984)发现,从属性是背景信息的重要句法特征。状语小句(adverbial clause)通常是提供背景信息的(Chafe,1984;Ford,1993;Wang,1999)。关系小句(relative clause)作为名词性成分的修饰语,其功能就是通过已知信息来限定所指对象(Fox and Thompson,1990a、1990b),因而也是背景信息的句法表达形式。

从述谓语的句法特征看,前景信息倾向用完整体来表现,而背景信息倾向于用非完整体表现(Hopper,1979)。Hopper(1979)将背景信息的不完整体的特征概括为七个方面:1)作为事件 A 和/或 B 同时或先后存在的状况;2)作为环境或偶发事件,它是否完结对于其后的事件来说不是必要条件;3)焦点的有标记布局,如主语焦点/工具焦点/句子副词焦点;4)话题具有多样性(包括自然现象);5)静态的/描写性的情状;6)提供背景;7)具有非现实性。

汉语缺少句法形态,我们关心的是汉语的背景信息采用何种编码方式、具有何种句法表现。本书的第一章和第二章主要探讨汉语的背景信息编码方式,以及背景化(backgrounding)需求触发的新的句法形式。我们指出,反指零形主语和描写性关系小句都是书面语中由背景化需求驱动的句法降级,反映了汉语信息包装的特点。我们把"V 着"的种种句法表现放到这一背景下来认识,指出提供背景信息是"V 着"在句法上具有依附性的篇章理据。

反指零形主语和描写性关系小句是书面语中高频使用的编码方式,本书第三章考察修饰性小句在自然口语中的浮现句法范畴——后置型关系小句。跨语言的研究表明,世界上 OV 型语言中关系小句在核心名词之后的语序(word order)约占 58%,而 VO 型语言里关系小句在核心名词之后的约占 98%(Dryer,1992)。也就是说,VO 型语言中,关系小句在核心名词之后是强势语序。一般认为,汉语属于修饰语前置于核心名词的语言,因此,就关系小句与核心名词的顺序这个参项来说,汉语作为 VO 语言却像 OV 语言特征一样修饰语前置,确实是一个特例(Hawkins,1990)。但是,我们发现关系小句在名词前这个规律也不是一条铁律,汉语自然口语中也存在后置关系小句,其中有些结构还强制要求关系小句后置。第三章考察口语中的关系小句前置与后置选择在信息传递功能方面的差异,指出关系小句后置是语用原则在语句组织形式上的直接体现,它从一个侧面反映了语用原则的规约化(conventionalization),并通过后置型修饰语小句,探讨在线生成的编码与浮现结构的关系问题。

0.2.2 主句述谓语的去范畴化

所谓去范畴化(de-categorization)是指在一定的条件下,某一句法范畴的成员失去了该范畴的某些特征。(参看 Hopper and Traugott,1993:103—113)

主句(main clause)的创新在很大程度上表现为主句述谓词的非谓词化,认识意义、言说意义的主句动词具有跨语言共性(参看 Heine and Kuteva,2002)。Bybee(2001)在"Main clauses are innovative, subordinate clauses are conservative: consequences for the nature of constructions"一文里提出一个观点,主句具有创新性,从句具有守旧性。

从句的守旧性表现在:

1) 从句不会因语用的驱动而容易产生变化;

2) 许多历时的变化早期都发生在主句中而非从句中;

3) 从句演变的保守性除了在句法上的表现外,在语法化和形态-语音层面也会有所呈现。

主句的创新性表现在:

1) 语序的变化主要发生在主句,从句中一般不会发生相应的变化;

2) 主句中语用性信息比从句丰富,新的语法化形式所具有的丰富语义内容在主句的环境中更易体现。语序的改变和新的语法化的形式都产生在主句中,这些变化都伴随着额外的语用语义内容。

主句创新最为引人关注的现象大概要属现代英语里从主句结构(main clause construction)到饰句副词(sentential adverb)的用法浮现(Hopper and Traugott,1993:201)。Thompson 和 Mulac(1991)就已经指出,在英语口语中 think 类的认识义和见证动词,在主句位置用于引入一个命题。但这类动词构成认识义插入语(epistemic parentheticals)时,相对于非插入语位置,做插入语的 I think,表达言者的不确信(less certain)态度。

那么,主句创新,其演变的条件是什么?事实上,并非所有谓宾动词(complement-taking predicate)都发生上述变化。

我们认为,主句谓语动词的虚化条件是动词的"控制度"。"控制度"这一语义范畴作为句法影响因素主要是观察其对宾语小句的形态的影响(Givón,1980)。Givón(1984/1990)所著 $Syntax(II)$ 对主句动词与其后的小句之间的共变关系进行了概括。他的基本思想是,操纵类和模态类动词与其后的谓词性宾语的语义联系较强,认知类和言说类动词与其后的谓词性宾语的语义联系较弱。这种区别反映在句法形式上,表现为,操纵类和模态类动词后面的小句,其句法独立性较弱,而认知类和言说类动词后面的小句句法独立性较强。

我们认为,从控制度角度观察更能解释不同小句宾语动词的去范畴化差异。主句动词发生去范畴化与该动词的语义特征密切相关。其相关性表现在两个方面:

1) 同为谓宾动词,控制度低的动词比控制度高的动词容易发生去范畴化;

2) 同为认识动词,其内部发生去范畴化的动词是控制度相对较低的动词。

本书第四章和第五章分别讨论了认识义动词、言说动词的去范畴化。

第四章讨论了口语中从认识义动词(epistemic verb)的去范畴化,指出主句谓语位置上的高频认识义动词可以失去其主句动词的若干句法属性而成为语用标记(pragmatic marker)。表现为谓宾动词句法特征的衰减,由客观意义表达变为主观评价表达。控制度最弱的是表示评价意义的动词,这类词与言者主语共同构成表达说话人视角和态度的语用标记。按照句法描写传统,补足语小句是表达内容的小句(content clauses)(Jespersen,1933:286"a clause containing a statement which is not a sentence by itself, but is made part of a sentence"),而宾语小句(object clauses)在句法上被视为主句动词的论元成分。随着主句述谓语的去范畴化,语句的表述主体发生变化,宾语小句成为主要陈述内容,而认识义动词成为表达言者态度的语用标记。

第五章讨论了从言说动词到从句标记(subordinator)的语法化(grammaticalization)。指出表达言说意义的高频动词"说"在当代北京口语里从引语标记(quotative marker)用法中产生了新的语法功能,用作标句词(complementizer)。"说"可以标记三类从属小句:1)宾语小句;2)虚拟情态/条件小句;3)释名小句。

主句的创新还体现在情态助动词去范畴化。从虚化的方向上看,情态助动词与认识义动词具有相似性。第六章讨论了口语中从情态助动词到饰句副词(sentential adverb)的去范畴化。我们指出,情态助动词在口语里可以发生位置游移,出现在句首主语之前或者句末。不同情态助动词发生位置游移的情况是不均等的。一个情态助动词离开助动词的句法位置的条件是,其典型句法位置上本来就具备认识情态意义。位置游移后,该助动词所表达的对命题的信度会随之发生改变。前置时信度强化,后置时信度弱化。情态助动词在句首和句末的时候,其句法属性向饰句副词转化。

主句的创新涉及在线生成的编码与浮现结构或浮现构式之间的关系。我们看到,具有认识表达义功能的主句结构,通过插入语(parenthetical)用法,更容易演变为一种习语性构式,见第四章对认证义主句虚化的讨论和第六章关于情态助动词的讨论。而"说"的虚化则是另外一种路径,虚化为句法功能词。

0.2.3 指称功能扩展与去指称化

语言中的直指(deixis)系统包括三个重要分支,指示词、人称代词和具有空间直指功能的某些动词(如:来、去)。与指称功能相关的是前两类范畴,指示词和人称代词。

指示词(demonstratives)是直指系统中的一类。其语义指向情景或语境中的对象所关涉的语言成分,它们的具体所指只有联系情景或语境才能确定。传统对直指成分的分析特别强调"指示中心",也就是对时间、空间或人指称时的出发点。语法范畴中的"远指"与"近指"的范畴就是建立在这个基础之上的。远指用于指称离指示中心较远的事物,近指用于指称离指示中心较近的事物。

从概念范畴角度看,指示词涉及空间直指(space deixis),如:*here/there*,这里/那里;时间直指(time deixis),如:*now/then*,这时/那时;方式直指(manner deixis),如:*do it like this*,这样做。

从句法功能角色看,指示词有三个基本类型:

a. 代名词。可以在名词短语中做修饰语(如:这学生),也可以独立用作指称语(如:这无人不知无人不晓)。

b. 处所词。可以独立指示行为方所(如:放这里);也可以与名词一起指示方所(如:放在学生那里)。

c. 副词。说明行为的方式(如:这么做)。

跨语言看,指示词的语法化有多种可能(参看 Heine and Kuteva,2002),包括:标句词(complementizer)、连词、系词、有定标记、焦点标记、人称代词(第三人称)、关系小句标记、从属标记(subordinator)。世界上的各种语言几乎都有指示词,但是有冠词(article)的语言并不是很多。很多语言里,用来指称一个确定对象的时候就是用指示词(Payne,1997)。在一些有冠词的语言当中,冠词来源于指示词。虽然汉语被认为是没有冠词的语言,但是我们也注意到,吕叔湘(1944)早在《个字的应用范围,附论单位词前一字的脱落》一文已经注意到,汉语的通用量词"个"具有不定冠词的用法。黄宣范(Huang,1999)发现,台湾"国语"的口语材料中复合型远指指示词(distal demonstratives)"那个"有定冠词(definite article)用法。我们的研究(见第七章)则指出,北京话中的近指指示词(proximal demonstratives)"这"已经产生了定冠词的语法功能。而定冠词功能的浮现发生于近指代词而不是远指代词,最为重要的原因是,近指指示词前置于名词的组合更具有话题性(topicality),这种强烈的话题性表达不仅可以是"这＋名词",还可以是"这＋动词"。另一方面,这种新的功能浮现也不是孤立现象,北京话系统中数词"一"已经具有不定冠词(indefinite article)用法。

汉语里动词可以不改变其句法形态而直接充当主语、宾语,用作指称。另一方面,汉语里也确实存在通过改变动词句法形态来指称行为的结构。例如书面语中"N 的 V"式。第八章讨论了指示词在构建话题中的功能,特别是口语中行为指称的话题形式,涉及口语中的两种行为指称形式,"这(S)VP"和"S 这 VP"。两者虽然都指称行为,但是有通指(也称通指,generic)与单指(individual)之别。在篇章功能方面,前置"这"的类式用于建立话题(topic establish),内嵌"这"的形式用作回指(anaphora)。句法方面,带"这"的行为指称形式能够通过改变句法形态来指称行为,"这(S)VP"和"S 这 VP"都不能充当述谓语。用指示词"这"将述谓形式变为指称形式,"这"事实上行使了从属标记(subordinator)的功能。这两种结构的浮现,是由话题建立与话题延续性(topic continuity)的功能需求所驱动的。

本书第九章讨论第二人称和第三人称代词的非直指(non-deictic)用法。虽然在近代汉语以后的材料中,人称代词已经发现虚化用法,比如第三人称用作虚指傀儡宾语(参看吕叔湘,1985b),如:吃他三天三夜;以及第二人称用作虚指(dramatic use,参看赵元任,1968;Biq,1991),但这仅仅是虚化的开始。北京话人称代词的虚化除了有虚指的傀儡宾语、非人称用法(impersonal use)(如:这种事情让你防不胜防),还有非指人用法,即表达言者的态度、体现社会距离,成为一种主观性(subjectivity)的表达手段,如:他北京有什么好。相对于第二人称和第三人称代词的虚化,第一人称尽管也发生功能扩展,包括式"咱们"可以仅指听话人(参看方梅,2009),例如"咱们是大孩子了,不能跟小朋友抢玩具"。这种为了照顾受话人的感受而采用的人称代词的策略,是在互动交际中的交互主观化(inter-subjectivition)。

口语中虚化的直指词不限于指示词和人称代词,方位和处所直指词在对话语境中也发生虚化。第十章以动词后"里"的用法为例,讨论处所指称词从空间表达到时间表达的扩展。"里"是名词来源的后置词(postposition),本来是需要附着在名词上的,如"桌子上""山洞里"。尽管从实际用法看,"里"不仅可以指具体空间,也可以指抽象概念范畴,比如"生活里、上一代人的观念里"等。但是,这些用法都是要与名词共现的。而北京话中单语素方位成分"里"可以摆脱名词,直接附于动词后形成"动词-里"结构。不仅如此,"动词-里"不仅表达行为终点,还用于表现行为的完成。语义上,动词后的"里"已经开始从表达空间关系向表达时间关系转变。从句法组合上,"里"从名词的后附着成分变为动词的后附着成分。"里"的词义淡化(semantic bleaching),进一步虚化为动词的附缀(clitic)。如果从语法化演变的单向性斜坡(Cline of Grammaticality;Hopper and Traugott,1993/2003:7)来看,"里"的虚化可以概括为:

实义词汇(content item)＞语法词(grammatical word)＞附缀(clitic)

0.2.4 词类的活用与转类

自然口语中的创新用法还体现在对既有语法体系中词类的活用。在修辞学研究中,称为转类辞。转类辞的意义是由创新性句法组合触发的浮现意义。从修辞的转类到语法的转类是一个从语用模式到句法模式逐步规约化的结果。修辞的转类用法属于境迁语(contextual expression),具有两个特点:(1)句法特征的不充分性;(2)较弱的可类推性。修辞的转类作为语法创新,是一个特定时期的语用模式。从历时的角度看,哪些语用模式最终沉淀为句法模式、哪些模式成为构词模式,涉及多种因素,包括文化因素。其中名词的指称意义以及事件语义在名词转类中具有非常重要的作用。第十一章以名词的活用为例,讨论了从修辞的转类到语法的转类的规律。

汉语的词法形态是十分有限的,北京话的儿化是"-子"和"-头"之外的一个重要的构词手段。作为一种构词形态,以往研究比较关注的现象实际属于儿化的转指现象,比如动词"盖"与名词"盖儿"。本书第十二章关于北京话儿化的讨论指出,儿化除了可以转指构成新词(如"盖"是动作,"盖儿"指器物)之外,还可以用作自指,是不改变词汇意义的变化,仅仅改变词的语法属性。专用于"转类"的儿化,标志着儿化已经可以作为一种构形手段。同时,当一个对象有儿化与非儿化两种指称形式共存,儿化词则不用作指称无指和类指对象。到当代北京话,儿化完成了从客观上指"小"到表主观"小"(可爱),进而单纯作为构成个体名词的演变过程。Traugott 和 Dasher(2002)认为,语法化有两个主要阶段:主要语法化(primary grammaticalization)和次要语法化(secondary grammaticalization)。主要语法化的演变是实义词汇成分变为表达语法范畴的功能词;次要语法化表现为形态附着、语音溶蚀、语义淡化。北京话的儿化现象,可以说经历了语法化演变的全过程,即:实义词汇(content item)＞语法功能词(grammatical word)＞附缀(clitic)＞屈折词缀(inflection affix)。

第十三章讨论了北京话儿化单音节重叠式"AA儿"的阴平变调这一现象的语法意义。我们指出,这种阴平变调只出现在状语位置上,且不以本调的调类为变调条件。北京话阴平变调的实质是高调化,高调化是汉语方言中普遍存在的一种小称形式。在当代北京话里,阴平变调不仅用于构成"AA儿"重叠式副词,"儿化"加"阴平变调"作为一种生成副词的语法手段,也扩散至 ABB 式重叠式以及其他词类的词语,用以构成副词。这种阴平变调叠加在小称后缀之上,是带有小称意义的副词标记。这种小称变调属于构形音变。

第十一章到第十三章对口语现象的讨论希望可以更多揭示非形态语言词类转化的手段和规律。

0.2.5 句法成分的语用化

0.2.5.1 语用化

语用化(pragmaticalization)这一概念的提出可以追溯到 Aijmer(1997)。在她的研究中,提出英语 I think 在话语中插入语用法,其功能是体现言者对所言信息的态度,是语用化成分(pragmaticalized items;Aijmer,1997:2)。关于语用化的讨论几乎都关涉话语标记(discourse markers)或者情态小品词(modal particles)。而话语中用于表达言者态度的表达形式究竟算是语法化还是语用化,一直存在不同认识。相应地,这些表达式究竟是称为话语标记还是语用标记,各家亦不尽一致(参看 Diewald,2011)。究其原因,还是由于语用化与语法化存在相似的演变过程,如:

1) 功能扩展(extension)

2) 去语义化(desemanticization)

3) 去范畴化(decategorialization)

4) 语音销蚀(erosion)

但是,语用化现象在如下几个方面有别于语法化:

1) 语用化的产物在句法上独立,缺少融合性。而语法化的成分与邻近成分的融合度高。

2) 语用化表现为语义-语用范围扩大,涉及话语情境,而非限于句子层面。

3) 经历语用化的成分具有可选性,不具备句法上的强制性,无真值条件义。语用化的典型例证就是话语-语用标记现象。其特征：a. 辖域的泛化；b. 句法自由度的扩张；c. 不隶属于任何句法范畴；d. 不隶属于任何句法层级单位；e. 不具有句法强制性；f. 不与其他句法成分结合。

Heine(2013)将语法化和语用化的差异总结为以下五个方面：

1) 语法化通常伴随着句法整合(syntactic integration)，语用化则表现为句法上的依附成分变为自由状态。

2) 语用化不会造成跟其他句内成分的融合。

3) 语用化会导致辖域的扩大，而不是辖域缩小。

4) 语用化会导致语言形式可选性(optionality)，它产生的元话语形式不表达具有真值条件的命题意义，删除后句子的概念意义不会发生改变。在 Aijmer(1997：3)看来，这是语用化区别于语法化的最主要的特征。

5) 与语法化不同，Norde(2009：22)认为语用化产生的元话语成分不属于通常所说的"句法"范畴，通常不能纳入词形变化表，不遵守词形变化规则。

我们认为，最为重要的是，从演变的结果看，语用化和语法化具有本质的不同。语法化会造成句法整合；而语用化则使语言形式不再是句内成分，而是具有篇章衔接、言者态度等语用功能。

学界关于语法化和语用化的区别和联系一直有不同的认识，有学者认为，语用化是语法化的次类，可以看作话语功能的语法化(Diewald, 2011)。另一些学者认为，语用化应作为一个独立的现象来认识。主张用语用化来概括话语标记(或语用标记)浮现的主要研究详见 Heine(2013)的叙述。

上述认识的分歧在一定程度上是由于各家对话语标记或者语用标记的界定存在分歧。

0.2.5.2 话语标记与语用标记

Schiffrin(1987)是系统性研究话语标记的专著,从话语标记的分布、韵律、意义等方面出发,提出一系列验证话语标记的标准:1)在句法上与句子可以分离;2)一般用于话段首位;3)自身带有韵律曲拱;4)可以作用于话语的局部(local)和全局(global);5)可以作用于话语的不同方面。

Schiffrin 认为,每一个话语标记都有其核心意义(core meaning),其功能在于增加话语连贯性,以显示话语内部毗邻单位之间的关系。话语标记在话语中起着整合的作用,并对话语连贯有很大帮助。这种连贯功能体现为五个方面,即:1)转换结构(exchange structure);2)行为结构(action structure);3)概念结构(ideational structure);4)参与框架(participation framework);5)信息状态(information state)。

其后的研究中,话语标记(discourse marker, DM)与语用标记(pragmatic marker)在有些学者的研究中所指相似。话语标记又被叫作 discourse particle、pragmatic marker、pragmatic particle、discourse connective、adverbial、connecting adverbial、conjunction,甚至 vocal hiccup……。而其成员范围也很广,既包括单音节的口语成分,也包括类似插入成分的小句式表达(interjection-like particles to clausal expressions)。话语标记和语用标记在有些文献中不加区分,还有学者把话语标记看作副词/连词的次类。

Brinton(1996)从五个方面概括话语标记的基本特征:

1) 语音和词汇特征:a. 短形式或语音上的弱化形式;b. 独立的语调群(tone group);c. 难以归入传统语法中的词类系统。

2) 句法特征:d. 句首位置;e. 居句法结构外围,与句法结构之间存在松散的关系;f. 具有可选性,不是句法上的必有成分。

3) 语义特征:g. 仅存极少或几乎没有命题意义。

4) 功能特征:h. 多功能的,同时作用于语言的多个层面。

5) 社会语言学和风格学特征:i. 主要用在口语而不是书面语;j. 高频出现率。

其后,Fraser 继 1996 年在 *Pragmatics* 上发表的文章之后,1999 年在《语用学杂志》(*Jornal of Pragmatics*)上发表的论文"What are discourse markers?"对话语标记的研究进行了追溯。

Brinton 和 Traugott(2005:137)、Brinton(2008)则提出 phrasal DM,包括插入性的评价小句(certain types of parenthetical comment clauses),如 *I believe*、*as you know*,以及一些程式化的社交用语,如 *thank you* 或 *I'm sorry*。

Kaltenböck(2007:47)所指的话语标记包括一些用在评论小句开头的口语性成分(verbal ones under the heading of comment clause),如 *I mean*、*I see*、*I think*、*you know*、*(you) see*、*mind you*、*look*、*listen*。

Brinton(2008:18)把一些评论性小句(comment clauses)看作语用标记(pragmatic markers),正是由于这些成分在话语中的篇章功能或人际表达功能(主观性和交互主观性)。

尽管有些话语标记成分与连词(conjuncts;Quirk et al.,1985)(如 *after all*、*anyway*、*in fact*)或连接性副词(linking adverbials;Biber et al.,1999:880)同形,但是从话语功能、意义和韵律角度看,两者的差异还是清楚的。以 *well* 为例:

A:What did your friend say?

B:Well,I didn't understand him very well.

B 句中话轮起始部分的 *well* 是话语标记,第二个 *well* 只是方式副词。

Heine(2013)的文章提出了学界普遍关注的问题,即话语标记

(discourse markers)的产生机制究竟是语法化(grammaticalization)、语用化(pragmaticalization)还是其他？在这篇文章中，Heine 提出，话语标记的产生有别于语法化，其特性表现在如下几个方面：

1) 句法上独立(*syntactically independent*)。

2) 韵律相对独立(*prosodic independence*)。韵律独立是话语标记的显著特征(salient property)，适用于典型的话语标记。也有些话语标记在韵律上与其宿主语句(host utterance)融为一体(Dehé，2007：281)。如英语的话语标记的 *well* 在 50% 的用例中是独立的韵律形式(Hirschberg and Litman，1993：516)。用作话语标记的 *actually* 与副词的 *actually* 相比较，前者韵律上独立，后者韵律上不独立于其宿主小句。

3) 语义上，它不属于小句命题义的一部分，而是修辞性的、元语性的，或表达态度立场的(Traugott and Dasher，2002：155)。

4) 话语标记的主要功能是建立言者与听者之间的互动(speaker-hearer interaction)、表达言者的态度(speaker attitudes)，或者组织语篇(the organization of texts)。

5) 话语标记的内部结构不可做句法分析。典型的话语标记是很短的，经常是单音节的，尽管也有些话语标记是多个词构成的(如 *as it were*、*if you will*、*in other words*)。

在此基础上，Heine(2013)提出话语标记是从句子语法中吸纳一些语言单位用于话语构建的，是征派(cooptation)过程，具有非线性特征。

0.2.5.3 本书的概念

话语标记和语用标记都属于语用范畴标记，话语标记的功能在于组织言谈，语用标记的功能在于表达言者态度。我们把话语标记看作语用范畴标记当中的一个子类。虽然两者都不参与命题意义的表达，但是,话语标记在言谈当中起组织结构、建立关联的作用。而语用标记不具备此类组织言谈的功能。比如,"然后"用作命题意义表达时,表示时间上具有先后关系;不用作命题意义表达时,在谈话中可以连接说话人相继说出的并无时间先后关系的内容,使言谈保持连贯。上述用法属于话语标记。当一个成分对连贯言谈并无作用而重在表现说话人的态度,就只把它看作语用标记。

我们认为,语用标记或话语标记功能的浮现从根本上说是语用化,而不是语法化,尽管两者在某些方面存在类似的过程表现。

言谈内容组织与参与者话语权的组织是会话语篇(conversational discourse)中两种重要的交际需求。而句法成分的话语标记功能的浮现表现为:

1) 命题表达＞言谈组织
2) 命题表达＞言谈参与者态度表达

话语标记功能的浮现在很大程度上受其命题意义的影响,原有的命题意义决定了功能扩展的方向。比如:

然后:事件顺序＞言谈顺序＞话轮延续

可是:命题意义转折＞话题转换＞话轮取得

不是:命题否定＞话轮取得

是不是:命题疑问＞话轮移交

使用"＞"意味着右侧比左侧在词汇意义上更为虚化。实际使用中,功能扩展具有单向性。如果一个词有话语权运作功能(如延续话轮、取得话轮),一定也有话语篇章组织功能(转换话题);但是反过来未必。

0.2.6 语体特征与语法特征

定义"语体"有不同角度。作为通用术语的语体(genre)用于文艺批评,指文学作品可辨认的类别(如诗歌体、侦探小说体)。引申为指任何形式上可区分的、得到一定程度公认的语言变体,不管是口头的还是书面的,例如商业广告、笑话、布道等。一种语体在语言使用上表现出一些可辨认的特点,特别是跟主要内容、目的(如叙述、讽喻、讽刺)、篇章结构、论证形式、正式程度等有关。由此,还可分出不同的次语体(subgenres),如小说的不同语体、新闻报道的不同语体(参看 David Crystal: *A Dictionary of Linguistics and Phonetics*(《现代语言学词典》,沈家煊译,2000 年商务印书馆))。

侧重修辞学视角的语体(a register of language),通常指不同社会活动领域,针对不同对象、不同环境,使用语言进行交际时所形成的常用词汇、句式结构、修辞手段等一系列运用语言的特点。语体分为口头语体和书面语体两类。其中口头语体包括谈话语体和演讲语体;书面语体包括法律语体、事务语体、科技语体、政论语体、文艺语体、新闻语体等,这实际是从文本的社会领域角度划分的。

语体决定语句结构和语篇结构的基本类别,语体的差异可以从不同角度去分析。如果从对语法结构的影响这个角度着眼,传媒、方式和功能类型这三个维度的影响最为重要(陶红印,1999)。我们对语体特征及其对句法塑造的认识,以及有关语体特征的句法表现的讨论都证实了上述语体和语法关系的理解。传统上对语体的分类,先分为口头语体和书面语体两类,然后将用于不同社会功能形态的文本一并划归书面语,这种二分实际上仅仅可以概括正式与非正式这一对风格特征,但是从句法编码的差异性看,却未必合适。

我们认为,从对编码方式的影响和制约的角度看,互动交际与非互动交际所产生的不同语篇类型(discourse types),即会话语篇(conversational discourse)与非会话语篇的差异是更为基本的影响因素。

从语法研究的角度看,我们关注的是两个层面的问题。

1) 语体差异与语句结构和语篇结构的关系；
2) 不同功能类型的语篇所体现的交际功能需求对语法表达形式的影响。

会话语篇体现更多的互动性，比如在线生成的语句的信息包装特点、依赖言谈参与者共享知识而产生的缺省表达（如：V-里）、出于对受话人感受的关照而采用的交互主观化表达等，都会影响编码方式，进而产生新的用法。事实上本书有几章的讨论都涉及会话语篇特有的现象。比如人称代词的功能扩展、话语标记及语用化问题等。

功能需求可以通过互动交际模式下在线生成的编码方式与非互动交际的言语产品在形式上的差异进行对比。比如，关系小句的前置与后置、话题建立（topic establish）、话题延续性（topic continuity）与话语标记的功能浮现等。本书关于认证义动词和情态助动词在口语中的虚化现象的讨论指出，虽然两类起点不同，前者为主句述谓语，后者为主句述谓语的修饰语，但是二者具备相似的互动交际行为功能——评价，两者的虚化终点相似——后置状语小句（adverbial clause）或饰句副词（sentetial adverb）。本书第十七章以北京话的"呀""哪""啦"为例，从言语行为的角度，讨论语气词变异形式的互动功能。观察那些用音变规律管不住的用例，进而发现"呀""哪""啦"在话语中已经逐步浮现独立的功能，用于行事性言语行为（illocutionary act），句末带有"呀""哪""啦"的语句为施为句（performative utterance）。第十八章讨论语体特征及其对句法的塑造，第十九章讨论语体特征的句法表现，着眼于不同功能类型的语篇所体现的交际功能需求对语法表达形式的影响。

通过这些讨论，我们试图说明，语法是在运用中逐渐成形的、同时也是不断变化的，功能需求塑造了语法。我们赞同 Givón(1979)的观点，把从章法到句法的演变过程看作下面三个层级。

合法性层面：　　不合语法　　　＞　　　合语法

| 个体发生层面： | 语用模式 | > | 句法模式 |
| 历时层面： | 松散搭配 | > | 严谨句法 |

语法创新的初期阶段表现为"不合语法"的形式特征,比如本书第十一章讨论的修辞上的转类辞。转类辞本身就是对既有语法规则的突破。不过,语法的创新作为"活用"形式,往往又在一定语用条件下产生新的用法,属于"境迁语"。语法形式的浮现过程正是语用限制条件逐步淡化、从特殊到一般、摆脱"境迁语"属性逐步固化的过程。哪些"境迁语"最终会从特殊走到一般,固化为语法,其中功能需求扮演了重要的角色。用法描写的任务就是对其语用条件的描写,对规约化过程中的动因和机制的描写。

相对于形态手段较为丰富的语言来说,汉语里,语言单位篇章属性的差异具有更为重要的意义。汉语语法范畴间的转化和新的语法范畴的萌生所经历的动态过程,对于认识从章法到句法的演变具有特别的价值。

0.3 汉语研究的动态语言观

吕叔湘先生说,"一个语法形式可以从两方面进行研究。可以研究它在语句结构里的地位:是哪种语法单位?是句子或短语里的哪种成分?跟它前面或后面的别的成分是什么关系?等等。另一方面,也可以研究它出现的条件:什么情况之下能用或非用不可?什么情况之下不能用?必得用在某一别的成分之前或之后?等等。前者是理论研究,后者是用法研究。""一种语法形式可以分别从理论方面和从用法方面进行研究。哪方面更重要呢?这要看情况。首先,可能有某一种语法形式,在用法上没有多大讲究,在理论上很值得讨论;也可能有一种语法形式,在理论上没有多少可讨论,可是在用法上很讲究。""也有这种情况:不把用法问题摸透,理论问题也解决不好。""我常常有一种感觉,就是现在的语

法研究中用法研究还没有得到它应有的重视。"(吕叔湘,1992)

关于口语研究和对实际口语调查,吕叔湘先生在《汉语研究工作者当前的任务》中提出,"另外一个重要的课题是口语语法的研究""进行口语语法的研究,不光是为了更好地了解口语,也是为了更好地了解书面语。比如对于语法分析至关重要的语调、重音、停顿,等等,在书面材料里就无可依据,非拿口语来研究不可。"(吕叔湘,1961)1980年,在中国语言学会成立大会上的报告里,吕先生指出:"过去研究语言的人偏重书面语材料,忽略口头材料,这是不对的。口语至少跟文字同样重要,如果不是更重要的话。许多语言学家认为口语更重要,因为口语是文字的根本。"(《把我国语言科学推向前进》)在实际工作中,他鼓励研究人员做口语调查,使用转写材料进行研究。他在陈建民先生的《汉语口语》一书的序中说,"有一项工作很值得做,就是用录音机把人们说的话录下来,各种风格的话,受过教育的和没受过教育的,有准备的和没有准备的。录下来就一个字一个字地写出来,然后把它整理成可以读下去的文字。拿这个去跟逐字记录的比较,可以看出人们通过什么样的过程把口语变成书面语。"(转自陈建民,1984)

用法研究与动态语言观是汉语语法研究的重要理论遗产(参看江蓝生、方梅,1998)。由于汉语缺少表面的句法形态,汉语语法的研究在很大程度上是对用法的描写和解释。这种研究传统贯穿于吕叔湘先生的《中国文法要略》、赵元任先生的《汉语口语语法》和朱德熙先生的一系列汉语语法著述,也成为当代汉语语法研究的最为重要的理论指导。

0.4　材料

本书的材料包括三类:文本材料、同期录音电视剧的转写材料和自然口语转写材料。

文本材料有现代北京话的经典作品,清末民初的小说和教材。材料出处随文标注,未标注出处的是本人收集的口语材料。作者本人的母语是北京话,内省材料可以作为北京话依据。

自然口语转写材料的转写单位是"语调单位"(intonation unit),不是语法单位。汉语口语自然言谈语料的转写规则参考了 Du Bois 等(1993)、陶红印(2004)。

转写体例如下。

转写符号

(1) ","　　　　　　一个语调单位的结束。

(2) "。"　　　　　　当前说话人结束其话语的语调单位。如话语未完,语调单位后用","标注;语调单位若是疑问语调,其后用"?"标注。

(3) "...(N)"　　　　长停顿标记,一般长于或等于 0.7 秒。这类停顿需要加圆括号标明时长;

　　"..."　　　　　中停顿标记,停顿时间在 0.3—0.6 秒间,包括 0.3 和 0.6 秒,不标停顿时长;

　　".."　　　　　　短停顿标记,小于等于 0.2 秒,不标停顿时长。

(4) "[ ]"　　　　　对话中,不同说话人在同一时间的言谈,将话语交叠部分置于"[ ]"内。

(5) "- -"　　　　　在完成一个完整的语调单位曲拱之前,该语调单位被截断。

(6) "="　　　　　　标于拖音音节之后,表示该音节有语音延宕。

(7) "~"　　　　　　标记在重音音节前,表示该音节带有对比性重音。

(8) "<Q Q>"　　　引语韵律特征标记,带有该特征的话语放在两个 Q 之间。

(9)"uh"　　　　无法用文字代表的犹豫音节。
(10)"<X X>"　听不清楚的部分放在"<X X>"中,完全听不出来的直接标注"<XXX>"。
(11)"<@ @>"笑声,带有笑声的话语放在两个笑声符号@之间。

第一部分　背景信息的句法表现

第一章　反指零形主语小句与描写性关系小句的背景化功能

1.0　引言

叙事语篇(narrative discourse)中,构成事件主线、直接描述事件进展的信息属于前景信息(foreground information)。围绕事件主干进行铺排、衬托或评价的信息(如:事件的场景、相关因素等)属于背景信息(background information)[①](参看 Hopper,1979;Tomlin,1985)。

前景信息与背景信息的差异不仅仅体现在篇章功能上,也对应在一系列句法-语义特征上。

Hopper and Thompson(1980)关于及物性的研究将信息属性与小句的句法特征联系起来,指出前景信息小句往往对应于一系列高及物性特征,背景信息小句对应于一系列低及物性特征[②]。

就小句这一层面来说:

自立小句(independent clause)用于表现前景/核心信息;

依附小句(dependent clause)用于表现背景信息。

关于小句句法属性与背景信息之间的关系,Reinhart(1984)发现,从属性是背景信息的重要句法特征。主句为前景,表达事件过程;从句为背景,表现事件过程以外的因素,如时间、条件、伴随状态等。Tomlin(1985)通过统计分析进一步说明,约 80% 的用例符合上述规律。

1.1 背景信息与句法整合

这里我们看到两对概念,一是自立小句与依附小句,二是主句与从句。通过这两个特征,"依附"(dependent)与"内嵌"(embedded)两个基本参项,大致可以区分出等立(coordination)、主次(cosubordination)、从属(subordination)三个句法等级(参看 Foley and Van Valin,1984)③。

等立	主次	从属
−依附	＋依附	＋依附
−内嵌	−内嵌	＋内嵌

在形态语言里,自立小句具有完备的句法屈折,表现为具有自己的时和体标记,主语的所指不依赖其他小句,并可以不依赖其他小句而进入语篇。依附小句是在句法上不能自足的小句,表现为时和语气成分受限制,主语的所指依赖其他小句,并且不能独立进入篇章(参看 Payne,1997)。④尽管各种语言中依附小句的具体形态表现各异,但是都具有上述句法特征,也就是说,内嵌小句的句法等级最低,自立小句的句法等级最高。

复句和单句之间在语法化程度上是一个连续统。Haboud(1997:213)用"小句整合"(clause integration)这个语法化概念来说明两个本来独立的小句合并为一个带有一套语法关系的单一小句的现象。这种现象体现了意念上原来是两个分离的事件现在被作为一个单一事件处理。小句整合是一个逐渐变化的过程,反映在语言事实上,表现为一系列结合紧密程度不一的小句复合体(clause combining constructions)。

Hopper 和 Traugott(1993[2003]:170)曾经明确给出了一个小句关联的等级序列(cline of clause combining):

等立(parataxis)＞主次(hypotaxis)＞从属(subordination)

这三种关系在整合程度上正好形成了一个连续统,从左到右小句之间的依存关系逐渐加强,在语法形式上小句联系得也越来越紧密。

小句整合的过程,从一个方面说就是其中一个小句逐渐失去作"句子"的资格,成为另一个小句的成分的过程。一个完整的小句最突出的特点就是述谓性,具有独立表达一个具体事件的能力,传递时间、地点、人物、事件、方式、程度等各方面的信息。在形式上表现为一系列可以陈述一个事件的具体状态的成分,例如具有言语行为效力以及语气、情态、时、态成分等。而一个小句失去作为句子的资格,首先表现在述谓性丧失。

复合句中,语义上处于次要地位的小句在整合中部分地失去独立小句的句法特征,述谓性弱化,事件被"类化"。这个过程称作去句化(de-sententialization;Lehmann,1989)。

去句化一方面表现为内部作为小句本身的各种特征的消失;另一方面表现为外部这个小句具有越来越多的名词的分布特征。从独立句子到一个从属性成分也是一个连续统。在连续统的一端,是具有完全陈述功能的句子;在连续统的另一端,是一个名词性成分。连续统的每个节点,对应着不同的内部、外部特征。具体表现为:

句法性─────────────────────────────→名词性
小句   动名词
没有言外之力
　　行为效力成分受限
　　　　情态或语气成分受限或丢失
　　　　　　时、态成分受限或丢失
　　　　　　　　主语变成隐性槽
　　　　　　　　　　动词支配变成名词支配
　　　　　　　　　　　　可受数量词语修饰

在这个链条上,后一个节点能够蕴含前一个节点。就是说,如果一个小句失去了时态特征,那么它一定也失去了言外之力的特征。如果一个小句主语成为隐性槽,那么它一定也失去了带时态标记的能力。

1.2 反指零形主语小句

1.2.1 问题

将主语从缺与小句句法属性联系起来考察已有一些文献:比如聚焦于汉语是否存在不定式,主要是针对内嵌小句而言的(如宾语从句)。较早从非内嵌小句角度讨论主语从缺与小句句法属性的文献是陈平(1987b)的文章。陈文在讨论零形回指的时候提到,书面语里存在一种反指(cataphora)零形主语小句,零形代词指称对象的身份要到下文去找。如:

0_i 能在天亮的时候赶到,0_i 把骆驼出了手,他$_i$ 可以一进城就买上一辆车。(陈平 1987b 的例子)

陈文在一条附注里说,"零形反指的句子在话语结构上一定得从属同指成分所在的句子。""如果反指对象所在的句子与同指成分所在的句子在语式结构中是等立关系或主-从关系,反指对象则不能以零形式出现。""主部主题不能用零形反指"。例如(引自陈平,1987b):

他$_i$ 不想打架,虽然 0_i 不怕打架。(主部在前,从部在后)

虽然 0_i 不怕打架,他$_i$ 不想打架。(从部在前,主部在后)

*0_i 不想打架,虽然他$_i$ 不怕打架。(主部在前,从部在后)

陈文的"等立关系"包括:顺连、罗列、对比、交替;主从关系包括:背景、因果、让步、说明。陈文注意到零形反指小句与含有显性主语小句的不对等关系,但是没有进一步深入论证。

显然,反指零形主语(zero anaphoric subject)的小句与含显性主语的小句在语篇中不可以任意交错出现,看下面的例子:("?"表示可接受度低;"*"表示不合法;"#"表示除非在特别语境,一般不能说。)

(1) a. 0ᵢ坐在床沿上,0ᵢ呆呆地看着这个瓦器,他打算什么也不去想。

b. 他坐在床沿上,0ᵢ呆呆地看着这个瓦器,0ᵢ打算什么也不去想。

c. ?0ᵢ坐在床沿上,他呆呆地看着这个瓦器,他打算什么也不去想。

d. *他坐在床沿上,他呆呆地看着这个瓦器,0ᵢ打算什么也不去想。

e. #他坐在床沿上,他呆呆地看着这个瓦器,他打算什么也不去想。

我们关心的是,与零形主语在后的情形比较,零形主语在前的小句具备哪些句法和篇章特点,以及小句主语的隐现与小句自身的句法属性之间是否存在某种联系(比较(1a—d)与(1e))。

1.2.2 句法地位

我们认为,反指零形主语小句的功能类似形态语言的非限定性动词小句。这类小句与主语显现的小句相比较,句法上也存在一些限制。小句主语零形反指的实质是小句的句法降级(downgrade)。

1.2.2.1 主次关系

从句法特征上看,反指零形主语小句属于非内嵌依附小句(non-embedded dependent clause),句法独立性介于等立句与从属句之间。它具有一定的依附性,表现为:

第一,反指零形主语小句与后续带有显性主语的小句必须主语同指。

第二，反指零形主语小句没有时(tense)和语气(mood)成分。反指零形主语小句动词谓语部分的结构形式相当有限，归纳起来主要是下面几类：

格式：　动＋了＋名　　动＋着＋名　　动＋趋(＋名)　　动＋处所　　动＋完(＋名)
例子：　丢了车　　　　红着脸　　　　扛起铺盖　　　　坐在胡同口　　吃完(饭)

这类小句由于本身主语已经缺省，小句动词的论元成分至多出现一个，受事如果出现也表现为非个体化的光杆名词。动词后的动态成分以"了$_1$"和"着"占多数，未见表示过去时间的成分，也没有句末语气词，如"了$_2$"。例如：

(2) a. 0$_i$ 红着脸，他$_i$ 不由地多看了她几眼。
　　b. *红脸了，他$_i$ 不由地多看了她几眼。
(3) a. 0$_i$ 愣了半天，他$_i$ 问了句："曹先生没说我什么？"
　　b. *愣了半天了，他$_i$ 问了句："曹先生没说我什么？"
(4) a. 0$_i$ 到了曹宅门外，他$_i$ 的手哆嗦着去按门。
　　b. *到曹宅门外了，他$_i$ 的手哆嗦着去按门。

不难看出，这些形式都缺少所谓"完句成分"[5]，不能作为独立的小句使用。

1.2.2.2　强制性

陈平(1987b)注意到反指零形主语小句往往是偏句，我们认为，更为重要的是，这种零形反指在一定条件下具有强制性。这种强制性表现为：

首先，如果每个小句的主语都出现，一连串小句之间呈现等立关系，只能构成具有一定修辞效果的排比句。如上面(1e)，"他坐在床沿上，他呆呆地看着这个瓦器，他打算什么也不去想。"也就是说，这是一种有标记句。

第二，典型的从属小句如果位于主句之前，这个小句的主语强制性做零形反指。主-次对比越强,主语零形反指的要求越强。

下面例(5)共五个小句。CL_1 和 CL_2 采用相同的句式,CL_2 含有一个"又",从形式上标明 CL_1 和 CL_2 之间的等立关系。同时,CL_1 和 CL_2 属于反指零形主语小句,与 CL_3 显性主语小句构成形式上的对比。CL_1 和 CL_2 是 CL_3"他${}_i$觉得他${}_i$这一辈子大概就这么完了"的原因。

(5) a. 0_i 无缘无故地丢了车(CL_1),0_i 无缘无故地<u>又</u>来了这层缠绕(CL_2),他${}_i$觉得他${}_i$这一辈子大概就这么完了(CL_3),无论自己怎么要强(CL_4),全算白饶(CL_5)。

CL_3 自身的从属句主语可以省略,如(5b)。但是它不能与表示原因的 CL_1 和 CL_2 同为零形主语,如(5c)。前面两个并列的原因小句也不能一个有主语另一个省略主语,如(5d) 和(5e)。

(5) b. 0_i 无缘无故地丢了车,0_i 无缘无故地<u>又</u>来了这层缠绕,他${}_i$觉得 0_i 这一辈子大概就这么完了,无论自己怎么要强,全算白饶。

(5) c. *0_i 无缘无故地丢了车,0_i 无缘无故地又来了这层缠绕,觉得他${}_i$这一辈子大概就这么完了,无论自己怎么要强,全算白饶。

(5) d. *他${}_i$ 无缘无故地丢了车,0_i 无缘无故地又来了这层缠绕,觉得他${}_i$这一辈子大概就这么完了,无论自己怎么要强,全算白饶。

(5) e. *0_i 无缘无故地丢了车,他${}_i$ 无缘无故地又来了这层缠绕,他${}_i$觉得他这一辈子大概就这么完了,无论自己怎么要强,全算白饶。

含有显性主语的小句为"主",含有零形主语的小句为"次",在条件关系比较明确的语境下,不能将反指零形主语加上。如(6b):

(6) a. 病了,他舍不得钱去买药,自己硬挺着。

b.?他病了,他舍不得钱去买药,自己硬挺着。

(6a)的第一个小句表示条件,整句可以加上条件关联词语变成(6c),只是把一般性条件变为让步条件,小句间的句法地位关系不变。如果仅仅加上时间副词,则保留条件关系,如(6d)。

(6) c.即使病了,他也舍不得钱去买药,自己硬挺着。

d.病了,他从来舍不得钱去买药,自己硬挺着。

但是,显性主语居前,如(6e),第一个小句与其后小句的关系不再是条件关系,而表现连续事件、或事件的两个不同侧面。可以在零主语小句加上"又"。例如:

(6) e.他病了,(又)舍不得钱去买药,自己硬挺着。

进一步对比可以看出,第一个小句加上主语以后还可以再加表示先时的词语,如(6f)。但是,反过来,零形主语在前的则不能加上表示先时的词语,如例(6g)。

(6) f. 他昨天病了,舍不得钱去买药,自己硬挺着。

g.?昨天病了,他舍不得钱去买药,自己硬挺着。

归纳起来,强制性反指零形主语的小句主要是下面几类:

A.原因。如(5a)的前两个小句。

B.让步/条件。如(6a)和(6c)的第一个小句。

C.话题。如(6a)的第一个小句。

总体上看,反指零形主语小句句法上具有依附性,语气类型和情态动词受限。而具有依附性、没有时和语气的分别以及缺少严格意义上的主语,这些正是非限定性小句(non-finite clause)的句法特征[6]。

1.2.3 事件性等级

从对事件(event)的句法编码角度看,强事件性(eventiality)对应于自立小句,弱事件性对应于依附小句。强制要求零形反指

(cataphora)的是原因小句、让步/条件小句和话题,如上文所述。这种在事件等级上的差异除了可以从例(6)的一组对比得到证明之外,还可从小句是否含有连词得到旁证。连词的隐现在一定程度上反映小句事件性的强弱。(参看 Reinhart,1984)

因此,连词的隐现制约可以作为观察小句事件性和自立性的测试条件。连词的"现",意味着小句对事件过程具有较高的参与性;相反,如果小句不能出现连词,则意味着小句不表现事件过程。

我们发现,当小句中含有连词的时候,由于主次关系可以通过连词显现,小句可以为显性主语,如(7);也可以为零形反指,如(8)。这两种情形下,该小句的句法地位没有差别。但是,小句主语如果采用零形反指,一旦不使用连词,这个小句就成了话题,如(9),可以用"对于/关于……"来替换。

(7) 他$_i$就是坐着死去,0$_i$也很乐意。

(8) 0$_i$就是坐着死去,他$_i$也很乐意。

(9) 0$_i$坐着死去,他$_i$也很乐意。

典型的等立小句表现连续行为,可以在后续小句里补上表示连续性的副词"又",如例(10)。

(10) a.他$_i$扛起铺盖(CL_1),0$_i$灭了灯(CL_2),0$_i$进了后院(CL_3)。

b.他$_i$扛起铺盖(CL_1),0$_i$又灭了灯(CL_2),0$_i$进了后院(CL_3)。

c.他$_i$扛起铺盖(CL_1),0$_i$灭了灯(CL_2),0$_i$又进了后院(CL_3)。

有些主语零形反指小句与后续小句所述行为在时间上具有连续性,零形主语小句在前,会理解为原因,可以在 CL_1 上添加表示推断的词语,如(11a)。而显性主语小句在前,就没有因果关系的解读,例如

(11b)。

  (11) a.0_i(或许)觉得把话说到了一个段落(CL₁),虎妞_i开始往北走(CL₂),低着点头,既像欣赏着自己的那些话,又仿佛给祥子个机会思索思索。

  (11) b.[?]虎妞_i(或许)觉得把话说到了一个段落,开始往北走,……

可见,反指零形主语小句不是表现等立关系的句法形式。

  零形反指小句与后续小句所述行为有时是同时发生的行为,零形主语的小句用来表现伴随状态。下例 CL₁ 是 CL₂+CL₃ 的伴随状态。

  (12) a.0_i 坐在一个小胡同口上(CL₁),清晨的小风吹着他的头(CL₂),他_i知道这点头疼不久就会过去(CL₃)。

反过来,如果把显性主语放到第一个小句,语感上就难接受。例如:

  (12) b.[?]他坐在一个小胡同口上,清晨的小风吹着他的头,知道这点头疼不久就会过去。

这例在语感上难接受,因为主语放在了状语小句,而叙述主线上的第三个小句却用了零形主语。

  如果第一和第三个小句的主语都出现,如下面(12c),句子的可接受性就明显增强了。

  (12) c.他坐在一个小胡同口上(CL₁),清晨的小风吹着他的头(CL₂),他知道这点头疼不久就会过去(CL₃)。

不过,与(12a)比较,(12c)的 CL₁ 与[CL₂+CL₃]之间是时间上连续发生的动作,因而 CL₁ 可以加上"了"。而零形反指的小句却不行。比较下面(12d)和(12e)。

  (12) d.他坐在<u>了</u>一个小胡同口上 CL₁,清晨的小风吹着他的头 CL₂,他知道这点头疼不久就会过去 CL₃。

  e.*坐在<u>了</u>一个小胡同口上 CL₁,清晨的小风吹着他的头 CL$_2$,他知道这点头疼不久就会过去 CL$_3$。
可见,主语的"隐"与"现"是决定小句属性的关键。

从另一个角度说,如果句法上是等立关系,默认的原则是显性主语小句在先,零形主语小句在后。一旦违反这个默认的原则,在前的小句采用零形主语反指,其句法地位也就随之降低了。

小句主语的隐与现,零形主语小句的先与后,这两个方面的交错组配,构成了语篇内部小句的主次关系层次。例如:

(13)[段落起始]0$_i$ 刚能挣扎着立起来,他$_i$ 想出去看看。0$_i$ 没想到自己的腿会这样的不吃力,0$_i$ 走到小店门口他$_i$ 一软就坐在了地上,0$_i$ 昏昏沉沉地坐了好大半天,头上见了凉汗。0$_i$ 又忍了一会儿,他$_i$ 睁开了眼,肚中响了一阵,0$_i$ 觉出饿来。0$_i$ 极慢地立起来,0$_i$ 找到了个馄饨挑儿。0$_i$ 要了碗馄饨,他$_i$ 仍然坐在地上。

(14)0$_i$ 站起来,他$_i$ 觉出他又像个人了。太阳还在西边的最低处,河水被晚霞照得有些微红,他$_i$ 痛快得要喊叫出来。0$_i$ 摸了摸脸上那块平滑的疤,0$_i$ 摸了摸袋中的钱,0$_i$ 又看了一眼角楼上的阳光,他$_i$ 硬把病忘了,0$_i$ 把一切都忘了,好似有点什么心愿,他$_i$ 决定走进城去。

有趣的是,翻译的时候,反指零形主语小句一般也做主次关系处理⑦,这种处理可以看作汉语母语者对反指零形主语小句的解读。

综上,零主语、依附性、非内嵌、后句/末句含有完句成分,这是汉语反指零形主语小句的总体特征。也可以说,句法降级有一种手段是以强制性要求主语零形反指为特征的。这种强制性可以理解为对缺少形态标记手段的补偿。小句采用零形主语反指是将小句间的关系从等立关系转为主次关系的手段,也是综合运用语序和连贯手段对背景信息进行包装的手段。

上文讨论的有些例子,在一些学者看来或许会分析作"流水句"。

不过在笔者看来,"流水句"本身不是一个句法范畴,因而有学者把它看作复句之下的一个次类(胡明扬,1989)。这些句子被称为"流水句",是因为无法以关联词语为线索去分析小句之间的关系⑧。本文讨论的目的,恰恰在于通过寻找句法方面的依据,确定小句的句法地位以及小句之间的句法关系,并说明形式与功能之间的内在联系。

1.3 描写性关系小句

1.3.1 关系小句的功能

所谓"关系小句"(relative clause)指的是修饰名词的小句,其功能相当于一个名词性定语。谈到关系小句必定涉及一个核心名词和一个对这个名词进行修饰的小句。关系小句主要有两个篇章功能(参看Thompson,1987)。

(一)核心名词是回指性的,所指对象是一个给定成分,关系小句所述事件内容是上文中发生过的(如(15)先出现"还他帽子",后出现"<u>还他帽子的</u>小孩子"),或者用共有知识内容。关系小句用来长距离回指,用已知事件或共有知识来限定所指对象的范围,增加名词所指的可辨性。例如:

(15) 然后,那个小孩子很感谢这三个人——这三个小孩子。所以,还他帽子的时候,他常就给那——小孩子——给那个<u>还他帽子的小孩子</u>三个芭乐。

(二)核心名词是新引入的、非回指性的对象,关系从句用于命名或定义这个名词的所指。例如:

(16) There's a woman in my class <u>who is a nurse.</u>

上述两类关系小句都是限制性的。

下面要讨论的现象是另一类情形。这类关系小句核心名词的所指是确定的,似乎是将述谓小句的谓语由陈述形式变为关系小句、述谓小句的主语做了核心名词。先看例子:

(17) 丁世燕心中说不出有多激动,<u>从小就喜欢各种花花草草的她</u>如今终于能和花草打交道了。

(18) <u>今年 46 岁的老李</u>在市场里做了 4 年大闸蟹生意,刚入行时,他最关心的是哪种大闸蟹会更好卖,因为"销路越大赚钱越多"。

显然,这类关系小句的作用不在于增加名词所指的可辨识性,那么它的功能是什么?它的句法价值何在?下面就来讨论这些问题。

1.3.2　篇章属性

上文说到,这类关系小句的核心特点是其核心名词具有定指性。与限制性关系小句比较,不是通过已知活动或者共有知识对事物命名或者追踪。具体来看,核心名词有两类:

1) 代词

(19) 自从去年底搬进了新房,在我的屋顶便有了一块菜地,<u>平时喜欢弄点花草的我</u>,现在却可以种菜了。

(20) <u>还在读书的你</u>偷偷喜欢上班里一个女孩子,……

(21) <u>而通常情况下不喜欢考试的她</u>恰恰又是"常胜将军",包括在资本市场,也是游刃有余。

2) 指人名词

(22) 12 月 13 日这天,<u>住在南京山西路的王阿姨</u>被儿子和老伴安排了一项特别任务,已退休的她早饭后没有像往常一样去商场买菜,而是老老实实在客厅里打开电视,坐等苏宁电器上门装空调。

(23) <u>一向注重家庭温馨的老张</u>,结婚后从来没有离开家自己一个人过生日。

我们知道,限制性关系小句也可以提供背景信息,但是,限制性关系小句是用已知事件来明确名词所指,如果把关系小句删除会影响核心名词所指的可辨性。而上面我们讨论的这些关系小句,被删除后名词的所指依旧是明确的,这与限制性关系小句形成对照。上述关系小句不用来回答"哪一个",而用来回答"**什么样的**",属于**描写性**的。

从修饰语与核心语的内容看,关系小句有两类。一类是增加信息的(informative),一类不增加新信息的[①](non-informative;参看 Bernardo,1979)。而上面例子中的关系小句所述内容都不是已知事件,而是需要作为**新的信息**(new information)交代的。从意义上看有下面两类:

1) 从句表现核心名词的恒常特征。

(24) 老张拥有一个大家庭,他每隔几周就会带着一大家子人外出郊游,或者走亲访友,嘉华这时又成了他家庭生活的一部分。……这些都是老张选择嘉华的原因,动力、省油、内饰、配置、安全对于<u>既要兼顾家庭又要兼顾事业的老张</u>来说,是最适合不过了。

2) 从句表现核心名词在某一时刻的动态特征。

(25) 在后台见到付鳞然的时候,<u>扎着两个小辫,穿着背带裤的她</u>看上去并没有想象中的成熟,反而颇有几分我行我素的率真的味道。

(26) 面对陌生人,她总是先报以一个恬淡的笑容,随即便回到自己的状态中,闪身走开,或者手指不停地按动着手机,使<u>置身于媒体中心的她</u>始终显得有些游离。

无论表现行为主体的恒常特征还是某一时刻的动态特征,都是叙述主线之外的附加信息,不参与行为主体在所述事件中的动态过程,是背景信息。正是这种背景信息的属性特征,决定了这类关系小句所述内容虽然是增加新信息的,但是也只能用从属句来表现。

这类关系小句的特点有两点:

(一)作为从属句的组成成分,不能变成等立的陈述性小句。例如:

(27)我对<u>文静而又不乏倔强</u>的她心怀好感,但我想她会上大学,和我不是一个层次的人。高考落第后,我去了工厂上班。

(27')* 我对她心怀好感,她<u>文静而又不乏倔强</u>,但我想她会上大学,和我不是一个层次的人。高考落第后,我去了工厂上班。

"动词+的+名/代"前面可以再加"一个"和"那"。这类内嵌很深的关系小句更不能变为等立句。

(28)但是,一个尚未把心全部交给你的她,对于你的谈话是很敏感的,往往会因"我们下次再谈吧"这句话而引起误会,怀疑你对她的诚意,甚至产生反感。

(29)很想找回往日的感觉——那个年少时路灯下踢球的我。

(二)在时和体方面均受到限制,即便是过去发生的事件也不用"了"。

(30)<u>曾以《挪威的森林》等作品闻名于世</u>的日本小说家村上春树于近日在捷克首都布拉格被授予弗朗茨·卡夫卡文学奖,并获得了一尊卡夫卡的雕像和一万美元奖金。

表现叙述主线的信息通过等立关系来体现,而功能上的次要性要求句法等级上的降级形式来体现。背景信息这种信息地位决定了这些信息内容只能以较低等级句法形式来表现。我们认为,提供背景性新信息是描写性关系小句的核心功能。

1.3.3 浮现机制

汉语里,词汇性定语无论限制性还是描写性的都在被修饰名词之前。赵元任(1968:148)曾指出：

可怜的孩子！　　　　　　"可怜的"作用在描写。

与此平行，"VP＋的"构成的修饰语，无论限制性还是描写性的，都在被修饰名词之前。区分"VP＋的"究竟是限制性的还是描写性的，要靠指示词的位置来判断。或者直接在"VP＋的"加上重音，以显示限制性(下例转引自赵元任，1968:148)。

那位戴眼镜儿的先生是谁？　　"戴眼镜儿的"是描写性

戴眼镜儿的那位先生是谁？　　"戴眼镜儿的"是限制性

换句话说，与"Adj.＋的＋光杆名词"的两种解读平行，"VP＋的＋光杆名词"形式也有两种解读：1)"VP＋的"为限制性；2)"VP＋的"为描写性。

而"VP＋的"构成的修饰成分既可以表现暂时性特征，也可以表现永久性特征。例如：

穿黑大衣的那个人。　("穿黑大衣"是暂时性特征)

那个爱说话的人。　　("爱说话"是永久性特征)

(例子转引自赵元任，1968:148)

永久性特征其实更接近形容词。或者说，动词短语中所含有的过程结构标记越少，意义上就越接近永久性特征。典型的形容词就是表现永久性特征的。例如：

那个爱说话的人　　　那个开朗的人

爱说话的那个人　　　*开朗的那个人

赵元任(1968:151)曾经注意到，无论有"的"没"的"，形容词照例不能修饰代词，"可怜的我""一个无产无业无家可归的我"书面上能见到，说话时听不到。这一方面提醒我们，这类组合形式从清代一直延续了下来，但是，在20世纪使用还不是很普遍。另一方面也提示，"形容词＋代词"的用法出现在由"VP＋的＋人称代词/专名"构成的描写性关系出现之前。

至于代词出现在光杆名词的位置,我们更倾向认为这是一个类推(analogy)的结果,因为在语篇中两者的所指对象具有同等的确定性。

这个结构的早期形式是代词受形容词修饰,崔山佳(2004)曾经列举过不少代词受形容词修饰的例证。到了明清以后,代词不仅可以受形容词修饰(下面的例子(31)引自张凤琴、冯鸣(2004)),也可以看到"VP+的+代词"的用例,如(32)(转引自崔山佳,2004)。

(31) 我只当情人,不由的口儿里低低声声地骂,细看他,却原来不是<u>标标致致的他</u>。(清《霓裳续谱-杂曲》)

(32) <u>敲门的我</u>是万岁山前赵大郎。(明《金瓶梅词话》)

可以说,状态形容词做修饰语为描写性关系小句创造了条件。"VP+的+专名/人称代词"构成的描写性关系小句是"描写性定语+专名/代词"形式进一步类推的结果。即:

形容词"的"_{描写性}+专名/代词→动词性"的"_{描写性}+专名/人称代词

这类结构的产生主要是汉语自身系统内的演变。

1.4 功能与形式

上述两类背景化手段——描写性关系小句和小句主语零形反指,不同程度地削弱了小句的句法独立性,使小句的句法属性与篇章功能匹配。关系小句是从属性小句,在句法上是内嵌形式,具备[+依附][+内嵌]特征。从句法角度说,内嵌形式的句法独立性要低于非内嵌形式。多数反指零形主语小句的从属性介于等立小句与从属小句之间,具备[+依附][−内嵌]特征,与它所依附的小句之间属于主次关系。一个小句,如果反指零形主语是强制性的,则该小句的从属性也较强。如做话题的反指零形主语小句。

反指零形主语小句的强制性等级:

低强制性			高强制性
等立	主次		从属
	伴随状态	条件/让步/原因	话题

描写性关系小句与反指零形主语小句这两种背景化手段可以同时并用,以满足"一个句子,一个显性主语"的句法要求。语义内容基本一样的命题,在实际篇章中往往以不同句式表现出来,选取哪种形式往往与篇章因素密切相关。采用反指零形主语小句还是采用关系小句,取决于所述内容与前景事件的紧密程度,反指零形主语小句所述内容是事件的一部分,但不是事件主体,如时间、条件、处所等。描写性关系小句所述内容可以完全与前景事件无关。

选择关系小句还是反指零形小句,具体来说,主要受到两个方面的影响:

(一)反指零形主语小句的陈述内容参与主句事件。比如下面两个小句,CL_1和CL_2是时间上相继发生的:

(33) 0_i觉得把话说到了一个段落(CL_1),虎妞$_i$开始往北走(CL_2),……

而关系小句所述内容则与主句所述事件没有直接关联性。如果所述内容与前景事件同时发生,采用内嵌形式才能显示其信息内容的背景属性。例如:

(34) 说到此处,<u>一手拿放大镜,一手捏着小小的笔尖的老张</u>十分的兴奋,脸上露出幸福的微笑。

(二)反指零形主语小句的陈述内容是主句的叙述起点,标示一段语篇的叙述起点,如(33)。而关系小句所述内容不具备这种功能。对比下面三种情形下"刚刚谈妥一宗出口贸易"的表达功能。例如:

(35) 刚刚谈妥一宗出口贸易的李大开回到在美国的寓所接受了记者的越洋采访。(表现无关联事件)

(35') 李大开刚刚谈妥一宗出口贸易,回到在美国的寓所接受了记者的越洋采访。(表现连续事件)

(35") 刚刚谈妥一宗出口贸易,李大开回到在美国的寓所接受了记者的越洋采访。(表现时间)

从形式上看,内嵌小句对应于非事件性,对表现过程结构的成分容忍度较低,在时方面受到限制。反指零形主语小句是非内嵌形式,属于副词性小句,用来定义事件的原因、条件、时间、地点等。尽管缺少时标记,但是体标记的使用不受限制。相对于内嵌形式而言,使用非内嵌小句与主句所陈述的事件关系更为密切,它的前景性比内嵌形式要强一些。例如:

(36) 工作没几年,只有二十六岁的老李很快从一个小小科员被提拔为财经科副科长,专门负责审计金融单位。

1.5 小结

可以说,一个小句所提供的信息对事件主线的重要程度或相关程度不同,背景与前景之间也是一种连续统(参看 Bybee,2001)。事件主线或与事件相关程度较高的,它的前景性强,反之,则前景性弱、背景性强。

体现背景信息属性是篇章的功能需求,为了满足这个功能需求,将背景信息以句法上的低范畴等级形式进行包装,这是小句主语零形反指和描写性关系小句产生的动因。信息包装手段在表面形态丰富的语言里可以用谓词的屈折手段来做降级处理。汉语由于缺少屈折形态,句法降级必然会采用另外的一些方式补偿,以取得"意义-功能-形式"

的统一。小句主语零形反指和描写性关系小句反映了汉语信息包装的特点,即通过句法手段体现范畴的层级,以语法层级较高的范畴体现前景信息,以语法层级较低的范畴体现背景信息。在总体原则上,这是符合语言的普遍规律的。

附 注

① 背景一般由三个语用要素组成:1)事件线(event-line);2)场面(scene-setting);3)篇幅减少(weight-reduction),三者相互作用(参看 Chu, 1998)。

② 下面是参照 Hopper 和 Thompson(1980)从及物性特征出发对典型背景信息句法-语义特征的归纳。

参与者:　　　　　一个参与者
行为/动作表达:　　非动作动词
体:　　　　　　　非完成体
瞬时性:　　　　　非瞬时性
意志性:　　　　　非意志性
现实性:　　　　　非现实性
施事力:　　　　　低施事力
对受事的影响:　　受事不受影响
受事个体性:　　　受事非个体

③ 较早通过"依附"(dependent)和"内嵌"(embedded)这两个特征来区分小句间关系的是 Foley 和 Van Valin(1984)。他们分出的类别见下:

a. Coordination:　　　non-embedded　　non-dependent
b. Subordination:　　　embedded　　　　dependent
c. Cosubordination:　　non-embedded　　dependent

④ 以英语为例,(a)He came in, (b)locking the door behind him. 小句(b)的主语的所指和时范畴的确定必须依赖于小句(a),且不能独立进入篇章。

⑤ 详细综述见徐烈炯(1999)。胡建华、潘海华和徐烈炯也有最新文章进行探讨。见 Hu, Jianhua, Haihua Pan and Liejiong Xu (2001)。

⑥ 关于"完句成分"参看贺阳(1994)、黄南松(1994)和孔令达(1994)。

⑦ 例如(引自老舍《骆驼祥子》英译本:Shi, Xiaojing; *Camel Xiangzi*. Beijing: Foreign Language Press, 2001):

(1) 有时候他颇想把祥子撵出去;看看女儿,他不敢这么办。(5章)

1.5 小结

At times he thought of throwing Xiangzi out, ***but*** when he looked at his daughter he didn't dare.

(2) 想了想,祥子不好意思不都告诉给老程了。结结巴巴的,他把昨夜晚的事说了一遍……(13章)

On second thoughts, he felt ashamed to keep anything back from Old Cheng. ***So***, haltingly, he stammered out the whole story of the previous night.

(3) 想起乍由山上逃回来的时候,大家对他是怎样的敬重,现在会这样的被人看轻,他更觉得难过了。(5章)

It made him feel even worse **when** he compared their present scorn with the respect they had shown him just after his escape from the mountains.

⑧ 从流水句内部各小句之间的关系来看,实际包括两种基本类型:等立关系和主次关系。"流水句"可能表现为等立小句的连续出现,可能表现为主次小句的交替出现,有时候也会表现为小句间等立关系与主次关系的交错套叠。如(例引自胡明扬,1989):

我一想 CL_1,这溜儿更过不来啦 CL_2,怕掉到沟里去 CL_3,就在刘家小茶馆里蹲了半夜 CL_4。

有趣的是,随着我们对其他一些语言的了解发现,类似的现象在其他一些语言里,甚至包括有些形态语言里,也能够见到。这些语言中,两个或者两个以上小句可以一个接一个地连下去,但是句法上区分结句小句与非结句小句。非结句小句使用非定式,句法形态或者只含有弱化的时成分,小句的主语不出现,且必须与结句小句的主语同指(参看 Payne,1991、1997)。而汉语中,其实已经早就有学者注意到,在一串小句中,有的可以结句,有的不可以,以及"完句成分"与结句小句的关系。换句话说,流水句不是汉语里独有的一种现象。

⑨ 下面如(1)是不提供新信息而只起辨识作用的,(2)是提供新信息的。例如:

(1) The man <u>picking pears</u> came down. 那个摘梨子的人下来了。
(2) There was a man <u>who was picking pears</u>. 有一个人在摘梨子。

第二章 "V着"小句与背景信息

2.0 引言

在1.1中我们提到,叙事语篇(narrative discourse)中,有些语句是直接报道事件的进展、人物动作的;而另一些则是对事件进行铺排、衬托或评论的。前者被称作前景(foreground)部分,后者叫作背景(background)部分。前景信息(foreground information)倾向用完整体来表现,而背景信息(background information)倾向于用非完整体表现(参看 Hopper,1979)。

在第一章中,我们从反指零形主语小句的角度已经谈到背景化信息的特征。在本章中,我们将从非完整体句法形式切入,看不同语义类别的动词如何通过"V着"形式,实现其背景化(backgrounding)的。

"着"作为一个表示持续意义的非完整体的标记,它构成的"V着"组合可以出现在多种句法位置上。但是"V着"在句法上存在着一个共性——即依附性,这种一致的句法表现的动因是,它们具有共同的篇章功能——体现背景信息。本章着重讨论三个方面的问题:

1) "V着"句的情状类型(situation type);[①]
2) "V着"小句的依附性;
3) "V着"小句非完整体(imperfective)特征与背景信息属性。

我们把"V着"的种种句法表现放到篇章功能的背景下来认识,指出提供背景信息是"V着"在句法上具有依附性的真正理据。

2.1 "着"的性质

有关"着"的研究有两种不同的意见,一种意见倾向于把"着"区分为有不同语法意义的成分,如木村英树(1983)认为:"着$_1$"表示动态的进行,"着$_2$"表示静态的持续。郭锐(1993)做了更细致的分化:"着$_1$"表示动态动作的持续,"着$_2$"表示动词词义本身指明的静态状态的固定,"着$_3$"表示动作结束后留下的状态的固定。另一种意见主张动态动词和静态动词后面的"着"是同一个,不把"V 着"表示的差别归为"着"本身的差别,如袁毓林(1992)、石毓智(1992)。

我们认为,"着"是现代汉语持续体的标记,各类动词后面的"着"具有同一性。尽管"着"附加在不同情状的命题之上,会使"V 着"的表面意义有所不同,但是,所有的"V 着"本质上具有相同的语义属性。

2.1.1 "着"前面的动词

我们看到,有可能后附"着"的动词大致可以分为下面几类:

1) $V_{静态}$

2) $V_{动态+持续性}$

3) $V_{动态+瞬时性}$

$V_{静态}$描述一个没有内部阶段或变化的稳定的状态,这种无始无终的静态(static)情状具有均质(homogeneous)的时间结构。$V_{动态+持续性}$和 $V_{动态+瞬时性}$不能描述静态情状,动词所描述的动作行为具有异质(heterogeneous)的时间结构,其中 $V_{动态+持续性}$类所描述的情状过程能够持续一段时间,而 $V_{动态+瞬时性}$类所描述的事件是在瞬间发生的,以至于看上去几乎没有占据时间。

1) $V_{静态}$+"着"。其中静态性质较强的 $V_{静态}$,如"是、属于、作为、

符合",不能加"着";静态性质较弱的 $V_{静态}$,附着上持续体标记"着"以后,"V 着"表示静态的持续。例如:

  有着 存在着 标志着 (存在动词+着)

  爱着 恨着 琢磨着 (认识动词+着)

2) $V_{动态+持续性}$+"着",$V_{动态+持续性}$ 类动词加"着"后构成的"V 着"表示动态的持续。例如:

  坐着 站着 躺着 跪着 趴着 (自身处所位置动词+着)

  挂着 贴着 盖着 堆着 插着 (他身处所位置动词+着)

  跑着 笑着 蹦着 跳着 咳着 闹着 (动作动词+着)

  听着 看着 写着 唱着 问着 骑着 (同上)

  考虑着 琢磨着 回忆着 关心着 注意着 体会着 (同上)

3) $V_{动态+瞬时性}$+"着","V 着"表示动作结束后留下的状态的持续。例如:

  扔着 倒着 停着 死着 (瞬时动词)

上述各类动词的静态属性(即内部时间稳定性)由强到弱可以归纳为:

  $V_{静态}$ > $V_{动态+持续性}$ > $V_{动态+瞬时性}$

 (存在/知觉) (处所位置/动作) (瞬时动词)

最左侧的动词其内部的时间结构是均质的,它所表示的情状如果在时轴上展开的话,时轴上的每一部分都是相同的。最右侧的动词内部的时间结构异质性最强,它的发生和结束都是一瞬间的事。下面我们看一看这三类动词加"着"以后的情况。

2.1.2 "V 着"的共性

  上述三类动词的固有属性不同,加上"着"以后的语法意义比较直观地看也有所不同,可以分为静态的持续、动态的持续、动作结束后状态的持续。但是,三个不同来源的"V 着"具有一个共性,即,"V 着"所表现的是一种均质的时间结构。换句话说,不同的动词加了"着"以后都获得了静态属性(static property)。

1) 存在/知觉动词

这类动词本身的情状类型就具有静态的特征,加"着"以后不改变其原有的静态特征。例如:

(1) 标志着一支队伍的成熟

(2) 爱着一个不回家的人

2) 处所/动作动词

我们发现,从词汇意义角度看,有些动作动词既可以表现动态情状也可以表现静态情状,但是附着上"着"以后,不再表现内部异质的过程,而变为表现内部均质的状态。例如:

A	B	C
往墙上挂地图	*往墙上挂着地图	墙上挂着地图 （挂有）
往脚上抹獾油	*往脚上抹着獾油	脚上抹着獾油 （盖有）
把新米放家里	*把新米放着家里	家里放着新米 （存有）
把衣服晾绳子上	*把衣服晾着绳子上	绳子上晾着衣服（晾有）
在山上种果树	*在山上种着果树	山上种着果树 （种有）

A组为动态情状,动作或有明显的终点(如:山上、墙上、脚上),或有明显的对象(如:新米、衣服),并由介词引出来;B组不能说的原因是,"着"要求表现均质状态,而介词要求一个有明确的行为终点或对象的动词与之相匹配。②C组,"着"的语义要求与介词的语义要求之间的冲突不复存在,动作的终点和对象变成了句首的表处所的话题。与此同时,整个动词词组也从表现过程变为表现状态。上述三组例子的对比表明,"V着"不具备典型动词应有的属性。③

3) 瞬时动词

瞬时动词所表现时间结构的内部异质性最强,加"着"以后也具有

均质的属性了。因此,可以说,"着"的作用就是把动词的动态属性降到最低,无论动词所表现的动态过程是长是短。例如:

(3) a.床底下扔着一年四季都想不起来穿的破衣服。

b.大门口还倒着一棵掉光了叶子的老树。

c.外头停着辆崭新的"奔驰"。

d.地上密密麻麻死着一大片叫不出名字来的虫子。

这里的"扔""倒""停""死"加"着"并不表示动作本身有一个过程,也不表明这些动作可以重复进行,只显示静态情状。

也正是由于"V着"具有的均质特征,使性质形容词也有可能加"着",用以表现一种均质的状态。例如:

(4) a.红着脸把话说完。

b.忙着招呼客人。

c.大着胆子说了个"不"。

d.亮着嗓子喊起来。

e.紧着往嘴里塞。

以上事实表明,"着"是一个语法上具有"持续"意义的体标记,它的作用就是把一个内部时间结构具有异质性的情状,变为一个内部时间结构为均质性的情状,把一个终结性的(telic)行为过程(process),变为一个非终结性的(atelic)持续状态。

2.2 "V着(NP)"的依附性特征

上一节我们分析了"着"的性质、语法作用和"V着"的语义属性,这一节我们将从"V着(NP)"的句法分布着手,探讨"V着"的句法性质。我们主要以叙事语体(narratives)为基本考察对象,而不以会话语句为对象。

"V着"主要出现在以下句法条件下:

1) 连动结构

连动结构为 V_1V_2 时,"V着"出现在 V_1 的位置,连动结构为 $V_1V_2V_3$ 时,"V着"出现在 V_3 之前。

2) 单动结构

包括:(1)副动词(动介兼类词)小句;(2)静态动词小句;(3)动态动词小句。[④]

2.2.1 连动结构

连动结构中"V着"所在的前项,在语义上总是轻于后项。"V着"与其后的谓词性成分之间的语义联结形式大致有以下几类。

1) "V着(NP)"表示实现后一个行为的方式,或实现后一个动作的手段。如:

(5) A.毛博士指着脸子教训老梅。

他一向开着窗户睡觉。

B.他这种衣帽平时是放在柜箱里,留着过年串亲戚穿的。

这一批新来的都闹着要回家。

A类中,V_1 用于说明"怎么样 V_2",它与**修饰性**成分具有平行的句法表现,有些学者干脆就将"V着"视为状语。[⑤]B类中,V_1 用于说明达到 V_2 的手段("过年串亲戚穿"是通过"留"得以实现的;"回家"要通过"闹"来实现)。因此,两类之间意义上是相通的。

2) "V着"表示与后一个动作相伴同时发生的动作。例如:

(6) 她说着和金生媳妇相跟到窑中给大胜贴膏药。

这一类情形多可以换作"一边……一边"(吕冀平,1985)。而据我们观察,用"一边……一边"描述的两个动作,往往语义重心是在后一成分

上,前后两个动词不能互换位置,而"V着"却可以略去不说。例如:

(7) a.她一边说着一边和金生媳妇相跟到窑中给大胜贴膏药。

b.*她一边和金生媳妇相跟到窑中给大胜贴膏药一边说着。

c.她和金生媳妇相跟到窑中给大胜贴膏药。

如果这个相伴发生的动作持续时间较长,以致产生了某种后果,就可以把"V着"叠用,"V着V着"用于描述后一动作是在什么样的状态下出现的。例如:

(8) a.她这样安静,这样苍白,仿佛坐在窗口看月亮,看着看着睡着了。

b.说着说着就说不下去了。

3)"V着"表示方式,但是与前面的1)类相比,意义已经相当虚泛。连动结构的语义重心在"V着"后面的评论部分。例如:

(9) a.车子颠簸得太厉害了,坐着很不舒服。

b.这种工作干着有意思儿。

c.她看着也就二十出头。

这类"V着"多半都可以换成"V起来"或者干脆省去不说,意义上无明显差别。从总体上看,连动结构中的"V着"总是用来说明后一谓词的方式、手段或状况的。连动结构语义上前轻后重一方面表现在从属性的修饰关系上[⑥],另一方面我们发现,"V着"连动结构的前后两部分的分配有一个明显的倾向,即从句法复杂程度上看,后项的复杂程度倾向于高于前项。这从连动式句法形式体现了重成分居后的信息分配规律。

2.2.2 单动结构

1) 副动词小句。

副动词,即动介兼类词,是一个相对封闭的小类,如"沿、随、跟、

2.2 "V 着(NP)"的依附性特征

靠、顺"等,以及部分具有抽象意义的动词,如"面对、伴随、围绕、抱(某种观点)"等。这类小句里的"V 着"用于引介条件。例如:

(10) a.……,沿着社会主义的道路,为实现四个现代化的宏伟目标团结奋进!

b.随着工业的发展,企业的科技人员数量应当越来越多,……

c.我们有些干部,面对着崭新的历史任务,思想还不够解放,……

d.围绕着实现四个现代化的共同目标,文艺的路子要越走越宽,……

2) 静态动词小句。动词本身具有均质静态属性,加"着"有明显的书面语色彩。

A.存在动词小句。如:

这支部队有着光荣的革命传统

企业内部存在着不少矛盾

B.心理动词小句。如:

他深深爱着这份工作

3) 动态动词小句。

A."存在句"。如:

山上架着炮

门口爬着条狗

B.静态式。如:

门开着

她梳着两条大辫子

C.状态式。如:

> 大家说着,笑着,……
>
> 妈妈读着信,(脸上渐渐露出了微笑)

"V 着"句在使用上要受到的种种限制,已有研究者注意到了。李临定(1986)指出,存在句里,动词后的名词是施事还是受事是不怎么起作用的,施-受关系在存在句里并不重要,这种句型只是用来表示在某处存在着某物或人,以及存在的状态。如刘宁生(1985)通过考察指出,这种"着"字句多用作对环境场景、外观相貌等的描写、铺排(如剧本中对环境场景的交代)。Chu(1987)指出,单动结构带"着"在语法上是不完全的,只是由于语用原则的作用,语境可以把语法上的不足补上。[⑦]这些分析都从不同侧面揭示了"V 着"小句的特征。

我们下面的考察将不局限于"V 着",而着眼于它在语篇中的地位。我们考察了小说文本《骆驼祥子》和论证语体文本《邓小平文选》里的"V 着",下面是对单动结构"V 着"使用分布的统计结果。凡动词前有"在、正在"、动词后有句末成分"呢"的不计在内,以求准确地反映持续体范畴本身的真实表现。副动词小句、静态动词小句和动态动词小句用作结句小句的能力有所不同。

	副动词小句	静态动词小句	动态动词小句
结 句	0%	19%	2%

对这三类"V 着"小句的调查表明,单动结构"V 着"小句一般是需要后续小句的,以单动"V 着"小句结句的,基本限于静态动词。对于这一小部分结句的"V 着",我们在下一节里将会讨论到。

总体上看来,"V 着(NP)"不是句子的核心表述成分,"V 着"在句法上具有依附性(dependency),这种依附性表现在,它总是处于状语小句的地位,语义上不是叙述的核心内容。依附性是各种不同角色的"V 着(NP)"共有的属性。不仅连动结构中的"V 着"具有依附性,单动结构中的"V 着"与连动结构中的"V 着"一样,也具有依附性。

2.3 前景、背景与时体

上文中,我们分析了"着"的性质和"V 着(NP)"的句法特性,指出:"着"是一个表示"持续"的体标记,动词后附"着"的作用就是把动词的动态属性降到最低,把一个内部时间结构具有异质性的情状,变为一个内部时间结构为均质性的情状,把一个具有终结性的行为过程,变为一个不具备终结性的持续状态。动词一旦加"着"以后,就具有句法上的依附性。在这一节里,我们主要讨论"V 着"的功能机制。

2.3.1 完整体与非完整体

如上所述,"体"所表现的是观察有关情状的方式,不同的"体"指示情状的不同状态。说话人可以把所描述的情状当作一个整体看待,而对其内部的时间结构不加分析,这种对情状的表现手段称作"完整体"(perfective)。例如:

(11) a.我想杀死那家伙。

b.抓住她!

说话人也可以不把该情状视作一个有始有终的整体,而是着眼于该情状的片段(包括既无起点又无终点的片段)。这种对情状的表现手段在时体研究中称为"非完整体"(imperfective)。例如:

(12) a.他咚咚地敲着大门。

b.她脸红起来。

"V 着"表现的是一种处于持续状态的情状,属于非完整体。

完整体与非完整体的区别是"体"(aspect)的研究中最为重要的一对概念。跨语言的研究表明,完整体常用于报道一个前后相承的事件,非完整体用于提供有关正在进行的或同时发生的背景事件的信息。

(参看 Hopper,1979)

2.3.2 前景与背景

Hopper(1979)与 Hopper 和 Thompson(1980)关于及物性问题的研究都曾经讨论过体范畴与背景信息的关联性,指出非完整体是表现背景信息的重要手段。

Hopper(1979)对背景信息的不完整体的特征概括如下:

1) 作为事件 A 和/或 B 同时或先后存在的状况。

2) 作为环境或偶发事件,它是否完结对于其后的事件来说不是必要条件。

3) 焦点的有标记布局,如主语焦点/工具焦点/句子副词焦点。

4) 话题具有多样性,包括自然现象。

5) 静态的/描写性的情状。

6) 提供背景信息。

7) 具有非现实性。

现在,我们把"V 着"的种种句法表现放到这一语言共性的背景下来认识,便会发现,提供背景信息这一篇章功能,是"V 着"在句法上具有依附性的真正理据。

连动结构中的"V_1 着"提供的是同时发生的事件或先后存在的状况,V_1 作为背景信息,这一点是没有疑义的。下面我们主要探讨由"V 着"构成的单动小句在实际语篇中的地位。

1) 有后续小句的"V 着"

叙事体作品的用例多数都带有后续小句。叙事体中"V 着"的典型用法就是为事件主线提供"背景"图景。这种图景多为静态描写,小句的主语一般不是动作的施事。背景图景可以是一整段景物描述,例如:

(13) 平坦的柏油马路上铺着一层薄雪,被街灯照得有点闪眼,偶尔过来辆汽车,灯光远射,小雪粒在灯光里带着点黄亮,像撒着万颗金沙。(《骆驼祥子》)

这种背景图景也可以是对叙述主线的某一点做逐层深入的刻画,例如:

(14) 老头子已经不再拉车,身上的衣裳比以前更破,扛着根柳木棍子,前头挂着个大瓦壶,后面悬着个破元宝筐子,筐子里头有些烧饼油鬼和一大块砖头。(《骆驼祥子》)

背景也可以是提供一个条件或环境参照,例如:

(15) 有个战士坐车,一位妇女抱着娃娃,他不让座,娃娃哭了他也不理。(《邓小平文选》第二卷,第18—19页)

2) 结句的"V 着"小句

结句的"V 着"小句主要出现在论证体作品里。在上一节里,我们的统计资料显示,有少量单动"V 着"小句用作结句。这一部分结句的"V 着",动词一般具有静态特征。例如:

(16) 实现四个现代化,我们清醒地看到这是一件艰巨的事情,但是是能够做到的。首先是我们有全党的团结,全国人民的团结。我们的人民是勤劳勇敢的人民,有着艰苦奋斗的传统。其次是……还有就是……。(《邓小平文选》第二卷,第111页)

例中的"有着艰苦奋斗的传统"虽然没有后续小句,但它是作为补充和追说成分出现的,完全可以放到主要陈述部分之前。变成:

(17) 我们的人民有着艰苦奋斗的传统,是勤劳勇敢的人民。

而如果除去了前面的主要陈述部分,"V 着"就难以结句:

(16') *实现四个现代化,我们清醒地看到这是一件艰巨的事情,但是是能够做到的。首先是我们有全党的团结,全国人民的团结。我们的人民有着艰苦奋斗的传统。其次是……。还有就是……。

可见,这类"V着"小句也不是陈述的核心部分,依然是提供背景信息的。这一点与非结句的"V着"没有本质的区别。叙事体里结句的"V着"也属于同类情况。

从上面的讨论我们看到,"V着"用作主要陈述之前的"前铺垫"是最为常见的现象,"V着"在主要陈述之后的作用在于"后追补"。既非"前铺垫"又非"后追补"的"V着"只出现在论证体作品里,是论证体特有的现象,在我们的材料中所占的比例不足5%。这种"V着"的作用在于提出观点,是一段论述的主题句。例如:

(18) 四个现代化,有个国防现代化。军队目前存在着相当多的问题。很多同志担心,军队能不能顺利地实现现代化?还有同志担心……?这些担心不是没有根据的。(《邓小平文选》第二卷,第59页)

(19) 参加这次大会的,有……老一辈艺术家;有……;有……;……这次大会标志着全国文艺工作者的空前团结。(《邓小平文选》第二卷,第207页)

我们认为,这类结句的"V着"之所以能够充当主题句,正是因为它不是一种常规用法。焦点总是通过超常的句法编排得以突显的,"V着"结句作为一种超常的句法编排,是突出主题句的特殊手段。

2.4 小结

综上所述,"着"作为一个表示持续意义的非完整体的标记,它构成的"V着"组合可以出现在多种句法位置上。不同位置上的"V着"在句法上存在着一个共性,即依附性。为什么在不同句法位置上的"V着"会有如此一致的表现呢?我们通过本章的讨论证明,这种一致的句法表现的动因是,它们具有共同的篇章功能,即提供背景信息。句法上的依附特征是功能特征的凝结,提供背景信息的篇章功能是句法现象背后更深刻的动因。

附 注

① 句子的情状类型不仅取决于动词的词汇意义,与之相关的其他句子成分也同时起作用(Smith,1991;陈平,1988),如宾语、补语、主语以及其他句子成分,都在不同程度上起作用。动词的词汇意义决定了它所在的句子能够表现哪些种类的情状,而与动词连用的其他句子成分则决定该句实现为哪一种特定的情状类型。此处我们仅举单个动词的例子,为的是在说明"着"的作用时方便比较。

② 本章探讨"着"的性质时引用的例子一般回避带有"正、正在"和"呢"的用例,以避免把"在、正在""呢"的意义和功能与"着"的意义和功能混为一谈。

③ 揭示"V着"的这一属性,会使我们对汉语存在句内部的不同表现形式有一个统一的认识。汉语表示存在的方式一种是用"有",一种是用"是",两者都具有明显的静态属性,不是典型动词。现在我们看到,"V着"与"有"和"是"具有一致的语义特征,即均质性。

④ 本章不讨论作为祈使句单说的"V着"(如:听着!)。因为从言语行为角度看,祈使句属于施为句,是施事请求或命令行为,与叙事(narration)之间存在交际功能上的根本性差异。

⑤ 如 Chu(1987)。

⑥ 连动结构的前项"V着"具有从属性,已有学者从不同角度给予了论证,如 Ma(1985)、Chu(1987)。但是对单动结构中的"着"却有不同的看法,Ma(1985)认为,复杂的"着"字结构中"着"标示从属性,它连同所附着的动词作为方式状语或情态状语修饰主语的主要动词,单动结构中的"着"标示持续性。Chu(1987)则认为,无论是在单动结构(包括祈使句)还是在连动结构中的"着",在语义上都应分析为持续体标记,语法上处理为从属标记。他认为从语用上说,说话人倾向用于"V着"表示跟它相连的动词(或谓语)不如同一句话中其他任何一个动词的分量重。

⑦ Chu(1987)对单动结构"V着"的分析包括以下三种类型:a.等着! 坐着!拿着! b.他打着电话呢。c.汤热着呢。他认为 a 类都有话外之音:如果你这样做,某种事情就(不)会发生;b、c 需要一个能指示话题的句末的"呢",说明这段话只有跟下文联系起来才有意义。

第三章　关系小句的语序

3.0　引言

所谓"关系小句"(relative clause)是修饰名词的小句,谈到关系小句必定涉及一个核心名词和一个对这个名词进行修饰的小句。按关系小句与核心名词的不同次序关系,通常把位于核心名词前的关系小句称作前置关系小句(pre-nominal relative clause);把位于核心名词后的关系小句称为后置关系小句(post-nominal relative clause)(Keenan, 1985)。

跨语言的调查发现,SVO 型语言里,除了汉藏语之外,多数的 SVO 型语言关系小句置于名词之后。汉语很特别,默认语序是关系小句位于被修饰的名词之前。如:

　　我妈妈给我买的帽子
　　他运送行李的汽车

本章通过对自然口语的考察,指出汉语中不仅存在前置型关系小句,同时也存在后置型关系小句。关系小句的前置与后置既有信息表达的差异,也有语义-语用功能上的差异。

从信息传递的角度看,前置关系小句传递已知信息,后置关系小句传递新信息。从在线生成的角度看,后置关系小句更具有开放性。

关系小句的语序选择也存在一定的强制性,表现为:

1) 前置型关系小句受"简单结构"限制,名词关系小句的结构越是复杂,句法上越是难于构成前置关系小句。

2) 核心为类指性名词,关系小句必须后置。

3.1 前置关系小句的"简单结构限制"

Keenan(1985:100)在讨论前置关系小句与后置关系小句差别的时候说,跨语言看,前置关系小句通常表现为弱化谓词形式,其中的动词倾向于在时体或一致关系方面弱化;而后置关系小句中的动词与主句中的动词在形态方面则没有太大差别。那么,汉语中,前置型关系小句是否存在某些结构上或句法上的限制呢?宋贞花(2003)对420个用例的统计发现,口语里关系小句本身含有从属性成分的用例仅有2例,不足全部统计量的1%。汉语前置关系小句的内部结构都是简单结构,关系小句自身一般不再包含任何从属性句法成分。线性长度上也倾向于短小的片断。我们把这种现象称为"简单结构限制"。下面具体说明。

3.1.1 句法层次

我们把关系小句的句法结构类型分成下面几种:1)主谓结构;2)动宾结构;3)状中结构;4)动补结构;5)连谓结构;6)并列结构。下面分类举例。

1) 主谓结构

(1) 你比如说就是,哎,我们开的这种小栏目,你可以找一个,比如说,什么什么什么驾校,某某某教练,告你一招,……(聊天)

(2) 我记得我上小学的时候,字儿写得^可=难看了,……(聊天)

2) 动宾结构

(3) 打八一队的时候,也是在八一队,..嗯现在=叫苦^挣扎。

（热线）

3）状中结构

(4) 回头你,回头她如果<u>再去你那儿</u>的时候啊,……（电话）

4）动补结构

(5) 虽然<u>排出</u>的阵形仍然是4,4,2。但是呢,..要..^特别注意防守。（热线）

5）连谓结构

(6) 太有啦！我有一个朋友手里就有这么一个委任状。你只要交两千美金,他就可以给你办<u>去宝岛旅游的</u>签证。（电影）

(7) 在<u>送他们走的</u>时候不是说我就没有意识过到这个问题,但是为什么又送了他们走,又支持他们做呢？（聊天）

6）并列结构

(8) 就等到那个现在是放假没什么学生,等到那个九月份的时候开课了,他有那个班儿,<u>我今天我问的,我们组织的</u>那个人他说你可以,……（电话）

下面(9)(10)这种关系小句本身结构复杂的用例,只在有剧本的电视剧里说,在自然口语中是很难见到的：

(9) <u>不经过争取、妥协、轻而易举取得的</u>成果,他也不会珍惜！（电视剧）

(10) <u>当没有皮大衣的女孩对他们的情人格外亲热起来的</u>时候,你就知道冬天快要到了。（电视剧）

如果关系小句自身结构复杂,后置则是强制性的。对比下面三组例子：

(11) a.<u>还没有在管理部门注册的</u>新车经常被偷。

b.新车<u>还没有在管理部门注册的</u>经常被偷。

在这一例当中,"新车"的修饰小句内部结构相对简单,关系小句可以前置如 a,也可以后置,如 b。

再看下面两例。(12)例的关系小句内部"的"字前是一个由"又"连接的并列结构,关系小句后置明显比前置语序要更容易接受。

(12) a. <u>没有在管理部门注册又没有停放在车库的</u>新车经常丢。

b. 新车<u>没有在管理部门注册又没有停放在车库的</u>经常丢。

但是下面例(13)的关系小句内部"的"字前由"又"和"还"连接的三个成分并列,这样的情形下,关系小句就只能后置不能前置了。

(13) a. *<u>擅长烹调又懂中医还会中国功夫的</u>留学生很难找。

b. 留学生<u>擅长烹调又懂中医还会中国功夫的</u>很难找。

3.1.2 线性长度

关系小句在句法结构上趋于简单,这个特点也反映在关系小句在线性长度方面的限制上。

我们发现,是否使用指示代词与前置关系小句的长度和句法上的复杂程度有关,前置关系小句越长,结构上越是复杂,对指示代词的依赖性就越强。

当关系小句中的某个成分是一个较为复杂的句法结构时,说话人就要借助于一个指称形式标记——"这个""那个"或"一个""一种",位于核心名词与修饰性小句之间,与关系小句起始位置的指称标记一起组成一个框式表达。例如:

(14) 按说是啊,就说你<u>那</u>儿<u>那个</u>不给人指挥成一个 L 或是 T 的<u>那个</u>形儿,……

(15) 你试试你拉着教练去吃饭,把他当成<u>一个</u>你免费学车的一个途径。

(16) 所以现在..看来国安队这个打客场,打硬仗..嗯打这种＝..压力比较大的这种比赛啊,..嗯这种承受能力,嗯需要＝嗯认真地总结。

(17) 这完全是一种市场拉动的结果,不是咱们自身的努力,我们在意识到它,但是没有一种真正来源于市场的一种拉动的话,我觉得这种,这种自觉性还是不够的。

这种用法下的"这个"与"那个",以及"一个"与"这个"和"那个"之间可以互换。

(18) 你试试你拉着教练去吃饭,把他当成这个你免费学车的这个途径。

(19) 你试试你拉着教练去吃饭,把他当成那个你免费学车的那个途径。

在口语中,前置型关系小句要求句法上要简单,因此当关系小句结构复杂的时候,除了用"的"来表现它的修饰小句地位之外,还要求其他的手段来确定小句的范围和整体上的指称属性。使用框式指称标记的作用是明确、凸显较长修饰成分的指称属性。例如:

(20) a. 就是那个病孩子

  * 就是病那个孩子

  * 就是那个病那个孩子

  b. 就是那个得病的孩子

  就是得病的那个孩子

  ? 就是那个得病的那个孩子

(21) a. 就是那个刚从外校转来的孩子

  b. 就是刚从外校转来的那个孩子

  c. 就是那个刚从外校转来的那个孩子

(22) a.?就是那个刚从外校转来没两天、又跟他家里出国了的孩子

b.?就是刚从外校转来没两天、又跟他家里出国了的<u>那个孩子</u>

c.就是<u>那个</u>刚从外校转来没两天、又跟他家里出国了的<u>那个孩子</u>

不难看出,核心名词前的关系小句越长,结构越是复杂,对指称标记的依赖性就越强。

3.2 后置关系小句

3.2.1 强制性后置的结构

汉语里关系小句有些是不能前置的。有两种情况:

1) 当被修饰成分的所指不确定时,就要求修饰成分在核心名词之后。

(23) a.你们班里万一有谁<u>吸毒</u>的,谁<u>瞎搞</u>的,谁<u>携枪</u>的,这谁受得了啊!

b.*你们班里万一有<u>吸毒</u>的谁、<u>瞎搞</u>的谁、<u>携枪</u>的谁,这谁受得了啊!

这种语序与英语里的情形很相像。英语里形容词做定语一般是在名词之前,但是如果被修饰成分是泛指的,那么,形容词就要在被修饰成分的后面。比如:*something new*、*something old*、*something blue*、*something borrowed*。这种次序是强制性的。

2) 当被修饰名词成分已经带有定语的时候,就要求修饰成分在核

心名词之后,即便是在书面语里。例如:

(24) 运输单位的车辆<u>有本条第一款、第二款规定的情形,经处罚不改的</u>,对直接负责的主管人员处二千元以上五千元以下罚款。(《中华人民共和国道路交通安全法》)

(25) 机动车驾驶人<u>不在现场或者虽在现场但拒绝立即驶离,妨碍其他车辆、行人通行的</u>,处二十元以上二百元以下罚款,并可以将该机动车拖移至不妨碍交通的地点或者公安机关交通管理部门指定的地点停放。(《中华人民共和国道路交通安全法》)

上面两例中,(24)的"运输单位的车辆"和(25)的"机动车驾驶人"不指称语境里特定的对象而是泛指某一类对象。(24)例受关系小句修饰的名词"车辆"本身已经带有一个名词修饰语"运输单位的",同时关系小句内部是一个非对称并列结构且不带并列连词。(25)例的关系小句内部是一个套叠的复句结构。名词前有其他修饰成分占位,关系小句自身结构又相对复杂,双重作用使得关系小句必须后置。

3.2.2 后置关系小句的形成机制

关于关系小句与核心名词的顺序问题,跨语言的研究表明,世界上OV型语言中关系小句在核心名词之后的约占58%,而VO型语言里关系小句在核心名词之后的约占98%(Dryer,1992a)。也就是说,VO型语言中,关系小句在核心名词之后是强势语序。一般认为,汉语属于修饰语前置于核心名词的语言,因此,类型学的研究中,就关系小句与核心名词的顺序这个参项来说,汉语被看作同时具备VO语言和OV语言特征混合的一个例子(Hawkins,1990)。但是,通过对口语的考察,我们发现关系小句在名词前这个规律也不是一条铁律,汉语中也存在着关系小句在核心名词之后的情形。关系小句后置是语用原则在语句组织形式上的直接体现,它从一个侧面反映了语用原则的语法化。

也就是说,口语中导致关系小句后置现象是"重成分后置"原则和"直接成分尽早确认"原则(Hawkins,1995)的体现,是语用原则规约化(conventionalization)的结果。

从信息流的角度看,关系小句的后置体现了线性增量原则和单一新信息原则。

3.2.2.1 线性增量原则

线性增量原则是指,说话的自然顺序要从旧信息说到新信息。随着句子推进,线性顺序靠后的成分比较为靠前的成分提供更多的新信息。(参看沈家煊(1999c),9.3.2)例如:

(26) a.*他们一看就懂上面两段古文。

b.上面两段古文他们一看就懂。

a.*人们越来越爱看画廊里的那幅山水画。

b.画廊里的那幅山水画人们越来越爱看。

线性增量原则也可以解释,为什么修饰性成分提供的新信息的量越大,越是倾向于放在被修饰成分的后面。以前面(23)为例。

(23') a.你们班里万一有谁吸毒的,谁这个瞎搞的,谁携枪的,这谁受得了啊!

b.*你们班里万一有吸毒的谁,这个瞎搞的谁,携枪的谁,这谁受得了啊!

这个例子里,核心词的所指对象是不确定的,修饰成分必须在后。句子从左到右,信息的重要程度递增。这样的语序,符合线性增量原则,"你们班"的所指最为确定,提供的新信息的量最少,"谁"次之,"吸毒的"最不确定,提供的新信息量最大。因此,可以说,即使在汉语里,修饰成分在被修饰成分之前还是在被修饰成分之后,也是与被修饰成分的确定性密切相关的。或者说,语用上的线性增量原则也同样在名词性短语内部起作用。

3.2.2.2 单一新信息限制

话语里要传达一个新信息的时候,说话人会采用一种结构繁复的重块头表达这个概念;反之,如果说话人要传达的是一个旧信息,通常会采用一种结构比较简单的、轻的形式。这种现象一方面是经济原则的驱动,更主要的原因是人类认知活动能力的局限性。认知的局限反映到信息量在语言韵律单位的分布上,每个语调单位内新信息的总量有一定的限制。语调单位在很大程度上反映了人们说话的时候大脑处理信息的过程。Chafe(1987、1994)的研究表明,一个语调单位中倾向于只出现一个新信息表现形式,这就是所谓单一新信息限制(one-new-concept constraint)。从信息表现功能着眼,名词性成分的新信息表现功能大致以归纳作:

新信息　零代词＞代词＞名词＞名词性短语　旧信息

Du Bois(1987)进而提出,一个语调单位当中,倾向于容纳一个词汇题元,即所谓单一词汇题元限制(one-lexical-argument constraint)。词汇题元指以真正的名词形式出现的题元。词汇题元通常与新信息有关,由于每次所能传达的新信息的量受到一定制约,所以两个或两个以上的词汇题元避免出现在同一个语调单位内部。

单一信息限制可以用来说明小句内新信息的容量,也就是说,新信息如果超过一个,就要另起一个表述单元。在口语中,单一新信息限制是制约表达单位的大小和繁简的重要因素。换句话说,如果说话人表述的是两个或更多的新信息的时候,就会化繁为简,拆为各自独立的语调单位,形成口语中常见的延伸句(extension;参看陆镜光,2004)。例如:

(27) 我刚买了辆车,日本原装的,越野,今年最新款的。

单纯从句法角度看,尽管"我刚买了一辆今年最新款的日本原装越野车"完全合乎语法,但是口语里却不这样说。

从编码产出的角度看,话语中的句子是在真实时间内经成分的逐步递加(increment-by-increment)而构成的。口语"进行中的句子的句法"(the syntax of sentences-in-progress;Lerner,1991)具有在线生成的特点。延伸句就是这种在线生成编码的结果。延伸成分具有下面三个特点(参看陆镜光,2000;Ford,Fox and Thompson,2002):

1)句法上,它前面的成分在句法上具备完整性,是自足的小句;

2)韵律上,它前面的成分具备独立的句调;

3)语用上,可以独立构成毗邻语对(adjacency pair)的一部分。

上述(27)例几个并置的后置修饰语是词汇性的,如果修饰语含有述谓语,就会形成后置型关系小句的情形。

3.3 口语中的特殊后置关系小句

3.3.1 后置关系小句的确认

在口语中确定一个小句在句法上是独立单位还是从属性单位是比较棘手的问题。下文有关确定关系小句的基本参照,除了语义上的关系之外,句法上主要考察下面两点:

(一)独立性

考察该类小句是否具有句法上的独立性。一个典型的从属性小句必须与语境当中的其他小句一起,而不能独立进入篇章。

(二)关系化标记

考察该小句中做主语的代词是否具备关系代词的句法-语义属性。一个典型的关系代词不体现被指涉对象的所指范畴(如:专指/泛指,有定/无定,单数/多数),它所处的句法位置也不能恢复成那个被修饰的名词或相应的代词。

上述特征是从语言共性角度概括的后置关系小句的普遍特征（Comrie,1981；Keenan,1985；Payne,1997），拿来看汉语依然有效。下面是后置关系小句的例子。

(28) 你比如说你跟着那种水平不高的英语老师,<u>他根本不知道那个纯正的英语发音,他英语语法也不怎么样</u>,你就全完了。

以(28)为例,其中"他根本不知道那个纯正的英语发音,他英语语法也不怎么样"是后置的关系小句,用来修饰"那种水平不高的英语老师"。这个句子有下述特点：

第一,这个句子如果把"他根本不知道那个纯正的英语发音,他英语语法也不怎么样"删除,仍然可以成立；但是,"他根本不知道那个纯正的英语发音,他英语语法也不怎么样"却不能离开它前面的小句而独立进入篇章。

第二,后两个小句中的主语"他"[1]不是一个实在的第三人称单数代词。"他"的照应成分"那种水平不高的英语老师"是一个具有类指（generic）意义的名词短语,如果把这两个小句的主语"他"换成表示第三人称多数的代词"他们",句子反而不能说了。可见,此处"他"的作用与典型的第三人称代词所表达的同指（co-referential）关系不同,语义上已经泛化。

下面(29)与(28)是同一类情况,与"他"形成同指（co-referential）关系的是类指性（generic）名词短语。

(29) 你站在大街上总能看见那种不管不顾的人,<u>他看见红灯就跟不认得似的,照直往前骑</u>,你当警察要爱生气得气死。

上面两例中代词"他"的使用与典型的三身代词是不同的。典型的三身代词要求回指一个确定的对象,而不是一类对象。

第三,关系代词做主语是关系小句句法上的要求。如果一个小句中的主语"他"在句法上成为必有成分,则说明这个"他"具有独立的句法作用,不同于一般的三身代词。

(30) a. 我看见那个新娘子了,(她)长得也不怎么漂亮。(前后小句为并列关系)

b.* 你比如说你跟着那种水平不高的英语老师,根本不知道那个纯正的英语发音,英语语法也不怎么样,你就全完了。

c.* 你站在大街上总能看见那种不管不顾的人,看见红灯就跟不认得似的,照直往前骑,你当警察要爱生气得气死。

这里,三例的核心名词都是宾语,但是a句代词的隐与现不妨碍句子的理解;而b句的第二个小句里是否出现代词,理解会完全不一样。"根本不知道那个纯正的英语发音,英语语法也不怎么样"前代词从缺,那么整个小句陈述的对象就变成了"你",而不是"那种水平不高的英语老师"了。c句也是这样。从上述对比不难看出,例(28)和例(29)当中的"他"具备了关系代词的句法属性,第三人称代词在口语里用作关系代词。

"他"用作关系代词的用法有其语义泛化的基础,在口语的共时平面上,"他"的用法已经远远超出了第三人称代词的范围。

第一,"他"可以用来表现虚拟的对象,与指示词的情境用相似。[②]例如:

(31) 什么学位呀什么,其实有什么大用呀,有时候想想真是这样。你说尤其学个文学什么的中文哈,你学个大本和学个硕士,其实也差不离多少,甚至有时候还不如人家好的大本呢,但是他就一听说你是个硕士感觉要好点儿。

这里的"他"是说话人心里一个虚拟的对象,与"吃他三天三夜"当中的完全无所指称的"他"有所不同。后者可以省略,说成"吃三天三夜";也可以说成"吃他个三天三夜"。但是上例中的"他"不能省略,也没有其他变化形式。

第二,"他"可以指涉一类事物,用在典型的话题化表达当中。"他"的这种用法与英语中名词短语话题化以后的保留代词在形式上有相似之处。例如:

(32) 其实用筷子用得好的,他也不会在那个盘子里乱晃,一夹起来就那一块。

(33) 海外中国人,而且他比你还在中国文化上懂得中国文化,因为他追求啊。

(34) 今天的演员在理论上他能知道四十年代、六十年代演员的基本感觉是什么,但他有很多时候有露出马脚来的东西,你要一点点去提示他。

这几个例子里的"他"分别指"其实用筷子用得好的""海外中国人"和"今天的演员",与英语当中左向位移以后的保留代词相似。③

第三,指物的类指名词短语也有上述保留代词的用法。例如:

(35) 好像北京大部分医院,它都可以带硕士博士。

在一些语言里,关系代词由指示词或疑问代词演变而来,比如英语的 that 和 wh- 系列疑问代词。无论是哪一种来源,一个代词成为关系代词的演变过程具备的共同特征是,它可以指涉一个非专指(non-specific)或无定(indefinite)的词项(Heine et al., 1991;Payne, 1997)。汉语里的"他"虽然在先秦汉语中是一个非专指成分,意思是"别的",但是在近代以后已经成为一个第三人称代词。也就是说,其指涉对象是一个具有专指属性的名词。从上面三类用法可以看出,口语里的"他"开始向非专指方向虚化。这种转化使"他"进一步演变为关系代词成为可能。

3.4 前置与后置的语义-功能差异

吕叔湘先生早在《中国文法要略》里,就已经从动态的角度详细地比较了一般句从独立句子的身份转换为名词修饰语时的各类问题,讨论范围已经超出了词组。汉语研究方面,20世纪90年代以后,陶红印(2002)采用篇章语法和话语分析的视角,考察口语叙事体中的关系小句。他的研究范围仍然是名词前的"的"字结构,借鉴了Fox和Thompson(1990a、1990b)和Bernardo(1979)的思路,注重信息结构限制对关系小句编排的影响。一些关于英语关系小句的研究也开始引入篇章语言学的视角,比如:Fox和Thompson(1990a、1990b)利用加州大学圣芭芭拉校区的美国口语语料库(Corpus of Spoken American English)对英语对话中关系小句的研究;Yamashita(1994)利用兰卡斯特英语口语语料库(Lancaster/IBM Spoken English Corpus)对限定性关系小句与非限定性关系小句所做的对比研究;Tao和McCarty(2001)利用诺丁汉大学话语语料库(Cambridge and Nottingham Corpus of Discourse in English)和加州大学圣芭芭拉校区的美国口语语料库(Corpus of Spoken American English)对英语口语非限定性关系小句的研究,等等。这种研究思路,不仅为语法分析提供了一个新的认识角度,同时也为结构形式的存在现实提供了实际的解释。

Bernardo(1979)通过对英语"梨子的故事"的研究得出了很有启发性的结论,他根据修饰语和核心语的内容关系区别了两种关系小句:一种是增加信息的(informative),如(36);另一类是不增加新信息(non-informative)而只起辨识作用的,如(37)。

(36) There was a man who was picking pears. 有一个人在摘梨子。

(37) The man picking pears came down. 那个摘梨子的人下来了。

Bernardo 认为英语叙事体中的关系小句是对名词所指对象在特定叙述点进行描绘(constructing a picture)。陈佩玲和陶红印(1998)的文章对口语叙事体中关系小句的研究表明,汉语中像"有一个在摘梨子的人"这类把修饰语放在中心语前的格式不多,而"有一个人在摘梨子"这种顺序倒更常见。Li 和 Thompson(1981)把后面这种格式称作"连动存现结构"(presentative serial verb construction)。陈和陶文认为,口语语料中,这类格式一般分散在两个语调单位(intonation unit)中,说成类似下面的格式:"有一个农人,在摘梨子""前面有一个小女孩,也骑着脚踏车过来"。并指出这种现象可能跟 Chafe(1987、1994)所谓的"一次(一个语调单位)一个新信息"的限制因素有关,但是这篇文章只讨论了由"的"字构成的前置型关系小句。对由"的"字构成的前置型关系小句的考察结果是,关系小句(前置型的)一是用在最具有语义模糊的地方以及需要长距离回指(long distance anaphora)的地方,再就是用于描述故事中的重要的名词所指。下面是陈和陶(1998)文章中列举的两种"的"字结构的例子:

(38) 然后,那个小孩子很感谢这三个人——这三个小孩子。所以,还他帽子的时候,他就给那——小孩子——给那个〖还他帽子的〗小孩子三个芭乐。(长距离回指)

(39) 那个芭乐树下已经放了两——两篓那个——〖已经摘好的〗芭乐。(故事中的重要名词)

在我们看来,上述两种关系小句的基本功能都是增加核心名词所指的可辨识性,整体上用来指称某一个言谈对象。或者说,关系小句在核心名词之前,都具有限定性,用来指称、识别一个已知的言谈对象。

与此相对,后置型关系小句是以一个陈述形式对核心名词做补充性说明,具有描述性,提供新信息。主要表现在以下方面:第一,核心名词在先行小句当中是宾语,是新信息的常规位置。第二,数目可以不止一个,如果删去,句子依然合法。第三,整体上不能用作指称。

3.5 小结

后置型关系小句在汉语共时系统中处于从章法向句法转变的过程之中,或者说还没有完全语法化。这种未完全语法化表现在两个方面。一方面表现为语体方面有限的可选性,即书面语与口语不同语体对关系小句前置与后置的选择具有一定的弹性,书面语里前置关系小句较少受到本文所述"简单结构"限制。另一方面,关系小句后置也有某种强制性。当修饰核心名词的关系小句不止一个的时候,或者被修饰成分是一个泛指成分的时候,即便在书面语里,关系小句也必须后置。

Payne(1997:326)指出,虽然一般而言,关系小句相对于核心名词的位置与修饰性定语和核心名词的顺序是一致的,但是,一个语言的数量修饰语、形容词修饰语在被修饰名词之前的语言,也有可能使用后置关系小句。这种强烈的倾向或许是由于一个普遍的语用原则的作用所致,即把重成分(如线性序列较长的、语音复杂的成分)置于小句的后面。我们认为,汉语口语中发生的关系小句后置的现象,正属于这类情形。那些线性序列较长的、语音复杂的成分,也正是描写性较强并提供新信息较多的成分。

附 注

① 有关"他"的虚化,笔者在张伯江和方梅(1996/2014)中曾经有一个较为粗略的描述,现在从大量的口语材料看,情况远比当时的描述复杂。本章所述

"他"的用法,可作为补充。

② 指示词的情境用及其虚化,可参看第七章。

③ 对照英语左向位移的例子:My brother, he likes Beethoven.(Payne, 1997)

第二部分　主句述谓语的去范畴化

第四章 从认证义动词到语用标记

4.0 引言

"认证义动词"(epistemic and evidential verb)是指认识义动词(epistemic verb)和见证义动词(evidential verb),例如"觉着冷"中的"觉着","以为会下雨"当中的"以为","知道你病了"中的"知道","觉得没意思"当中的"觉得"。对这类动词的研究多与示证范畴(evidentiality)[①]相关,另一方面,也是探讨小句宾语的经典课题。

认证义动词具有引导从属小句的功能,在汉语语法描写体系中属于"谓宾动词"的一部分(参看朱德熙,1982)。在现代汉语中,谓宾动词带宾语的能力有别,有的只能带光杆动词,有的能带光杆动词也能带一个词组,有的只能带词组或小句而不能带光杆动词(蔡文兰,1987;杨成凯,1987、1992)。在形态句法学的描写体系中,这种可以带小句宾语的谓语动词称为谓宾动词(complement-taking predicates,CTPs;参看Noonan,1985;Payne,1997)。尽管在形态句法描写中小句宾语被定义为主句(main clause)谓语动词的一个论元,但是,随着对实际口语研究的深入,这种认识不断受到挑战,认证动词在句法上的特点也越来越多地被揭示出来,比如从主要谓语动词(main verb)虚化为饰句副词(sentential adverb;参看Noonan,1985;Payne,1997),或者虚化为语用手段。(参看Thompson and Mulac,1991;Brinton,1996;Andersen and Fretheim,2000;Erman,2001;Thompson,2002)

朱德熙先生在《语法讲义》中已经注意到,"谓词性宾语跟述语的关系不如体词性宾语跟述语的关系紧密,当中往往可以有停顿,特别是宾语较长的时候。"(朱德熙,1982:122)朱先生提到的这类现象也启发我们去考察那些常常带"较长宾语"的谓宾动词以及相关的句法语义问题。

4.1 去范畴化

语言成分的去范畴化(de-categorization)是演变的重要阶段。所谓"去范畴化"指在一定的条件下,某一句法范畴的成员失去了该范畴的某些特征(参看 Hopper and Traugott,1993:103—113)。例如 I think 是英语当中高频使用的格式,可以出现在句子的不同位置。但是在不同线性位置上,think 的语法表现不同。在谓语动词的位置上,think 有不同的时体变化,也可以与不同的人称搭配,例如:

  a. I think that the lock has been changed.
  b. She thought that the lock had been changed.

但是,如果出现在句末,think 就会失去它作为谓语动词的某些语法特征。比如:

  c. The lock has been changed I think.
  d.* The lock has been changed she thought.

对这种现象的解释是,动词 think 位于句末的时候发生了去范畴化。

从已有的跨语言研究来看,去范畴化具有下面几个主要特征:

（一）语义上,以语义泛化或抽象化为前提;

（二）句法形态上,失去原属句法范畴的某些典型特征,同时获得新范畴的某些特征;

（三）语篇功能发生扩展或者转移。

我们的考察发现,汉语认证义动词有明显的去范畴化倾向,表现为部分地失去了作为主句谓语动词所应具备的句法特征。比如,时体特征受限,句法上的线性要求不严格,韵律上与后接成分之间缺少强制性联系等。

4.1.1 事件成分

(一)时体标记

1)认证义动词作为主句谓语(main clause predicate)动词,它带"长宾语"的时候一般没有时体变化,极少后附"了、着、过、起来、下去"等时体标记;表达事件(event)过程概念的时候采用事件成分"到、完"等动词补语,或者表示时间的副词"在、正"。例如:

(1)殷校长给我们..那介绍介绍您怎么就想起来办驾校了呢?

2)"到、完"等动词补语或者表示时间的副词"在、正"可以看作准时体标记。带有这类准时体标记的动词如果有谓词宾语,一般为一个短语;主句谓语动词带有准时体标记时,后面的小句后续数量不超过两个。例如:

(2)我猜到你今天会来,而且还不是一个人来。

(3)所以我在想这个…社会新闻应该是大家共同、广泛感兴趣的,它可能跟那些很正规的时政新闻,就是那种官方的新闻可能是最大的区别所在。

我们收集到的用例当中,"觉得(觉着)、想、看、认为"带多个小句出现频率最高,共246例,不带时体标记的占大多数。例如:

表1 时体标记的使用情况

	零标记	准时体标记	时体标记
用例	230	16	0
百分比(%)	93.5	6.5	0

(二)情态词

如果主句有情态词,后面的小句一般只有一个,没有发现后续多个小句的用例。

(4) 如果你去旅游,到了大山大江,跑到自然空间里去,你就会觉得自己是渺小的。

(三)程度副词和否定副词

有程度副词修饰或者有否定副词限定的认证义动词,后面的小句也不超过一个。

(5) 自己太重视自己,太觉得自己是碟儿菜。

(6) 我特想我给那个..,以后这种民意测验不参加了。

否定副词修饰的动词,其后小句的长度不超过一个,且在自然口语对话中少用。在王朔小说《我是你爸爸》的对话中共有38例,"不/没+认证义动词"后接小句26例,其中动词为"觉得"的24例,为"感到"的2例,后面的小句数量都不超过一个,且多数为有标记句。

表2 否定性语义分布

	疑问或反问	对比性陈述	非对比性陈述
用例	20	3	3
百分比(%)	76	12	12

(7) 我没觉得你有什么与众不同,你不过是个普通人,不要自我感觉太好。

(8) A:最近一个时期以来怎么啦?

B:你不觉得最近一个时期以来我在家里的地位明显下降了么?

(9) A:你觉得怎么样——这人? 神么?

B:没觉得。觉得这人特酸。

鉴于后接较长后续小句的认证义动词一般不带有动态标记成分，我们认为它们不具备典型的主句谓语动词所应具备的特征。

4.1.2 线性位置

认证义动词可以用在小句宾语之前（下文简称"居前"）、可以作为小句宾语的插入成分（下文称"居中"）或者在句末（下文简称"居后"）。这种灵活的位置变化完全不影响语句的命题意义。

(10) 以前就老觉得，那个合唱嘛有个，得有个指挥，哈，你这没指挥，没指挥不叫合唱。（居前）

(11) 就知识分子有些知识分子，我觉得呢..有点神经病，吹的给你，吹得天花乱坠。（居中）

(12) 确实文字写得还可以，就是可以有不同的追求我觉得。（居后）

需要指出的是并非所有的认证义动词都可以像上面的"觉得"那样，有居前、居中和居后三种位置。即便是同一个动词，比如"觉得"，是否可以居中或居后也不是完全自由的。如(13)。

(13) a.?那个合唱嘛得有个指挥，哈，以前就老觉得，你这没指挥，没指挥不叫合唱。

　　 b.??那个合唱嘛得有个指挥，哈，你这没指挥，没指挥不叫合唱，以前就老觉得。

总之，动词附带的动态特征越多，位置就越固定，居中或者居后的认证义动词倾向不带任何动态成分。从这个意义上说，典型位置上的认证义动词表述事件或命题，而居中和居后位置上的动词不是核心句法成分。有些著述把这类用法看作独立于句子结构之外的"插说"不无道理。解释为"插说"即把它们看作线性结构之外的成分，但还不能充分概括它们的功能和意义,也没有说明容易产生这种用法是哪些动词,以及这种用法是否存在限制。

4.1.3 韵律表现

口语中,随着言谈的进程,中间经常会有迟疑、停顿。但是,动词与宾语之间是不发生停顿的,动宾结构在韵律上总是在同一个语调单位(intonation unit)之内(参看方梅,1994;Tao,1996)。与此形成对照的是,当认证义动词的后面有不止一个小句的时候,停顿位置有多种可能。大致为四种情况:紧邻谓宾动词之后,如例(14);后续语段的话题之后,如例(15);助动词之后,如例(16);第一个小句的末尾,如例(17)。

(14) 当然我想,能够经济独立的妇女越来越多,这样的思想破坏得也就越来越快,更多的妇女,参加社会上的劳动,那么,她们在家里的发言权增加了,她们这个,这方面慢慢就会有所改革。

(15) 我看他这语言嘛,跟汉语还是不一样。

(16) 我想这个事情还得,呵,讲一讲它的历史,看看这个改变到底是怎么一回事情。

(17) 我觉得厨子跟演员差不多,一人做出来一个口味,全凭感觉,多少年的经验积累,照菜谱说三钱油,一分盐,一分味精,永远做不出好菜来。

下表是对几个高频认证义动词表示评价意义时候的停顿情况的统计。

表3 高频认证义动词语句的停顿位置分布

	认证义动词后	后续语段的话题后	情态助动词后	第一个小句后
觉得/觉着	35	8	5	41
想("认为"义)	24	5	6	25
认为	7	2	0	14
看("认为"义)	2	3	1	4

韵律上两个成分是处于同一个语调单位还是各自独立，不同的表现既反映意义关系上的紧密程度，也是句法关系独立程度的体现。韵律上的独立性，反映了句法上的独立性。

总之，无论从谓宾动词的动态特征、词序特征还是语句的韵律特征方面看，后续多个小句的认证义动词作为主句动词的地位是很可质疑的。我们的基本认识是，当一个谓宾动词后面带有多个小句的时候，往往同时伴随着这个动词作为主句动词的种种特征的丧失，这种现象从句法上说是主句的去范畴化。

4.1.4 小句宾语的句法

（一）句法表现

认证义动词后面所带的小句数量可以不止一个，这时候，后续小句在句法上的独立性远远强于一般的谓词性短语。表现在以下几个方面：

1）后续小句有独立的时体标记。

（18）之所以能做到那程度，我觉得<u>完全是张越开阔了视野，往生路上做</u>。

2）后续小句句法上自足。删掉认证义动词，后面的小句仍然是一个完整的表述形式。

（19）我们注意到<u>您已经几次用非专业演员，而且这些电影的成功也引发了不少普通人的明星梦</u>。

（19'）您已经几次用非专业演员，而且这些电影的成功也引发了不少普通人的明星梦。

3）后续小句可以表现为非内嵌形式。

（20）<u>美国这个离婚的这个现象普遍呢，要从另一方面来看，也有它好的一面</u>，我是觉得。

(二)关联手段

认证义动词的后续多项小句之间,在句法上可以是并列关系,如(21),也可以是主句与从属小句的关系,如(22)。

(21) 我觉得<u>越是</u>在这样的情况下,<u>越是</u>要清醒。我指的做人就是指这点。

(22) 我想<u>还是</u>有一定的<u>压力</u>,[　]主要还是来自思想很陈旧的<u>那些</u>老人。

认证义动词后多项小句之间的关联手段大概有四种。

1) 同构关联

后接两个结构相同的并列小句。例如:

(23) 说到变化,我<u>知道</u>口语少了,书面语多了。

2) 连词关联

后接由连词连接的复句结构。例如:

(24) 我觉得这次会越来越丰满,而且直播给人的感觉会越来越从容。

当后续小句数量特多的时候,往往同构关联跟词语关联一起用。

(25) 而且我<u>觉得</u>当演员的不是弄一大班椅往那儿一坐,这边儿摞着五本儿书,那边儿摞着六本儿书,这边儿是西洋文学,那边儿是古文观止,您就可以……所以我说演员创造角色,只可意会,不可言传,……

3) 回指关联

A. 用同形代词确定小句间的关系。

(26) 但是我觉得,1 如果妇女运动限制在<u>这些</u>方面,2 把这些东西当作最主要的事情的话,3 那<u>她们</u>还没有真正解放,4 <u>她们</u>的思想并没有解放,5 实际上<u>她们</u>的妇女运动还是限于妇女的这一点小圈子,6 实际上妇女要解放的话,7 就应该是负起社会上的责任。

B.用零形回指确定小句间的关系。

(27)大家<u>感觉</u>您这次对宣传比较有热情,[ ]好像挺活跃的,您对这部电影的期望值是不是很高?

认证义动词后面的多个小句之间的关系有时难以用上面的几项来概括,属于过去语法著作中常说的"流水句"。总之,认证义动词的后续成分可以不止一个小句,而这些后续小句之间的关联手段与篇章关联手段相同,这些结构复杂的多个语段的复杂程度与复句没有本质上的区别。我们从实际语料中看到,认证义动词后的长后续成分无法从句法上认定它们属于内嵌成分,因此很难用"宾语"这个概念来说明它。

4.2 内部差异

4.2.1 控制度差异

以往对汉语的研究已经注意到,如果从动词宾语的复杂程度着眼,谓宾动词可以分作若干小类。谓宾动词后接哪种形式的后续成分,与谓宾动词的语义类别有关(参看蔡文兰,1987;杨成凯,1992)。不过,这样的研究视角没有延伸至对跨小句的现象分析。

这里,我们参考 Givón(1980)对动词的控制度的观察角度,尝试对认证义动词的句法特征进行描述。我们将证明,从控制度差异的角度着眼,有可能解释上一节所列举的种种现象。

所谓控制度是指动词对它引导的宾语小句的影响程度,表现为引导宾语小句的动词与其后小句之间存在共变关系。主句谓语动词的控制度越强,从属小句的独立性越弱;主句谓语动词的控制度越弱,从属小句的独立性越强(参看 Givón,1980)。

我们把汉语谓宾动词的控制度从强到弱分作下述几种类型。[②]

A.强制性要求有被控制者出现在后续小句。例如表示致使意义的动词。

(28)a.她强迫那女孩儿嫁给了那个做买卖的。

b.*她强迫嫁给了那个做买卖的。

被控制者"那女孩儿"是不可缺省的成分。A 类强制从句主语出现,且不与主句主语所指一致。也就是说,其控制力是作用于其他客体的。

B.强制从句主语缺省,且缺省的主语与主句主语所指一致。也就是说,受控制对象或影响对象只能是动作发出者自身。像"不便""乐得""恨不得"等表示情态的动词,其后谓词性成分的主体就是谓宾动词的主语,且必须缺省。比如:

(29)a.不让去不去,我乐得自在。

b.*不让去不去,我乐得我自在。

C.从句主语可隐可现,不要求从句主语的所指与主语一致。从句的主语缺省时,默认作与主句主语同指。例如:

(30)a.他更愿意去外地上大学。

b.他更愿意我去外地上大学。

a 例中,从句的主语缺省,"去外地上大学"与"愿意"的行为主体同指是优先的理解;但是,从句主语允许与主句不同,如 b。

D.从句的主语缺省时即使主句主语为第一人称,也不默认作与主句主语同指。例如:

(31)我知道考完试了。

上面的例子中,"考试"的行为主体不一定是主句的主语"我"。

主句谓语为强控制动词,它与其后的小句宾语之间事件关系紧密,主句与从句表述的是同一个事件。主句谓语为弱控制动词,它与其后的小句宾语之间不具备紧密的事件关系,前后两个部分所表述的是各自独立的事件。

从语义角度看,谓宾动词的语义类与其控制度之间存在着一定的对应关系,谓宾动词从强控制度到弱控制度是一个连续统,如图1所示。

强控制 → 弱控制

致使　　意愿　　知识　　评价　　报道

图 1　控制度差异

例如:

(32) a.她ᵢ强迫那女孩ⱼ嫁给老张了。

　　 a'.*她强迫嫁给老张了。

　　 b.她ᵢ情愿 0ᵢ嫁给老张。

　　 b'.*她ᵢ情愿 0ⱼ嫁给老张。

　　 c.她希望那女孩ⱼ嫁给老张。

　　 c'.她ᵢ希望 0ᵢ嫁给老张。

　　 d.她ᵢ知道那女孩ⱼ嫁给老张了。

　　 d'.她ᵢ知道 0ⱼ嫁给老张了。

　　 e.她ᵢ相信那孩女ⱼ嫁给老张了。

　　 e'.她ᵢ相信 0ⱼ嫁给老张了。

　　 f.她ᵢ说那女孩ⱼ嫁给了老张了。

　　 f'.她ᵢ说 0ᵢ/ⱼ嫁给老张了。

认证义动词是谓宾动词中控制度相对较弱的一个小类。从控制度的角度去看,其内部仍然存在差异。根据控制度的不同可以进一步分成体验、认识、知识和评价四类。

1) 表示体验。如:觉得/觉着、看₁(见/到)、感觉₁、感到。

2) 表示认识。如:想₁、明白、发现、喜欢、怀疑、考虑、认为、以为、估计。

3) 表示知识。如:知道、记得、注意(到)、认识(到)。

4) 表示评价。如:觉得/觉着$_2$、想$_2$、看$_2$、感觉$_2$。

上述四类对其后小句的控制度不同。

1) 体验类:

被控制者可以不出现:看打架。

受控制对象或影响对象可以不是动作发出者自身:看他们打架。

后续小句缺省的主语与谓宾动词的主语不可能同指:他看孩子打架;他看打架。

2) 认识类:

不要求被控制者必须出现:考虑住哪儿比较好。

受控制对象或影响对象可以不是动作发出者自身:我正考虑你们住哪儿比较好。

后续小句缺省的主语与谓宾动词的主语可以不同指:我正考虑(你们)住哪儿好。

3) 知识类:

不要求被控制者必须出现:他知道必须去。

受控制对象或影响对象可以不是动作发出者自身:他知道孩子必须去。

后续小句缺省的主语与谓宾动词的主语可以不同指:他知道(孩子)必须去。

4) 评价类:

不要求被控制者必须出现:他觉得没有必要去。

受控制对象或影响对象可以不是动作发出者自身:他觉得孩子没有必要去。

后续小句缺省的主语与谓宾动词的主语可以不同指:他觉得(孩子)没有必要去。

不同小类的认证义动词的控制度可以表示作图 2:

```
强控制 ──────────────────────→ 弱控制
      体验     认识     知识     评价
```

图 2　认证义动词的控制度等级

有些动词在不同意义下，控制度不同。例如"觉着"表示感官体验的时候与表示评价意义的时候对后接小句的要求不同。

(33) 觉着₁：感觉。例如：我觉着₁饿。|*我觉着他饿。

(34) 觉着₂：认为。例如：我觉着₂不好看。|我觉着这玩意儿不好看。

这里，"觉着₁"后面的小句不能有主语，且缺省的主语与谓宾动词的主语之间有指同限制；"觉着₂"后面的小句可以有主语，也可以没有主语，宾语小句的主语不要求与谓宾动词的主语同指。"觉着₁"的控制度高于"觉着₂"。

4.2.2　去范畴化与控制度等级

前文讨论了认证义动词的去范畴化表现，比如，后续小句的数量的多寡、动词位置的灵活程度、韵律分布上的变异以及附加动态标记成分方面的限制等。下面以这几方面的特征为线索，讨论去范畴化与控制度之间的关系。认证义动词各小类去范畴化方面的表现见下表。

表 4　各类认证义动词的去范畴化特征

类别	例词	动态特征	带多个小句	多种停顿位置	易位
体验	看见	＋	（＋）	－	－
认识	明白	＋	＋	－	－
知识	知道	－	＋	＋	＋
评价	觉得	－	＋	＋	＋

总体说来，表示评价的认证义动词与后续小句之间句法关系上比较松散，动宾关系的特征较少。下面分别对不同类别认证义动词的用

法做补充说明。

4.2.2.1 表示感官体验的动词

表示感官的直接具体的体验的时候,后续成分的长度一般不超过一个小句。比如"听、闻"等表示具体感觉器官感知的动词。"看"后面跟一个主谓结构的时候,是表示具体感官体验的动词,如(35)。如果后续多个小句,"看"所传达的意义往往不是具体感官体验,而是一种经历或者经验,如(36)。

(35) 我也<u>看见</u>蚂蚁打架了。

(36) 大家也<u>看到</u>了,在开场的十来分钟当中,国安队呢,嗯应该说攻防呢,嗯还是见了一些起色。特别是下半场比赛开始的前15分钟,也的确给对手造成了很大的压力,也出现了几次比较好的机会。但是呢,嗯,应该说都没有能够把握住。(五环夜话)

在表示体验的动词后接一个以上小句的用例中,后续小句往往是对前面某个成分的解释说明,明显与先行小句不是并列关系。例如:

(37) 就<u>觉着</u>浑身难受,手脚都跟针扎似的。(电话录音)

4.2.2.2 表示认识

表示抽象认识的动词有可能带较长的后续小句。其中有些动词可以直接后续多个小句,例如"明白、怀疑"。另一些动词要与一个准时体标记共现才能后续多个小句,如"考虑、注意、认识"。后者表示抽象认识的动词不带"到"的形式能带名词宾语、动词短语或单个小句的宾语,一般不带多个小句。"注意到""认识到"表示"知识",可以后接多个小句。

(38) 注意<u>有苍蝇进来了</u>。

(39) 我们注意到,<u>不少游戏厅至今还在违法经营,在非节假日向中小学生开放</u>。

(40) 我认识<u>不少会打架的</u>,有几个是我哥的朋友。

(41) 要认识到<u>发展是硬道理,一切都应该服从这个硬道理</u>。

4.2 内部差异

4.2.2.3 表示知识

表示知识的认证义动词可以带多个后续小句,但从使用频率来说,还是以后加一个小句为常。在我们的材料中,"知道"带动词短语的28例,带1个小句的有15例(如(42)),带多个小句的有2例(如(43)),居后的用例仅有1例(如(44))。

(42)我不知道他这个路怎么走关键是。(访谈:市长)

(43)大家知道,中国人是用碗吃饭,那就端起碗来,嘴靠近碗边儿就往里胡噜。(饮食习惯)

(44)他这最多可以写多少字我也不知道,但是我反正曾经写过三十个字,……(办公室谈话)

据陶红印(2003)的考察,"知道"不带任何宾语的占69%。在带宾语的用例中,后接宾语名词占18%,动词占53%,句子29%。"知道"在话语中的句法表现有两个突出的特点:第一,主语以第一人称或隐含说话人的用例占62%;而"你知道"主要用作调节谈话的手段。第二,否定式多于肯定式,占58%,"不知道"主要表示说话人的猜疑和不坚定态度。

4.2.2.4 表示评价

那些后接多个小句的表示评价的认证义动词跟第一人称主语共现居多。在我们的语料中,"我觉得、我想、我看"表示评价可以后接多个小句,而"你觉得、你想、你看"表示评价以跟单个小句为常。

(45)我觉得没有完美,没有楷模,我们一般模范丈夫啊,模范家庭啊,是一个表面,(访谈:濮存昕)

从句法上看,"我觉得、我想、我看"跟"你觉得、你想、你看"是等值的,但是在实际应用当中"你觉得、你想、你看"的后接成分都比较短,一般为动词短语(如:你看行不行)、单个小句(如:你是不是觉得我这人特别没劲),且问句占87%。

"我觉得、我想、我看"位置灵活,而"你觉得、你想、你看"只有居前用法。

"我觉得/想/看"后接多个小句的时候意义没有差别,都表示评价义。但是"你觉得/想/看"却不同。下例 a"你觉得"表示评价;c"你看"用作向听话人展示某种事物。

(45') a.你觉得没有完美,没有楷模,我们一般模范丈夫啊,模范家庭啊,是一个表面。

b.﹖你想,没有完美,没有楷模,我们一般模范丈夫啊,模范家庭啊,是一个表面。

c.你看,没有完美,没有楷模,我们一般模范丈夫啊,模范家庭啊,是一个表面。

认证义动词控制度的差异,在具体语境中直接表现为三个方面的差异,即:韵律模式、线性位置的稳定性、对从句主语的选择性。

a.韵律表现:有多种停顿方式;

b.线性位置的稳定性:可易位,有居中或居后用法;

c.对主语的选择性:主语的不同会影响对整体意义的理解。

控制度较弱的动词,具备上面 a、b 和 c 三种特征,如以"觉得"为代表的评价类。控制度较强的动词不具备上述特征或仅仅具备特征 a。

表5 各类动词的分布特征

类别	体验	认识	知识	评价
例词	看见	明白	知道	觉得
特征 a	+	+	+	+
特征 b	−	+	(+)	+
特征 c	−	−	−	+

通过上文的用例分析我们试图说明,认证义动词句法上的去范畴化程度与它的控制度之间在很大程度上存在一致性关系。那些控制度

相对较弱的认证义动词,去范畴化程度较高,表现为:可以后接多个小句、动词的位置可以改变、停顿的位置灵活多样、动词的动态性较弱;相反,控制度较强的认证义动词,在上述几方面的限制较多,不易发生去范畴化。

4.3 虚化条件

4.3.1 句法环境

"认证义动词+小句宾语"这种句法格式在表义功能上具有双重性。即:1)陈述事件;2)表现主语的认识内容。这种句法环境是认证义动词虚化的基本条件。

我们可以通过与认证义动词构成的简单句来做一个比较。认证义动词构成的简单句只具备第一种表达功能。在简单句中,认证义动词后面可以加上时体标记;但是,当认证义动词后接小句的时候,动词后用时体标记很受限制,如 4.1.1 所述。下面仅以带"了"为例。

(46) a.我(已经)发现这事办砸了。

b.*我发现了这事办砸了。

c.我发现了这个好玩的地方。

(47) a.我(已经)知道这事办砸了。

b.*她知道了这事办砸了。

c.我知道了解题的方法。

(48) a.他(已经)相信这事办砸了。

b.*他相信了这事办砸了。

c.她相信了那个孩子的说法。

"认证义动词+小句宾语"与简单句所形成的对比表明,认证义动词构成的简单句功能在于陈述事态,而当认证义动词带小句的时候,"认证义动词+小句宾语"既可以用作陈述事态,也可以用作表述知识或认识。如(49)。

(49) a.他发现这事办砸了。
　　b.他已经发现这事办砸了,还没来得及做善后处理。
　　c.*这事办砸了,他已经发现。
　　d.我发现这事办砸了。
　　e.这事办砸了,我发现。
　　f.*这事办砸了,我发现,还没来得及做善后处理。

(49a)有两种表述功能:一为陈述事态。"他发现这事办砸了"整体上用作表达事件发展过程中的一个环节。这种理解变换为(49b),认证义动词可以自由地带上时体成分。二为表述知识。句子的表述功能是告知"这事办砸了"这样一个对事态的分析认识。这种理解不可以变换为(49b)。当陈述事态的时候,不能将认证义动词后置,如(49c);当表述知识或认识的时候,认证义动词才可以后置,如(49e)。而一旦句法位置发生改变,表述功能也就随之发生变化,如(49f)。

4.3.2 言者视角

语篇中语句的内容除了命题内容之外,还有可能表达说话人对命题内容的评价和说话人对受话人的态度,后两个方面是说话人在语句中留下的个人印迹。这种个人印迹被称作语言的主观性,有可能表现为某种结构形式,也有可能表现为某种篇章手段。言者视角(speaker's perspective)是语言表达中所体现出来的说话人的个人印迹,是语言主观性(subjectivity)的表现。主观性在共时系统中可以表现为某种结构形式编码,从历时角度看,一个语言形式有可能经过演变而获得主观表

4.3 虚化条件

达功能。(参看 Lyons,1977、1982;Finegan,1995;沈家煊,2001)

认证义动词小句本身就具备言者取向的(speaker-oriented)主语。

第一,后置的"主语+认证义动词"中的主语的所指对象总是说话人,如(49')。

(49') a.我/他发现这事办砸了。

b.这事办砸了,我发现。

c.? 这事办砸了,他发现。

可见第一人称为主语的组合虚化程度最高。

第二,认证义动词中那些不表示"评价"的动词,如果它的主语缺省,且默认作说话人,那么整个句子就可以获得评价意义表达功能,如(50a)。反之,一旦把主语换作言者以外的其他人,则全句仅仅具备客观叙述功能。如(50b)。

(50) a.不知道这孩子到底来不来。("不知道":默认言者主语,表示"不确信"语气)

b.他不知道这孩子到底来不来。("不知道":句子主语"他"对情况"不知晓")

上述差别可以用"也"来测试。"也"的基本意义是表示"相同",如"你去我也去"。另一种用法是表示委婉语气,如"也只好如此了"。对比(50'a)和(50'b):

(50') a.也不知道这孩子到底来不来。(委婉语气,不表示"相同")

b.他也不知道这孩子到底来不来。(表示"相同")

高频的动词,如"想",甚至可以用作表示言者判断的虚词。可以独用,如(51a);也可以作为一个语素构成合成词,如(51b)。这里的"想"或"想必"表示说话人的评价或推测,不能带任何典型动词的动态特征。

(51) a.想是病了。

b.想必是没救儿了。

上述现象是虚化过程当中"主观化"的直接体现,与情态成分产生过程中的言者取向的(speaker-oriented)机制有一致之处。

在许多语言里,表示"要"的动词虚化为表示将来时的标记,起点是这个动词由带名词宾语变为带动词宾语。(Bybee,Perkins and Pagliuca,1994)我们对认证义动词用法的考察结果与这种情形相似。认证义动词尽管用法复杂,但是都可以用是"客观事件表达"还是"主观评价表达"这个尺度来衡量。当表述一个事件(event)的时候,它可以附加相对较多的动态特征;当表达评价(evaluation)的时候,不倾向使用动态标记。

4.3.3 虚化结果

前两节主要讨论了认证义动词用法上的多样性,可以说,不同小类句法上去范畴化的程度差别体现了虚化程度的差别。虚化程度最高的一类是表示"评价"的用法,我们认为它们已经虚化为"语用标记"。③

如何衡量一个语言片段已经虚化为语用标记,本研究主要参考Brinton(1996)和Fraser(1996),提出语用标记虚化的判定尺度:

a.从句法上具备相对稳定的线性位置到句法上没有位置限制。

b.从句法上具有明确的功能和地位到句法上难以确认其功能和地位。

c.从表述客观事件到表达说话人的主观态度。

d.从具体词汇意义理解到整体格式意义理解。

e.从韵律上的非独立形式变为独立的语调单位。

一旦上述五方面的变化完全实现,包含认证义动词的格式就虚化成为一种语用标记了,典型的例子就是"我觉得"。"觉得"虽然可以出现在不同的位置,但是只有在主句谓语动词的位置上才可以与表现事

4.3 虚化条件

件过程结构的成分共现,而位居句中或句末的时候却很难。另一方面,一旦"我觉得"位置居后,它也只能表达主观态度而不能表达客观命题。例如:

(52) a.我没觉得我在发烧。　　*我在发烧,我没觉得。
b.我今天觉得我在发烧。　*我在发烧,我今天觉得。
c.我刚才觉得我在发烧。　*我在发烧,我刚才觉得。

(53) a.我觉得这位老兄是给我出难题。
b.*这位老兄啊,我没/今天/刚才觉得,是给我出难题。
c.*这位老兄是给我出难题,我没/今天/刚才觉得。

可以说这种后置形式实际上是一个"断言+视角"表达式。尽管认证动词往往有不止一种理解,可是一旦进入这个表达式,不同动词词汇意义的个体差异就不再显现。"我觉得/我想/我看"一旦后置,都表示"评价"意义。

因此,上述 a—e 五个方面是相互联系的,稳定的句法位置是核心因素,动词一旦离开基本的线性位置,其他几个方面也会同时变化。

如果用上述五个虚化特征来衡量,我们发现两个值得说明的现象。

第一,一个词究竟表示哪种意义,在很大程度取决于它在具体语境中的位置。以认识类的词为例,这类词的语义理解在很大程度上取决于它是否处于句末。如"怀疑",它可以后接两种不同形式的小句,如下例 a 和 b,都表示对后面一个命题的不确信。但是,一旦线性位置发生变化,语义也就从不确信变为相对确信。例如:

(54) a.我怀疑他今天生病了。
b.我怀疑他今天是不是生病了。
c.*他今天是不是生病了,我怀疑。
d.他今天生病了,我怀疑。

a 和 b 句能说而 c 句不能说,原因在于,"他今天是不是生病了"是一个选择式。选择式的不确定语义与"我怀疑"后置式的评价功能发生冲突。只有评价的内容明确,如(54d)句,才可接受。这也从另一个方面证明,后置形式就是一个"断言+视角"表达式。

第二,高频词语义上跨度较大,用法上覆盖了从典型动词到语用标记的多种用法。例如:

(55) a.我/她想/看见/儿子了。(主语指称对象的体验)

b.我/她想/明白/知道/觉得这是回家了。(主语指称对象的认识)

c.我/她明白/知道/觉得这个问题没什么好商量的。(主语指称对象的认识)

d.我/[?]她想这个问题没什么好商量的。(说话人的认识)

e.这个问题,我/*她想,没什么好商量的。(说话人对话题的态度)

f.这个问题没什么好商量的,我/*她想。(说话人对整个命题的态度)

Traugott(1995)讨论语法化过程中的主观化问题时指出,在语法化的过程中主观化的表现同时涉及多方面的变化过程①,其中包括从命题功能到语篇功能、从客观意义到主观意义、从非认识情态到认识情态、从句法主语到言者主语、从具有词汇完整性的句法上独立的词项到句法上失去独立性的黏着形式。本章讨论的认证义动词的虚化现象涉及上述几个方面。

一个词汇的词义淡化(semantic bleaching)过程不仅仅是功能的衍生过程,也是一个从信息量较小的表达方式转变为信息量较大的表达方式的过程。换句话说,虚化程度较高的成分在信息量上总是要大于虚化程度低于它的成分。回溯推理这种语用机制被认为是虚化发生和理解的动力。以上文所述的"看"为例,当一个人说"我看这房子买贵了"(表示"评价")的时候,肯定可以衍推出"我了解这个房子"("知识"),以及"我看到过这个房子/这个房子的相关材料"("体验")。但是,反过来却不一定。作为"评价"义的"看"比作为"知识"义的"看"虚化程度高,而"知识"义的"看"又比作为"体验"义的"看"虚化程度高。表示"评价"的"看"句法上去范畴化程度最高,主观化表现最明显,信息量最大。根据我们的考察,对于"看""觉得""知道"等几个自身变异丰富的高频词来说,与虚化相关的三个主要方面——句法表现、主观化倾向和回溯推理,三者可以相互印证。

4.4 小结

认证义动词的去范畴化具有跨语言共性。

Thompson 和 Mulac(1991)区分了两类"主要动词短语",一类为"较复杂的主要动词短语",结构上往往带有显性的 that,通常不大可能具有认识性意义;另一类是"不太复杂的主要动词短语",结构上以不带有 that 为常,常常含有认识性意义,其补语小句一般是所要谈的话题,或称之为"行事言谈"(the talk of doing the actions;Thompson,2001)。从功能角度看,后者意味着主句中的主语和动词构成了一个"认识义短语"(epistemic phrase)。Thompson 和 Mulac 经过考察发现,that 的省略现象一般出现于以下几种情况:1)就主句而言,主语应是第一或第二人称代词(可以成为认识的主体);2)动词为 think 和 guess(表示认识义)。3)不出现助动词、间接宾语或副词(如果出现,主句则带有实际的语义内容)。就补语小句而言,主语应为代词(带有较高的语篇话题性质)。Thompson(2002)对上述观点进行了更为具体深入的探讨,考察了最常见的一些带补足语动词短语(complement taking predicate phrase，CTP-phrase，大致相当于 reporting clause）。在论及 CTP 短语和相关小句的句法关系时，Thompson 认为，从信息传递角度看，"补足语小句"不是典型的从属性小句，而是货真价实的"主句"，用来表达"行事言谈"。至于 CTP 短语，她认为只不过是一些固定的结构（formulaic fragment），其功能就是用来表达认识、传信及赋值等意义。

已经有很多跨语言研究证明，I think 一类主句用作插入语（parenthetical），其功能相当于副词（Thompson, 2001）；as you know 类副词性限定从句具有评述解读功能，话语中用作模棱语（hedges），言者用来表达对其毗邻小句所述命题的态度或者提请受话人关注（Quirk et al., 1985:1112）。

这类现象，既是词汇化（lexicalization），又具有习语特征（关于习语特征，可参看 Brinton and Traugott, 2005）。表现为：

1) 非组构性，意义难于推导；
2) 语法失效，不具备原句法编码所具有的句法特征和语义解读；
3) 缺乏可替换性，其组成成分不能被同义词替换。

同时，这种用法也可以看作去范畴化。因为从虚化的结果着眼，发生了句法降级，从主句谓语变为一个副词性习语。作为语用标记，体现言者的不确定的态度。

本章只讨论了虚化条件的一个方面。事实上，这类认证义动词的虚化还有另一种变化条件，即以去范畴化疑问句为条件的虚化。比如，说话人用在一个话轮末尾（turn final）的"（你）知道吗"，其编码形式是一个问句，韵律形式上却采用一个降调。这类情形并不要求给予一个肯定或否定的回答，而是要求对方保持与自己同步的交际状态，或者提示受话人关注言者当前所述内容。这种用法在对话中作为说话人组织谈话进程的手段，属于话语标记（discourse marker）。陶红印（2003）讨论"知道"格式在谈话中的演化,是很有启发性的尝试。我们认为,认证义动词这个方向的虚化,不仅涉及动词,更主要的推动力来自互动过程中疑问句意义的语境义吸收和功能延伸。

附 注

① 李讷、安珊笛、张伯江(1998)中 evidentiality 译作"传信范畴"。因本章讨论的动词仅仅涉及示证类动词中能够带小句宾语的一类,意义上属于示证和认识(evidential/epistemic)类,但不包括"言说"意义的动词。故而将这类动词径直称作"认证义动词"。

② Givón(1984/1990)所著 $Syntax$ (II) 对主句谓语动词与其后的小句之间的共变关系进行了概括,他的基本思想是,操纵类和模态类动词与其后的谓词性宾语的语义联系较强,认知类和言说类动词与其后的谓词性宾语的语义联系较弱。这种区别反映在句法形式上,表现为,操纵类和模态类动词后面的小句的句法独立性较弱,而认知类和言说类动词后面的小句在句法上独立性较强。王冬梅(2003a)参照 Givón(1984/1990) 的 $Syntax$ (II) 对主句与谓词宾语之间上述共变关系的描述,对汉语动词控制度进行了分析。本章对控制度的分析与王文略有不同,目的在于区分认证义动词内部各小类之间的差异。

③ 关于虚化与语用标记的研究综述可参看吴福祥(2005)。关于语用标记(pragmatic marker)和话语标记(discourse marker)的分析,我们接受以下观点,即,话语标记属于语用范畴标记。话语标记在言谈当中起组织结构、建立关联性的作用,而语用标记不具备此类功能。比如"然后"用作命题意义表达时,表示时间上具有先后关系;不用作命题表达时,是言者保持其话语权、使言谈连贯的手段,这种用法属于话语标记(详见第十四章)。如果一个成分对言谈的组织并无作用,而重在表达言者态度,我们把它看作语用标记。

④ 关于主观化(subjectivation)表现,Traugott(1995)的概括如下:

propersitional function	>	discourse function
objective meaning	>	subjective meaning
non-epistemic modality	>	epistemic modality
syntactic subject	>	speaking subject
full, free form	>	bounded form

第五章 从言说动词到从句标记

5.0 引言

在言说动词中,"说"从近代以后逐渐成为表示言说动作的最为常用的动词(参看汪维辉,2003)。在长期的高频使用中,"说"衍生出了一些其他的用法,意义也超出了"言说"的范围,发生不同程度的语义泛化。孟琮(1982)和刘月华(1986)曾注意到,口语当中的"说"可以表示认识。他们对"说"的描写大致可以概括为两类"说":一类"说"依然可以作为一个独立的动词使用,但是意义有所改变,不仅仅表示"言说"意义;另一类"说"跟其他的词组成一个固定格式,表示"言说"以外的意思。关于后一类情形,沈家煊(2003a)提出,连词后面有的加上"说",有的不加"说",其中的规律值得研究。董秀芳(2003)、李晋霞和刘云(2003)有进一步的论述。前者认为固定搭配着说的"X说",句法上作为一个单位使用,"说"具备附缀的功能,可以形成动词、副词、连词、语气词、话题标记,表示某种主观化色彩,是短语词汇化的结果;后者认为"如果说"一类用法中的"说"具有传信功能。

不难看出,其实单就"说"而言,"X说"的词汇化过程同时也是"说"从独立的词演变为构词成分的过程。换句话说,从句法角度看,在现代汉语共时层面中,"说"在某些格式中已经从自由成分变为黏着成分了。

在北京话实际语料中,"X说"从词到构词成分这种变化仅仅是

"说"演变的一个方面。我们发现,"说"还有一个更重要的演变路径,即它正在衍生出某些体现语法关系的功能。本章关于"说"虚化的分析侧重从句法学的一般原则考察虚化"说"的功能浮现,并尝试对虚化用法之间的内在联系给予解释。

虚化的"说"有下述五种主要类型:

1) 在连词或具有小句连接功能的副词之后,如:虽然说、如果说、毕竟说。

2) 在表示情态的能愿动词之后,如:应该说、可以说。

3) 与"我"或"你"组合,构成话语-语用标记,用作组织言谈。比如:我说,都几点了,你还在床上躺着。/ 你说这事我该怎么办!

4) 在连动式 V_1V_2 中 V_2 的位置,如:觉得说/发现说/理解说。

5) 在句首位置,如:说打车进城,也得能见着车啊。没有,根本就没车。

其中1)、2)两类是上面文献关于"X 说"讨论的主要内容。3)类涉及词汇化问题,也涉及互动交际对虚化的影响,将另文讨论。本章的描写和解释主要涉及 4)和 5)两类句法位置上的"说"。

我们的基本结论是,"说"的演变有两条路径:

第一,从主要动词虚化为补足语从句标记。

第二,从主要动词虚化为虚拟情态从句标记。

上述结论基于现代北京话和清代北京话材料。现代北京话的材料是对自然口语录音的转写,包括两个次类:1)20 世纪上半叶,以 80 年代北京话调查的老年组材料为代表;2)20 世纪下半叶,以 80 年代北京话调查青年组材料和近 5 年来录音的 50 岁以下年龄组材料为代表。清代北京话材料以《燕京妇语》(原书抄于 1906 年,鳟泽彰夫藏,1992 年日本好文出版社出版)、《小额》(松友梅著,1908 年出版,本文据刘一之注释本,世界图书出版公司,2011。)和《谈论新篇》[1]为代表。

5.1 从言说动词到标句词

5.1.1 关于标句词

许多语言里,补足语从句(complemental clause,如主语从句、宾语从句)必须有专用的标记,通常称为补足语从句标句词(complementizer),如英语的 that。"标句词+从句"的语序在 VO 和 OV 型语言中都可以出现(Dryer,1992b)。并非所有的语言都有标句词,但是有标句词的语言,标句词的来源有不同的类型,其中由"说"虚化为标句词是一种类型。(参看 Hopper and Traugott,1993/2003;Heine et al.,1991)

除了修饰性小句用"的"之外,汉语小句的从属性语法关系不用显性的语法标记表示,这是汉语语法研究者的一个共识。接下来我们试图通过口语用法说明,高频言说动词"说"开始从标记引语进一步虚化,具有标记从句的功能。先看下面的例子来自电视访谈语料:

(1) 我总是觉得说,生活里缺了点儿什么。(调查语料)

(2) 大家想问您的是说,如果他们想去可可西里,他们应该有什么样的准备。(《时空连线》)

(3) 王昆团长听完这歌,有没有一个比较准确的预期,说这首歌唱出去后会不会引起轰动?(《谁在说》)

(4) 冯巩在政协会上有一个提议,说能不能让姜昆三分钟不谈网络。(《谁在说》)

上面几个例子,(1)(2)中"说"的用法虽然从结构上看接近于"连动式",但又不同于我们现有描写框架对连动式的分析。并且有一点是显而易见的,这就是,上述四例中的"说"不表达"言说"行为。进一步分析就会发现,这四例之间还有差别。例(1)和(2)如果删去"说",句子的意思不变,同时也是可接受的句子。但是例(3)和(4)中,"说"引导的小句是对前面小句中的名词性成分"预期""提议"的说明和解释。如果删去"说",可接受性较差。例如:

(1′) 我总是觉得,生活里缺了点儿什么。

(2′) 大家想问您的是,如果他们想去可可西里,他们应该有什么样的准备。

(3′) ?王昆团长听完这歌,有没有一个比较准确的预期,这首歌唱出去后会不会引起轰动?

(4′) ?冯巩在政协会上有一个提议,能不能让姜昆三分钟不谈网络。

汉语研究中习见的比较方法是,将某种特定的语言比如英语作为参照,看看这种语言里某种语法关系采用什么样的表现形式,然后回头看汉语是否存在类似的表现形式。这种做法的好处是对比直接,很容易通过比较看出差异。不过,也容易忽略掉一些"异中有同"的地方。因此,我们采用的办法是,首先考察实际用法,用句法的一般原则来分析实例的语法属性,然后再来确定这个成分的语法性质。

从现代共时材料看,"说"的用法包括句法属性不同的三类:

1) 引语标记;

2) 准标句词;

3) 标句词。

共时平面的这种差异,首先表现为不同语境中"说"的词汇意义的衰减程度。引语标记用法与言说意义的关系最近,代表"说"虚化的初始阶段。而作为标句词使用的"说"与言说行为意义的关系最远,虚化程度较高。三类不同性质的"说",引语标记用法出现最早,标句词"说"

是新近产生的用法。

5.1.2 引语标记(quotative marker)

这类"说"作为连动结构后项动词用在言说动词后,被删除以后不影响语句的可接受性。作为连动结构的后项动词,在前项动词不带宾语的情况下,两个言说动词可以删一个,留一个。"说"后面的引述内容,在句法上是可以自足的。

1) 直接引语

后接成分无须改变指称。例如:

(5) 这么着就告诉那个家人说,〔直接引语〕你先回去告诉你们老爷说,〔间接引语〕我明儿个打发人,把银子送了去罢。那个家人说没法子,就答应了一声回去了,……(《谈论新篇》)

2) 间接引语

后接成分必须改变指称。例如:

(6) 到了前两天,他忽然来了,告诉我说,〔间接引语〕他在别处借着银子了,这个银子他不用了。(《谈论新篇》)

(7) 她就告诉说,她姑姑来了。(调查语料)

(8) 有人指责说,比尔·盖茨曾告诉微软,让中国电脑盗版Win98,等到中国人像吸鸦片一样离不开它的时候,再起诉他们!(谁在说)

在"说"朝标句词发展的道路上,有一个现象特别值得注意:"说"除了可以放在言说意义动词之后,还可以放在感知义动词后。清代的时候就有这样的用例,这种连动组合方式保留至今。如:

(9) 我听见说,你这几天给宝元栈说合事情了,说合的怎么样了?(《谈论新篇》)

(10) 那些农民工回忆说,他们已经有半年多没有休息日了。

(报道)

在清代的材料里,"听见说"是个连动短语,有"我也听见说了"这样一类的表达方式。"听见说"和"听说"并存。但是,在现代的口语材料里,"听见说"只用于分离式表达"听见(某人)说"。

引语用法的共同特征是,我们可以把"说"所在的小句与它后面表示的言谈内容的小句互换位置:

(11) 他告诉我说,他在别处借着银子了,这个银子他不用了。

→他在别处借着银子了,这个银子他不用了,他告诉我说。

(12) 那些农民工回忆说,他们已经有半年多没有休息日了。

→他们已经有半年多没有休息日了,那些农民工回忆说。

从直接引出言谈内容,到作为间接引语标记;从与言说动词搭配到与感知义动词搭配。这表明,在清代的时候,"说"作为引语标记的用法开始松动,这种变化是"说"虚化的起点。[②]

5.1.3 准标句词

"说"的进一步虚化表现为,可以与非言说义动词搭配使用。一方面,"说"一定程度上保留了引语标记用法的痕迹,表现为指称方式没有强制性要求。但是,这类"说"虽然以连动式的后项动词的面貌出现,却变成了附加在前项动词之后的一个附属成分。删掉"说",不影响语句的可接受性。但是,如果删掉"说"前面的动词,意思就变了。更为重要的是,当"说"后接引语的时候,引语的线性位置可以在"V 说"之前,也可以在"V 说"之后。而准标句词(semi-complementizer)"说"所在的小句与它后面的小句不能互换位置。

5.1.3.1 "说"在认识义动词后

这类用例中,"说"后面的小句是"认识"的内容。我们依然能够看到"说"作为引语标记的痕迹,有类似直接引语的用法,如:

(13) 有很多人,他们就认为说,这得政府给我们解决,我们下岗不是我们自己的错儿。(《时空连线》)

(14) 那她就会担心说,这个孩子今后的智力情况会怎么样等等。(《时空连线》)

但是,"说"所在的小句与它后面表示的认识内容的小句不能互换位置,如:

(15) 他应该理解说,你对他的这种约束是对他的一种关心一种爱,而不是强制性的措施。

(16) *你对他的这种约束是对他的一种关心一种爱,而不是强制性的措施,他应该理解说。

5.1.3.2 "说"在状态义动词或系动词后

这类用例"说"与意义最为抽象的动词连用,"说"虽然失去了言说意义,但是在一定程度上还保留了引语标记用法的痕迹。比如下面的例(17),人称代词"我们"的使用。但是,这些例子也同样不能像引语标记用法那样,将"说"前后的小句互换位置。

(17) 可是,你总不能弄着弄着就变成了说,老板不干老板该干的事,麻烦来了光让我们下边的人扛雷,是不是?(访谈)

(18) 我觉得人格的魅力不在于说他读过了多少书,在世界上在那个领域有多辉煌,可能有的时候他有很多作为一个人的最基本的标准是我最欣赏的。(访谈)

"说"如果与系词连用,"是说"前后的成分在语义上是等同关系。例如:

(19) 需要解决的问题是说,城市人口的就业观念要改变。(访谈)

(20) 乐观主义者最大的区别是说,他拿出一个办法来。(访谈)

上面的用法,属于尚未完全虚化的标句词,我们叫它"准标句词"。因为,一方面,"说"还是以连动结构后项动词的形式出现,"说"后面的小句在句法上仍然是自足的。但是另一方面,"说"开始脱离"言说"动词所具有的"行为"意义,同时具有标句词的重要属性——引导从句,这个句法属性可以从前后小句位置不能互换这一现象得到证明。

5.1.4 标句词

作为准标句词(complementizer)的"说",开始从具有独立词汇意义的实义词(content word)向具有语法标记功能的语法词(grammatical word)方向虚化。"说"进一步虚化,可以完全脱离原来的连动结构。如果它具备下述四项基本特征,可以认定为标句词。而准标句词只具备其中的前两项特征。

1)表示小句之间的句法关系,不表示行为。

2)"说"完全失去了动词的句法属性,不能像谓语动词那样被副词修饰,也不能附加时体成分。

3)"说"附着在小句的句首。[③]

4)"说"所在的小句具有依附性(dependent),不能独立进入篇章。

5.1.4.1 宾语从句标记(object clause complementizer)

"说"引导的小句实际上是句子的宾语,我们可以把"说+小句"替换作"这个/这些"。例如:

(21)<u>大家想问您的是</u>,说<u>如果他们想去可可西里,他们应该有什么样的准备</u>。(访谈)

(22)大家想问您的是这个/这些。

5.1.4.2 释名从句标记(noun phrase complementizer)

"说"引导的小句是对句内某个名词性成分语义内涵进行解释,"说"后的小句与它前面的名词在语义上具有"同一"关系。"说"修饰的名词既有言说义名词(例(23))、认识义名词(例(24))等具有行为意义的名词,也有一般抽象概念名词(例(25)(26))。

a.言说行为名词

(23)而且社会上还会传出谣言,说这几个人都跟吴士宏谈过恋爱。(访谈)

b.认识义名词

(24)在你刚下海的时候,有没有一个预期,说我要赚到多少钱。(访谈)

c.一般名词

(25)好容易有个机会,说上电视演戏,结果她还不让去。(访谈)

(26)而且现在这种现代节奏呀,根本容不得你有时间,说你回家住在家里跟妈妈说一些话呀,没有。(访谈)

上面的例子中,"说"所引导的小句在内容上分别说明"谣言""预期"、"机会"和"时间"。

但是,在清代北京话材料中,更为常见的是a类用法,"说"修饰的名词为言说义名词,如(27):

(27)你大舅求我给他们家里带一句话,说里头已然有人给铺垫好啦,倒没有多大罪受。(《小额》)

上述几种用法在不同时期材料中的出现情况可归纳如下表。

表1 "说"的使用情况

	清代	20世纪上半叶	20世纪下半叶
引语标记	+	+	+
准标句词		+	+
标句词			+

因此,"说"演变的路径可以概括为:

言说动词＞引语标记＞准标句词＞标句词

5.2 从言说动词到非现实情态从句标记

5.2.1 关于非现实情态

对于"情态"的描述,最基本的区分是"现实"(realis)情态与"非现实"(irrealis)情态。典型的现实情态是表达一个已经发生的特定的具体事件,或曰真实事件。非现实情态的表达不介意事件的真实性,比如可以表达事件是否发生或将要发生。因此,现实性情态往往对应于一系列的时、体表现形式,比如肯定式的陈述句。而非现实情态则相反,比如疑问句和祈使句。

由"说"引导的小句具有共同的句法特征——句法上的依附性,这个小句要依赖其他成分或其他小句才能进入语篇。依附性小句有可能是内嵌的(embedded clause),或者是非内嵌的附加小句(adjoined clause)。由"说"引导的小句一般为附加小句。

从我们的材料看,"说"的作用可以分作四类:

1) 话题标记;
2) 例举标记;
3) 条件从句标记;
4) 虚拟情态从句标记。

5.2.2 话题标记

"说"后面的成分是话题,用作话题标记的"说"有两类,一是组合式

"X 说",这类用法出现比较早,另一类是"说"单用。

5.2.2.1 组合式(X 说)

组合式用法是"说"附加在一个连词后面,"若说/至于说"引导话题成分。这个话题成分可以是名词性成分,如(28);也可以是动词短语,如(29)。这种用法在清代材料中就能见到,一直保留至今,并且"X 说"有明显的词汇化倾向(参看董秀芳,2003)。

(28)那天津地方儿,虽然不算很大,那货物的销路,可是很广,不但天津是北京的一个门户,就连往北去,一直的通到北口外,这是竟说直隶本省,再若说邻省,山西山东河南,全都通着,所有直隶以北,连张家口外,带山西归化城,各地方儿的商人,大半都是到天津办货去,那天津就仿佛是个栈房,是存货卖货的地方儿,北洋三个口岸,销货最多,就数天津是第一了,所以不能说天津不是一个大口岸。(《谈论新篇》)

(29)至于说用多少货,随时都可以供的那一层,他们也都应了,没一点儿推辞不行的话。(《谈论新篇》)

5.2.2.2 单用

"说"引出话题成分,这个成分不是名词,而是动词短语。这些做话题的动词短语具有下面两个特点:

第一,施事从缺,虽然语义上能够理解从缺施事的所指。

(30)所以呢我也挺喜欢那什么的,挺喜欢旅游的。可我现在还小哇,我上哪儿去呀?我将来就是什么呀,说考大学,如果考不上,我就连考两次。如果考不上了,我出北京市,不在北京待着,有这想法。(调查)

这个例子中的"说考大学"泛指高考,不是指具体事件,不能变成"说我考大学"。

第二,没有施事。甚至整体上受指代词修饰,构成一种弱化的谓词形式④。例如：

（31）"文化大革命"来了,说这打砸抢,这家伙,这更鸡犬不安宁。（调查）

无论是哪一种情况,整个动词短语仅仅指称一类情状,而不表现事件过程。

5.2.3 例举标记

由"说"引导的列举项一般为动词短语,也可以与"什么"共现。

（32）再一个就是说邻居之间比较团结,……没有说纠纷呀,或者怎么着,隔阂。（调查）

（33）等到这,最近这几年哪,就实在是不常出去,特闭塞。有的时候儿,暑假里头,说上哪儿玩儿、玩儿去什么的,也就是说,上北戴河呀,什么避暑山庄,啊,也就去这些地方儿。（调查）

5.2.4 条件从句标记

作为条件从句标记的"说"有如下特点：
1)"说"所引导的成分在句法上具有依附性。
2)"说"引导的成分表达常态事件而不是个体事件。
3)"说"可以用"如果""要是"替换。且不论句子里是否含有"就",都可以变换为一个"如果……（就）"表达。

例如：

（34）你自己得有主意。说你父母什么的家里人都不在你身边儿,你怎么办哪?（访谈）

（34'）你自己得有主意。如果/要是你父母什么的家里人都不在你身边儿,你怎么办哪?

（35）说你当头儿的不带头吃苦,我们小兵卒子傻卖什么劲儿

啊。(聊天)

(35') 如果/要是你当头儿的不带头吃苦,我们小兵卒子傻卖什么劲儿啊。

(36) 现在,说我想吃我就买去,还不是那么别别扭扭,费劲似的哈,哎。生活条件提高了呢,健康状况必定要好得多。(调查)

(36') 现在,如果/要是我想吃我就买去,还不是那么别别扭扭,费劲似的哈,哎。生活条件提高了呢,健康状况必定要好得多。(调查)

5.2.5 虚拟情态从句标记

"说"作为虚拟情态标记有如下四个特点:

1) "说"所引导的成分在句法上具有依附性。
2) "说"所引导的小句为非现实情态。
   a.连续事件或情状,具有"非瞬时性"特征。
   b.事件或情状无所谓是否发生,没有肯定-否定的对应形式。
      如(37)和(37')、(38)和(38')。
3) 不能用"如果""要是"替换。小句之间没有条件倚变关系,不可以变换为一个"如果……(就)"表达。
4) 小句的主语或从缺,如(37);或者作虚指理解,如(38)。

(37) 整天的犯困,开车开车能睡着了,走路走路能睡着了。除了说吃饭,随时都可能睡过去。(访谈)

(37') *整天的犯困,开车开车能睡着了,走路走路能睡着了。除了说不/没吃饭,随时都可能睡过去。(访谈)

(38) 说你渴了累了,人家那儿有带空调的休息室。(访谈)

(38') *说你不/没渴了累了,人家那儿有带空调的休息室。

值得注意的是,上面几类用法中无论哪一种,"说"所在的小句只能居前,不能像"如果""只要"小句那样,具有居前和居后两种可能。在这个意义上说,"说"虚化用法还必须完全遵从时间顺序原则,虚化的程度不如"如果""只要"等连词。

5.2.6 演变的路径

将上述几种用法在不同时期材料中的出现情况做一个归纳,如下表。

表 2 "说"的功能浮现

	清代	20世纪上半叶	20世纪下半叶
组合式话题标记	＋	＋	＋
单用式话题标记		＋	＋
例举标记		＋	＋
条件从句标记		＋	＋
虚拟情态从句标记			＋

因此,"说"演变的路径可以概括为:

言说动词＞话题标记＞例举标记＞条件从句标记＞虚拟情态从句标记

5.3 演变动因和机制

5.3.1 演变动因

一般普遍认为,口语结构简单,语法约束少。那么,如何理解在自然口语中产生这些所谓"句法"呢?

首先,与书面语比较,口语交际更多地受到短时记忆容量的限制。表现在信息结构方面,产生了"单一新信息限制",即一个语调单位倾向于只出现一个表现新信息的成分(参看 Chafe,1987、1994)。而这种普遍存在的功能要求,使得语句结构简单化,"一个小句只带一个题元成分"成为小句偏爱的题元结构(preferred argument structure;参看 DuBois,1987)。因此,口语中应付"大块头"成分的处理策略(processing strategy)更多采用拆大为小、化整为零的策略。停顿正是用来行使划界功能的韵律手段。而在拆大为小、化整为零以后,就更需要一些有形的标记,体现小句与小句之间的关系。

Givón(1979)认为,语法是语用策略逐步固化的结果,句法化的形成过程就是从篇章到语法的演变过程。语法形成的过程可以概括为:

篇章＞句法＞形态＞形态音系＞零形式

我们认为,北京话的"说"从动词到从句标记功能的浮现,是"一次一个新信息"的语用策略的规约化(conventionalization),是正在发生的从篇章手段固化沉积为"语法"的案例。"说"作为从句标记正处于从语用法走向语法的进程当中。表现在:

1) 松散搭配。"说"的位置尚未固定,有时后附着于主干句,有时前附于从属句。

2) 语用模式。不是强制使用的语法成分,使用上具有可选性。

3) 合法性受语体限制。虽然无准备的非正式言谈和有准备的正式言谈中都存在。但在口语里"合法",正式书面语里不合法。

5.3.2 演变机制

在语法化的进程中,一个词汇成分的虚化表现在语义、语用、形态和音系各个方面(Heine et al.,1991)。语义方面,从实义词变为功能词;语用方面,从篇章功能变为句法功能;形态方面,从自由形式变为黏着形式;音系方面,从具备独立的语音形式变为非独立的或弱化形式。

就"说"的虚化来说,可以概括为:

	实义动词	引语标记	准标句词	标句词
语义	行为表达	弱化的行为义	无实义	无实义
语用	直接陈述	引述功能	关联功能	关联功能
形态	自由形式	受限形式	受限形式	附着形式

"说"的语法化是典型的实词虚化,即从一个具有词汇意义的实词变为体现语法功能成分的过程。北京话里"说"的两条演变路径涉及"转喻"和"隐喻"两个方面。

首先我们来看第一条演变路径:言说动词＞引语标记＞准标句词＞标句词。

语法化的机制一般认为有两种,一个是重新分析(reanalysis),一个是类推(analogy)。从认知的角度来看,重新分析是概念的"转喻",类推是概念的"隐喻"。

从言语行为的角度分析,任何我们所感知到的"话",都是被"说"出来的。因此"说"自身的词汇意义并不是特别重要,重要的是以哪种方式"说"。所以,我们可以看到大量的以"说"构成的连动形式,如:"告诉说、回答说、询问说、报道说、指责说、建议说、请求说"等。这种"言语行为动词＋说"连用格局一旦形成,"说"的词汇意义就随之衰减了,从而有可能被理解为专门引介言谈内容的标记——引语标记。"说"从理解作言谈行为,进而可以理解作引语标记,属于从一个具体的概念"投射"到相似的抽象概念。这个演变是概念的隐喻。

结构类推使"说"有可能完成从词汇词到功能词的转变。经过结构类推,"言语行为动词＋说"格式中"说"前面的动词范围扩大到了认识义动词,"说"的词汇意义进一步衰减。而言说动词以外的动词,尤其是状态义动词和系词跟"说"组合,使"说"的功能从作为引语标记引介"言谈内容"进一步泛化。经过重新分析,"说"从连动结构后项动词的位置分离，成为一个引介命题的小句关联标记（clause linkage marker）。"说"是一个常用的引介陈述形式的标记，在理解上具有较高的显著度，用它来标志一个说明性小句，这个虚化过程属于概念的转喻。

看第二条演变路径：言说动词＞话题标记＞例举标记＞条件从句标记＞虚拟情态从句标记。

在这个演变过程中，第一步也是从一个具体的概念"投射"到相似的抽象概念。"说"什么，什么就是谈话的话题。当我们说"今天我们来说一说网络游戏"的时候，我们就将"网络游戏"作为言谈对象定位到话题的位置上。因此，"说"从言说动词到话题标记这个虚化过程是概念的隐喻。

进一步问，作为话题的成分一般具有哪些属性呢？其一，话题是一个谈话双方已知的对象，同时也是谈话的起点。而用来作为"条件"的命题，其含义是听说双方已知的，否则不可能成为条件。所以 Haiman（1978）说，条件就是话题。

其二，凡作为条件或假设的情况，总是非现实情态（一个无所谓"完成"与否的常态或尚未完成）。比如"如果下大雾就关闭高速公路"，表示"下大雾"这种事情一旦出现，就如何如何；"去了你就知道了"尽管有"了"，但是说话的时候还是没有"去"。那么，使用在理解上具有较高显著度的条件概念来标记显著度较低的非现实情状，这个虚化过程属于概念的转喻。

5.4 小结

北京话里的"说"正在从一个言说义动词逐渐虚化，衍生出独立的语法功能——标句词。这个过程历经百年，至今仍然作为口语表达中特有的现象，活跃在日常交际中，是当代北京话的一个标志性特征。

5.4 小结

针对一个语言或方言的描写来说,"说"的虚化涉及两个方面的问题。第一,就具体某类词的演变看,"说"作为高频使用的言说动词,虚化的方向是什么;第二,就语法手段萌生的路径看,从属小句的标记以及各类从句的标记的来源有哪些。

就第一个方面来说,北京话的这种演变并不是什么特殊的现象,"说"虚化的现象在南亚语言以及西非语言的研究中都有报道。比如有的语言里"说"的演变与北京话相似,有的语言除了用"说"当引语标记、条件从句标记之外,还将"说"连接两个名词,用作比较标记。(参看 Lord, 1976、1982; Saxena, 1988; Hopper and Traugott, 1993)

就第二个方面来说,在不同的语言中,从属小句的标记以及各类从句标记的来源各不相同,但是也有共性。比如,条件从句标记的来源大致有五个方面:1)情态成分,如汉语中的"要"(=如果),本来表示意愿和必须;2)疑问标记,比如俄语里的 $esli$;3)时间表达中表示"延续"状态的成分,比如斯瓦希里语用未完成体标记 $-ki-$;4)系词结构,如日语的 $nara$;5)已知信息的标记,如印尼语,话题和条件句采用同样的标记 $kalau$。(参看 Hopper and Traugott, 1993:179)

总之,无论从哪个方面入手进行考察,汉语不同方言的材料都应该是很丰富而且很有意义的。[5]

附 注

[1] 《谈论新篇》书序:"且言语一科,圣门与德行并重,谓非难能之一端乎,然而从未闻以言授受者也,自五洲互市,聘问往来,则言语之授受起焉,而学语之书亦出焉,《语言自迩集》首传于世,学语者宗之,未尝非启发学者之一助,逮至今日,时事屡见更新,语言亦因之变易,金公卓菴晓英文,娴辞令,博学多识,于授话一道尤为擅长,去岁文部省聘请东来充外国语学校教习,于夏日余暇同参谋本部平岩道知君合著《谈论新篇》百章,穷数旬之久,始告厥成,余观览回环,见其事皆目今要务,阅其辞皆通时语言,较诸《自迩集》全部亦有过而无不及焉,善学者苟能简练揣摩,触类旁通,施措于官商之际,则博雅善谈之名将不难播于海内也,有志华言

者,宜铸金事之。　　光绪戊戌(戌)秋八月张廷彦序于江户喜晴楼"

② 连动式前项动词如果有时体或情态成分,"说"就只能属后。这类"说"后面的引语都是间接引语。这种现象在清代的材料中就有,现代口语中依然保留。例如:

(i) 是昨儿晚上我听您大妹妹和我提来着,说叫您分心,有合适的房您给找一找。(《燕京妇语》)

(ii) 忽然想到,说我先把老头子支了走,回头再说别的。(《小额》)

(iii) 人们不免会提问,说如果志愿者去可可西里不在冬季,是不是就可以避免这么严重的事故发生。(访谈)

③ 在口语中可以发现这种分离的轨迹。即,"说"自成一个韵律单位,不依附于前面的动词,也不依附于后面的小句。例如:

(i) 我听说书面协议中还有这样一条,说,吴士宏到本公司工作,不得再像在微软工作那样,写出一本类似于《逆风飞扬》的书。(《谁在说》)

这种现象正是"说"从准标句词演变到标句词的过渡状态。

④ 关于弱化谓词形式,参看第七章、第八章。

⑤ 黄国营、邓思颖教授说,粤语的言说动词也有不同程度的虚化。据毕永峨(Yung-O.Biq)教授告知,台湾"国语"的"说"与北京话有类似的虚化现象,但是没有北京话里"说"做虚拟情态标记的用法。

第六章 从情态助动词到饰句副词

6.0 引言

通过对口语材料的考察,我们发现助动词[①]在口语里可以发生位置游移,出现在句首主语之前或者句末。表现为,不同助动词发生位置游移的情况是不均等的。一个情态助动词离开助动词的句法位置的条件是,这个助动词在其典型句法位置上本来就具备认识情态意义。位置游移后,该助动词所表达的对命题的信度会随之发生改变。前置时信度强化,后置时信度弱化。助动词在句首和句末的时候,其句法属性向饰句副词转化。

6.1 位置游移

6.1.1 分布

助动词(auxiliary)典型的句法位置是紧邻主句谓语动词(main verb),在谓语动词前面。但是,在自然口语中,部分助动词可以出现在句首或句末。但是,并非所有助动词都能离开主句谓语动词前的位置,在我们观察的口语材料中,高频使用的是"可能、可以、应该"。下面分别举例。

1) 句首主语前

  (1) 嗯,可能他们也会知道这场比赛他们肩负的使命吧。

  (2) 可以一部分同学先去打前站,摸摸情况。

  (3) 应该这个白色的贵一些吧,新款啊。

例(1)"可能"表达说话人的推测,例(2)的"可以"表达说话人的建议做某事,例(3)"应该"表达说话人的判断。

2) 句末

  (4) 也不能怪沈祥福的能力不行。沈祥福有他的能力,可能。但是体制摆在那儿,限制了他的作为,他也没办法。

  (5) 十天以后就拿到驾照了,就是考完了以后就拿到驾照了,可以。

用在句末的"可能"和"可以"完全可以删除而不影响命题表达和语气表达。

不过,"可能""可以"和"应该"三者用法分布并不是均等的。表现为:

第一,"可能"位置外移的用例比例远远高于"可以""应该"。② 第二,"可能""可以"可以用于句首和句末,"应该"相对保守,偶有用于句首,但未见用于句末。

"可能""可以"和"应该"发生句法位置的游移的差异归纳如表1所示:

表1 助动词句法位置游移差异

	主要动词前	句首主语前	句末
能够/能	+	−	−
应该	+	+	−
可以	+	+	+
可能	+	+	+

从表1不难看出,能前置的助动词未必都能后置。"可能"和"可以"可前置可后置;而"应该"只能前置,不后置。值得注意的是,凡是能出现在句末的助动词,也能出现在句首;但是,能出现在句首的,却不一定能出现在句末,如"应该"。而"能够"和"能"则既不能前置也不能后置。

造成上述分布差异的原因我们将在下文中分析。

6.1.2 限制

我们发现,助动词是否能够游移出其典型位置,受制于该助动词本身的情态意义,即是否具有表达主观情态意义的功能③。

客观情态意义的助动词,表达施事/主事所具有的能力、义务、条件、意愿。这类助动词不能用在句首主语前,也不能用在句末,比如"能够"。

已经有几位学者注意到,"能"主要表示"客观条件的可能"(条件类;参看马庆株,1992;王伟,2000;郭昭军,2003a;徐晶凝,2005);在陈述性肯定句里,"能"只表达客观条件意义。只有在反问句中④才可以表达"主观推测的可能"(认识类),有句类语气限制。例如:

(6) 你们能有什么正经事?

(7) 你一个娘们儿家,能去过那地方?

(8) 没错儿,我还能冤您吗?

"能"表达认识情态意义需要以反问句这类有标记句为条件,而表示客观条件意义没有这个限制。

再来看"可能""可以"和"应该"。"可能""可以"和"应该"在情态表现方面是多功能的,既可以表达客观情态意义也可以表达主观认识情态意义。

下例(9)中的"可以"表示符合某种条件或者具备某种能力,属于客观情态意义。

(9) 现在很合适,全场九折,而且超过五十块钱就可以办一张卡,是会员卡之类的,然后可以打八五折。

用作客观情态义解读的"可以"替换成"能"意思不变。例如:

(9') 现在很合适,全场九折,而且超过五十块钱就能办一张卡,是会员卡之类的,能打八五折。

再如下面两例,因为都表达客观条件上的可能,用"可以""能"和"能够"都表示相同的情态意义:

(10) 热敷可以/能/能够促进血液循环。

(11) 这个录音笔可以/能/能够连续录音30小时。

"可以"也能表达义务上的允许,如(12);或者表达言者对事物的评价("值得做"),如(13)。这两种情况属于认识情态。而表达义务允许和言者评价的"可以"不能替换成"能""能够"。例如:

(12) 甲:哦,你可以把它拆开。[*能/*能够]

乙:我看一下跟我原来的一样不。

(13) 所有世界名著,比如《红楼梦》、《水浒》,都可以看一看。

[*能/*能够]

下面来看"可能"。"可能"不表示事件或状态具有发生或实现的客观条件,只表示言者对句子所表达的命题真值的推测,属于认识情态。"可能"能受"很"修饰,但是不能替换成"能"或"能够"。例如:

(14) 驾校的政策没有太大变化,就维持现状,我经济上可能受很多损失,驾校经济可能受很多损失。

[很可能/*能/*能够]

(15) 民间文学研究啊,都好几年没有招到学生了。博士就根本没有,硕士呢,这可能是三四年以来第一次招到学生。

[很可能/*能/*能够]

再看"应该"的情况。"应该"可以表达义务情态,如(16)。例如:

(16) 人多的地方,你<u>应该</u>看管好自己的孩子,<u>不应该</u>让他们乱跑。

"应该"还可以表达言者推测,如下面(17)和(18)。前者表现施事的义务,这时"应该"可以被"不"否定。表达言者推测属于认识情态义。否定词"不"不能直接加在表达推测意义的"应该"前,而要放在"应该"后面。例如:

(17) a. 按照他这个样子做,这个<u>应该</u>很简单吧。

　　　b.* 按照他这个样子做,这个<u>不应该</u>很简单吧。

　　　c. 按照他这个样子做,这个<u>应该</u>不简单吧。

(18) a. 经济管理现在是热门专业,学生<u>应该</u>很多。

　　　b.* 经济管理现在不是热门专业,学生<u>不应该</u>很多。

　　　c. 经济管理现在不是热门专业,学生<u>应该</u>不太多。

我们知道,认识情态是关于命题的情态,而能力、条件、意愿等是关于事件的情态(Palmer,1986;Anderson and Fretheim,2000)。前者的作用域是整个句子,后者的作用域只在谓语。能游移出助动词的句法位置的"可能""可以"和"应该"具有一个共性,即当它处于谓语主要动词前的位置的时候已经具备认识情态意义。而难于发生句法位置的游移的"能"和"能够"在助动词的典型句法位置上也只表达客观情态意义。换句话说,一个情态助动词离开助动词的句法位置的条件是,这个助动词在其典型句法位置上本来就具备认识情态意义。

6.2　语义磨损

"可能""可以""应该"是多义的,在谓语动词前面的时候,甚至可能不止一种意义理解。但是,离开助动词的典型句法位置,三者的意义趋同,都表达言者的认识。

6.2.1 趋同

助动词离开其句法位置有两种情况:一是句首,在命题内容之前;一是句末,在命题内容之后。随着句法位置的改变,游移出典型位置的助动词的意义趋同,偏向于理解为认识情态。无论这个词在其典型句法位置上可能表达哪种意义,位置发生游移之后,只能解读作认识情态意义。

有些语境下,助动词的位置可以用"可以",也可以用"能"。例如:

(19) 考完了以后十天就可以/能拿到驾照了。

(19)用"能"表客观条件。用"可以"有两种解读:1)客观条件。意思是"考试"与"拿驾照"在程序上需要十天时间。2)许可。意思是十天以后被准许领驾照。表达客观条件的"能"不能后置;而"可以"能后置,但是后置的同时,也失去了客观条件的解读。例如:

(20) 考完了以后十天就拿到驾照了,可以/*能。

助动词如果在句末位置上,所表达的条件意义从客观条件变成表达言者的认可,或叫主观条件。

有一些后置用例明显与在动词前位置的意义表达形成对照。例如:

(21) 那副局长跟正局长那事,在《中国青年报》正版是绝对不能上头条的,一版都不一定能上,可能。

这一例中,"一版都不一定能上"的"能"表示客观条件是否允许。而表示言者推测的"可能"放在了句末。

"应该"也有相似的表现。"应该"可以表达义务情态,如"作为学生应该努力学习";也可以表达言者的推测或判断,如"他昨天动身的,今天应该到了"。前者可以在"应该"前面加"就",例如"作为学生就应该努力学习";而表示言者的推测或判断的"应该"前面不能加"就"。表达言者的推测或判断的"应该"可以换作"肯定",例如"他昨天动身的,今天肯定到了",但是表示义务情态的"应该"不能。

如上所述,紧邻谓语动词的"应该"的意义表达有两种可能,但句首的"应该"只表示言者的推测或判断。例如:

(22)十四岁的小孩儿,应该十四岁是上初三对吧,或者有的人可能初二,但她已经要承担起自己的生活了。

上例"应该十四岁是上初三对吧"中的"应该"能用"大概"替换。

上面(22)这个例子从另一个侧面说明,一个助动词可以用于句子最外层,其先决条件是它在助动词典型位置上具有认识情态表达功能。

综上,"可能""可以""应该"是多义的,在谓语动词前面的时候,甚至可能不止一种意义理解。但是,离开助动词的句法位置出现在主语前,都倾向于表达言者的认识。而义务类情态助动词的进一步虚化必须经历认识情态这个环节。⑤

6.2.2 信度

一个断言句包含了言者对听者关于"命题为真"的承诺(参看 Palmer,1986)。在典型位置上的情态助动词,表达的是对命题为真的承诺。这种承诺可以通过副词予以强化。

像下面的例子,用"能"表示客观可能,用"可以"既有客观可能意义,也有义务允许意义。我们把(19)稍微做些变化:

(23) a.考完了以后十天就能/可以/应该拿到驾照。
　　　b.考完了以后十天保准/肯定可以/能拿到驾照。
　　　c.我相信,考完了以后十天可以/能拿到驾照。

正因如此,除了表示推测意义的"应该"之外,其他都可以用表示肯定语气的成分来进一步修饰,如 b 句;也可以前面加上"我相信",如 c 句。

但是助动词一旦出现在句末,就不能与谓语动词前表示认识情态的副词共现,自身也不能受认识情态的副词修饰,在前面也不能加上"相信",例如:

(24) a.*考完了以后十天<u>保准/肯定</u>拿到驾照,<u>可以</u>。

b.*考完了以后十天拿到驾照,<u>保准可以/肯定可以</u>。

c.*(我)<u>相信</u>考完了以后十天拿到驾照,<u>可以</u>。

可见,助动词用在句末,不包含"命题为真"这样的承诺。

但是,助动词后置的句子,可以在句首加上间接引语标记"据说"。例如:

(25) <u>据说</u>,考完了以后十天拿到驾照,<u>可以</u>。

下面以不同位置的"可能"为例,从是否可删除和是否可分级两个方面来考察信度的表达。

下例中,a 在句末的"可能₁"即使被删去,句义不会改变。但是第二句"是"前面的"可能₂"如果删去,表示推测的意思就没有了。

(26) a. 还有像那些,钱钟书生前,也是住在北大这儿吧,<u>可能</u>₁。他们<u>可能</u>₂是够资格住一家一个小楼那种的吧。

b. 还有像那些,钱钟书生前,<u>说不定</u>也是住在北大这儿吧,<u>可能</u>。

c.*还有像那些,钱钟书生前,也是住在北大这儿吧,<u>可能</u>。他们<u>说不定</u> <u>可能</u>是够资格住一家一个小楼那种的吧。

情态助动词在谓语动词前的意义,体现了言者对命题的承诺。这种承诺可以通过副词被强化(如(23b)),而助动词出现在句末的时候则不然。正因如此,表示不确定语气的副词(如"说不定")可以与后置于句末的"可能"共现,如(26b)。但是不能与谓语动词前的"可能"共现,如(26c)。

下面来看句首位置。助动词在典型句法位置上时,可以通过在助动词前的不同的修饰成分,表达对一个命题的不同程度的确认,也可以被否定。但是,句首位置上,"可能"只能朝肯定性意义方面说。例如:

(27) 他们<u>可能</u>见过面。　　他们<u>很可能</u>见过面。
　　　他们<u>不可能</u>见过面。　他们<u>不大可能</u>见过面。

(28) <u>可能</u>他们见过面。　　<u>很可能</u>他们见过面。
　　 *<u>不可能</u>他们见过面。　*<u>不大可能</u>他们见过面。

这样看来,句首的"可能"和"很可能"相当于一个表示肯定意义的副词,所以"可能"才不再受否定副词或表示程度的成分修饰。"可能"放在句首强化了对命题的肯定性确认。

"应该"的用法相似。虽然"应该"可以表达判断,如上文例(3);也可以表达义务,如上文例(16)。不过值得注意的是,表达推测的时候,在句首的"应该"不大能接受言者不确定的信息,这与它在谓语动词前的表现形成对照。请对比:

(29) a.他<u>应该</u>刚当上教授不久。
　　　b.他<u>应该</u>刚当上教授不久,是不是?
　　　c.*<u>应该</u>他刚当上教授不久,是不是?
　　　d.?<u>应该</u>他刚当上教授不久。

(29d)不能说是因为句首位置上的"应该"排斥关于已然事件命题,这是它原本表达义务情态意义所致,并非"应该"排斥句首位置。

当说话人着意强调自己的意志或愿望的时候,"应该"放在句首更好,这时候,与其说是义务情态,不如说是认识情态。相当于"我认为应该X"。例如:

(30) <u>应该</u>你先跟她打个招呼,随后我再正式跟她谈。

我们可以看到相当一些用例,在助动词位置和句末位置上"可以"

或"可能"可同时出现,但是两者存在意义的实与虚、信度的强与弱的差异。后置的一类即使删除也不会影响命题的表达,更像是追补上去的。请对比a和b句:

(31) a.如果要出现这个挺麻烦。当然我这特殊情况<u>可以</u>跟人家解释解释,说确实忙晕了头了,<u>可以</u>。

b.如果要出现这个挺麻烦。当然我这特殊情况<u>可以</u>跟人家解释解释,说确实忙晕了头了。

我们还没有发现"可以"或"可能"同时出现在句首和句中谓语动词前的用例。这也从一个侧面说明,助动词用于句末,其意义比用在句首的要虚化得多。

可见,谓语动词前位置上,使用不同的情态助动词可以表达对"命题为真"这一承诺的不同确信程度,即信度。但是离开助动词典型位置以后,信度也同时发生了变化。前置时信度强化,后置时信度弱化。

6.3 句法属性

如上所述,助动词前置时,其关涉的范围从小句谓语所陈述的命题扩大到了全句,信度得到强化;而助动词后置于句末的时候,语义弱化,更像一个追补成分。这与副词在口语中的句法表现具有一定的平行性。

Li和Thompson(1981)根据副词在句子中的位置将副词分为"可移动副词"(movable adverb)和"不可移动副词"(non-movable adverb),前者既可出现在主语或话题(topic)前,也可以出现在其后,后者则只能出现在主语或话题的后面。(另可参看屈承熹,1991;王健慈等,2000)

出现在主语或者话题前的副词是句子副词,它的统辖范围是一个句子。龙果夫(1958:189)已有论述:"副词范畴可以分为基本的两类:第一类副词用作整个句子的加语,第二类副词直接属于谓语。"从功能范畴来定义,前者语义的作用域大于小句甚至在篇章层面,称为饰句副词(sentential adverb,S-adverb);后者语义的作用域在小句内,称为饰谓副词(VP-adverb)。

从意义上看,饰句副词是用来表达说话人的态度或者评价的,是命题意义之外的,其主要成员是所谓语气副词和情态副词,如"本来、大概、当然、的确、居然"等(参看张谊生,1996、2000;李泉,2002;袁毓林,2002;史金生,2003)。

(32) 当然,我也承认,在各方面确实比较优秀,容易招女孩子喜欢,她们往往都把我当成她们心中的偶像。

(33) 的确,他抚养你也很艰难,他吃了不少苦。

饰句副词在复句句首时,把整个复句作为自己的修饰对象。这时,饰句副词必须居于关联词语之前。例如:

(34) a. 大概因为我没有同意他的意见,他见到我的时候挺不高兴。

b. *因为大概我没有同意他的意见,他见到我的时候挺不高兴。

在口语里,饰句副词不仅可以用在主语之前,也会出现在句末。那些发生"易位"(参看陆俭明,1980;张伯江、方梅,1996/2014)的副词,一大部分属于饰句副词。例如(34a)可以说成:

(35) 因为我没有同意他的意见,大概,他再见到我的时候非常不高兴。

助动词在口语里的位置分布与饰句副词具有平行性。表现为:

第一,句法位置灵活,可以在句首或者句末。

(36) 从学术的纯度来讲,可能人家北大,一代一代地往下传下去。

(37) 师傅脾气不好,可能。人是老实人。

第二,表达客观可能或条件的助动词只能在主语和谓语动词之间,不能前置或后置。如上文 6.1.2 所述。

第三,句首表达言者认识的助动词,还可以被副词替代。例如下面(38),尽管"可能"在典型的助动词位置时可以有多种意义表达功能,但是在句首位置它只表达推测意义,能用"大概"替换。例如:

(38) 可能中国足协也明白,这个主场啊,比较难打。

(38') 大概中国足协也明白,这个主场啊,比较难打。

在《现代汉语八百词》和《实用现代汉语语法》里,把句首的"可能"做副词解释。

第四,特别重要的是,助动词出现在句首和句末的时候,它前面不能加否定词[6],也不能受其他副词修饰。例如:

(39) a.*不可能他们见过面。

　　　b.*不大可能他们见过面。

(40) *不应该你先跟她打个招呼,随后我再正式跟她谈。

(41) *十天以后就拿到驾照了,就是考完了以后就拿到驾照了,不可以。

(42) *这件事在《中国青年报》第一版上是绝对不会放在头条的,一版都不一定能上,也可能。

第五,助动词在句首的时候,管辖范围可以不止一个小句,如上文例(2)、例(3)和例(30)。但是在句末的时候,则仅与前面相邻的小句的意义相关,更容易理解成一个追补成分。如上文的例(5)为例:

(5) 十天以后就拿到驾照了,就是考完了以后就拿到驾照了,可以。

这一例句末的"可以"只能返回到与它相邻的小句"就是考完了以后就

拿到驾照了"里面,如(43a);而不能放到句首,如(43b):

(43) a. 十天以后就拿到驾照了,就是考完了以后就<u>可以</u>拿到驾照了。

b. *<u>可以</u>十天以后就拿到驾照了,就是考完了以后就拿到驾照了。

而下面一例,句末的"可能"也很难放在主语后面:

(44) a. 这件事在《中国青年报》正版上是绝对不会放在头条的,第一版都不一定能上,<u>可能</u>。

b. ?这件事在《中国青年报》正版上是绝对不会放在头条的。第一版<u>可能</u>都不一定能上。

这是因为动词前已经有"能",且"能"前面还有个表示推测的副词"不一定"。但是可以放在小句的起始位置,变成:

(45) 这件事在《中国青年报》正版上是绝对不会放在头条的,<u>可能</u>第一版都不一定能上。

总之,情态助动词在句首和句末,意义、功能及句法属性也随之发生变化。可以归纳为表2。

表2 情态助动词在不同位置的句法语义属性

位置	与主语的关系	情态类型	可否定	句法性质
主要动词前	主语取向	客观情态	是	助动词
主要动词前	言者取向	认识情态	是	助动词
另一助动词前	言者取向	认识情态	否	弱化的助动词
句首	言者取向	认识情态	否	饰句副词
句末	言者取向	认识情态	否	饰句副词

吕叔湘先生(1979)在《汉语语法分析问题》中在讨论助动词的时候说:"助动词是个有问题的类。助动词里边有一部分是表示可能与必要

的,有一部分是表示愿望之类的意思的,所以又叫作'能愿动词'。前一种接近副词,……"我们认为,正是因为这前一类助动词本来就接近副词,才有可能发生本章所讨论的种种虚化用法。

6.4 小结

综上所述,助动词只有表现认识情态时可以离开谓语动词前的位置,置于句子主语之前或后置于句末。义务类情态助动词的进一步虚化必须经历认识情态这个环节。发生游移后,无论出现在句首主语前还是出现在句末,只能解读作认识情态,其句法性质也同时向饰句副词转化。作为饰句副词,出现在句首具有表达上的强化作用;而用于句末,则意义发生弱化。这种变化可以概括为:

认识情态助动词＞饰句副词

助动词一旦变成饰句副词,它不仅作用于逻辑推理域,同时也作用于言语行为域。

在汉语助动词产生和发展的过程中,客观性助动词可向主观性助动词发展,就主观性助动词内部来说,义务类助动词可向认识类助动词发展(参看李明,2001、2003a)。而助动词在现代口语中的虚化用法与汉语情态范畴的历史演变规律是一致的。

附 注

① 自《马氏文通》以来,助动词问题一直是汉语语法研究中一个争议较多的问题。学者们对助动词词类与范围问题做了不少研究,助动词在主要汉语语法著作中都有所涉及,但它的范围至今也不尽一致。丁声树《现代汉语语法讲话》、吕叔湘《汉语语法分析问题》、赵元任《汉语口语语法》、朱德熙《语法讲义》、王力《中国现代语法》、胡裕树《现代汉语》、马庆株《汉语动词和动词性结构》等的描写不尽相同,分类也持有不同的看法。

6.4 小结

助动词在语法系统中如何处理有很多争议,其名称本身也表现出很大的分歧,我国汉语语法学界有"能愿动词"和"助动词"两个名称。前者是个本体性的名称,后者是个关系性的,反映它跟句子主要动词的关系,是对英语 *auxiliary verb* 的翻译。也有学者根据 *modal verb* 一词而翻译成"情态动词"。

② 这是对 21 篇约 10 小时口语谈话录音转写材料的统计,引自朴惠京(2005):

	句首主语前	句末	总数
可能	16	6	260
可以	3	5	155
应该	2	0	119

③ 于康(1996)把情态分成两类,一是命题内成分,另一个是命题外成分。后者副词性很强。专用于命题外成分的有:"可能、应该、应当、该、配、值得"。专用于命题内成分的有:"想、愿意、肯"。可用于命题内也可用于命题外成分的有:"能、会、可以、要、敢"。我们看到,可以移出典型位置的是那些用于命题外成分的助动词,而既可用于命题内也可用于命题外成分的"能"和"可以",可否游移出其典型句法位置,在很大程度上取决于其情态意义。

④ 反问句中"能"可以表示认识可能。对于这类"能",吕叔湘先生(1982)举了两例:"没错儿,我还能冤您吗?""我想,他又不是小孩子,又是本地人,哪能说丢就丢了呢?"柯理思(2003)举的例子也是反问句。本来是表示"能够"的"能",反问句的言者强烈的怀疑语气使之有了"可能"的意思。用于反诘而可以理解为"可能"的"能"在古汉语中就有(李明,2001)。

⑤ 李明(2001)全面讨论了汉语助动词词义演变的六条路线:(1)条件可能→认识可能;(2)条件可能→义务许可;(3)条件可能→估价;(4)条件必要→义务必要;(5)条件必要→认识必然;(6)应当→盖然。以上(1)—(5)说明,条件类助动词可向认识类、义务类、估价类助动词发展,属于客观性助动词可向主观性助动词的发展。(6)说明,义务类助动词可向认识类助动词发展,反映主观性助动词内部的发展。

⑥ "可能"的否定可参看戴耀晶(2003)。

第三部分 指称功能扩展与去指称化

第七章 指示词的篇章功能与冠词用法的浮现

7.0 引言

指示词(demonstratives)是直指(deixis)系统中的一类。有别于名词,指示词的解读有赖于言内语境(linguistic context)和言外语境(extra-linguistic context),即其语义指向话语中的对象或言谈情境中的对象,只有联系话语情景或言谈语境才能确定。

传统对指示词的分析特别强调"指示中心"(deictic center),也就是对时间、空间或事物作指称时的发出点。语法范畴中的"远指"与"近指"是建立在空间概念之上的。远指用于指称离指示中心较远的事物,近指用于指称离指示中心较近的事物。

近些年来有学者运用话语分析的方法对汉语口语中的指示词进行考察,发现说话人选用哪个指示词不仅仅取决于所指对象与指示中心的空间关系,还取决于言谈结构的变化(是对话还是叙事)、所指对象的指称性质(是有指还是无指)、所指对象与上文的相关程度、说话人的态度,以及言谈过程中说话人对表达的设计等诸多因素(参看 Tao,1999a;Huang,1999 等)。对"这""那"和"这个""那个"在口语当中的非指代用法的关注超过了以往。(参看张伯江、方梅,1996/2014)

本章通过对近指指示词(proximal demonstratives)"这"和远指指

示词(distal demonstratives)"那"在北京话共时系统中各种用法的描写,说明指示词用法的虚化轨迹和虚化的系统背景,以及"从篇章用法到句法范畴"的演变机制。

我们发现,北京话中的"这"已经产生了定冠词(definite article)的语法功能,定冠词功能的浮现发生于近指代词而不是远指代词。原因是,近指指示词更体现话题性(topicality)。这种强烈的话题性表达不仅用于"这+名词",还可以用于"这+动词"。北京话里定冠词范畴的出现一方面与系统中单音节形式与带"个"的双音形式在语法功能和篇章功能上的分布差异密不可分;另一方面它也不是孤立存在的,北京话系统中数词"一"已经具有不定冠词(indefinite article)用法。

7.1 "指示词+名词"的篇章-语义属性

7.1.1 指示词在篇章中的功能

跨语言的研究表明,指示词有两个基本的语法功能:一是用作指示代词(demonstrative pronoun),二是用作指别代词(demonstrative adjective)。(参看 Himmelmann,1996;Payne,1997;Dixon,2003 等)

从篇章功能角度看,Himmelmann(1996)把指示词的功能分为四类:情境用(situational use)、示踪用(tracking use)、语篇用(textual use)和认同用(recognitional use)。下面我们以这个框架来看"这"和"那"作为指示词在言谈中的功能。[①]

1) 情境用(situational use)

所指对象存在于言谈现场,或者存在于谈话所述事件的情景当中。指示词用来引入一个新的谈论对象。例如:

7.1 "指示词＋名词"组合的篇章-语义属性

(1) A：她动不动就大耳贴子贴我，啊，跟拍苍蝇一样，我想不通，我想不通。

　　B：我不信，一定有演义，作家嘛！

　　A：啊？我演义了？你瞅这脸上，你瞅，……你还不信呀？得，我也不怕寒碜，你看这腿，这就是跪搓板儿跪的！

(2) 以前我在北方的时候，有这小米面饼子，现在还有吗？

这种用法下的指示词虽然位于名词之前，却并非用作指别(demonstrative adjective)。其中的"指示词＋名词"都不能作为"哪个"的回答。

2) 示踪用(tracking use)

用在回指性(anaphoric)名词之前。所指对象是上文中已经引入的一个言谈对象。例如：

(3) 它是棒子面儿，和得很瓷实，弄一个大圆饼，就放到锅里煮。煮出来就连汤带这大饼就一块儿吃。

(4) A：还有一东西是，叫疙瘩的。就是，在山西农民，晋南一些人就吃这种东西。

　　B：那疙瘩是，多半儿是白面做的是吧？

(5) 对，乌贼，乌贼，他们常吃那东西。

示踪用法下的"指示词＋名词"与前面言谈中提到过的某个对象同指(co-referential)，可以被"这个"或"那个"替换，但也不是用来回答"哪一个"的问题。换句话说，其中的指示词也不用作指别。

3) 语篇用(textual use)

所指为上文的陈述或者上文所述事件。例如：

(6) A：听说你揍过他？

　　B：揍，这你也听说啦？

(7) 要是闹出个人命来，那可不是闹着玩儿的。

4) 认同用(recognitional use)

用于引入一个可辨识性相对较弱的谈论对象。所引入的对象不是上文或语境里已经存在的,但却是存在于听说双方的共有知识当中的。

(8) 还有、还有那芝麻酱烧饼,我常常想起这个,想极了。

从所指关系的语义类型上来说,情境用、语篇用和示踪用这三类用法当中,指示词的所指对象都是存在于语境当中,或存在于言谈的情境中的实体。情境用和认同用的相同点在于,由指示词所引入名词,其所指对象是第一次在谈话中出现。与情境用、语篇用和示踪用三类不同,认同用里,指示词的所指对象不是语境当中已经存在的某个确定的个体,也不是说话人要谈论的对象。至于用"这"还是用"那",并不取决于所指对象在真实世界中与指示中心之间空间距离上的远近,而取决于它在说话人内心世界中的地位,或者说话人的主观态度。如上面例(8),里头的"那"换成"这"以后也是语法上可接受的句子。

指示词的上述四种用法的异同可以表示如下。

表 1 指示词的用法

	情境用	语篇用	示踪用	认同用
言谈对象存在于语境/现场	＋	＋	＋	－
言谈对象首次出现于谈话	＋	－	－	＋

一般认为,北京话里"这"和"那"都有单元音韵母和复合元音韵母两读,即 zhè/zhèi、nà/nèi,其中 zhèi 和 nèi 是口语化读音。我们的调查结果是,回指性的成分倾向于说成复合韵母形式 zhèi、nèi。

7.1.2 "指示词＋名词"组合中名词的指称属性

正是因为指示词"这"和"那"有了相对较虚的篇章用法,既非指别又非替代,它后面的名词的指称属性也呈现出多种可能。从是否具有

7.1 "指示词+名词"组合的篇章-语义属性

回指性(anaphoric)以及名词的指称属性看,指示词"这""那"之后名词的类型有下面这样几类:②

1) [+回指],[+有指],[+定指]

(9) 那个吃辣的吃得邪啊。我以前在四川的时候记得、看见有些个人呐,没钱,没办法儿买菜呀什么等等,就弄着一碗饭啊,向这个饭上面儿倒上一包辣椒面儿,红辣椒面儿啊。什么都没有,就是、就是干辣椒,磨成粉呐,然后就倒到饭里和,和得那饭呐都成红颜色儿,然后就那么吃。

2) [-回指],[+有指],[+定指]

(10) 比方现在美国的市场里买点儿那些个,罐头里的菜,你打开罐头以后啊,那四季豆也黄不啦叽的,是,菠菜也黄不啦叽的,什么都黄不啦叽的。

3) [+回指],[+通指]

(11) A:还有窝头没有?
     B:有窝头,对。那窝头就是黄金塔啊。

4) [-回指],[+类指]

(12) 你们什么时候儿听说过这文化人办文化上的事儿,还自个儿掏钱的?都是要掏别人腰包。

(13) A:现在吃肉大概比以前稍微好点儿吧?
     B:对。那城市里面,很多人就是,每个星期都要去买点儿肉。

5) [-回指],[+无指]

(14) 有的人他是把白薯煮熟了以后,风干,弄成白薯干儿,那个就,我很喜欢吃那个玩意儿,呃,就是,一咬就跟那橡皮筋儿一样。

从上面的几类用法我们不难得出这样的印象,光杆名词的指称属性具有不确定性,篇章中,名词短语的有定性在很大程度上要依赖它前面的指示词去标定。是否使用指示词、用哪个指示词,不仅仅是篇章需求,同时也有可能是句法需求。

7.2 指示词功能的扩展

7.2.1 弱化谓词标记

"一+动词"是一个很常见的格式,《现代汉语八百词》对这种格式的解释是"表示经过某一短暂动作就得出某种结果或结论"。下面是《八百词》里的例子:

(15) a. 医生一检查,果然是肺炎。

　　b. 我一想,他回去一趟也好。

我们感兴趣的是,"一+动词"格式的用法上的特点。首先,用于这个格式中的动词都不能带"了$_1$""着"、"过"。例如:

(16) a. *她一检查过/了身体,果然是肺炎。

　　b. *我一想了/着/过,他回去一趟也好。

第二,句法上的依附性。不能单独做谓语构成独立的陈述句,只能充当表示条件的小句。即便带句末语气词,也不能结句。例如:

(17) a. *我一检查身体

　　b. *她一检查身体了

　　c. *她一检查身体呢

第三,可以出现在典型的谓宾动词——真谓宾动词之后。例如:

(18) a. 想好了,决心一死

　　b. 准备一搏

　　　难免一伤

7.2 指示词功能的扩展

显然,"一＋动词"构成的小句不表现内在的时间过程,不参与事件的叙述,不具备典型谓词性成分的属性,是一种弱化的谓词短语。

这类弱化的谓词前面很容易加上"这""那","指示词＋一＋动词"用来指称某种行为。篇章中这种用法都是回指性的,在我们的语料中还没有发现非回指性的例子。

(19) A:我哭了,实在忍不住了。

B:<u>这一哭</u>,所有问题都解决了,我想。

这类"一＋动词"格式前面还可以加人称代词,例如:

(20) A:我哭了,实在忍不住了。

B:<u>你这一哭</u>,所有问题都解决了。

更进一步,指示词可以直接加在动词前,构成"人称代词＋指示词＋动词"的格式。例如:

(21) A:我哭了,实在忍不住了。

B:<u>你这哭</u>太管用了,所有问题都解决了。

这时候的指示词"这""那"能说成 zhèi、nèi,"人称代词＋指示词＋动词"整体上仍然是回指性的。非回指性的情形往往有比较严格的限制。例如:

(22) A:你跟他挺熟,你觉得他最大的特点是什么?

B:我就佩服<u>他这吃</u>,他可真能吃!

这种非回指用法的"人称代词＋指示词＋动词"有一个条件,即所指对象必须具有较高的可及性(accessibility,也有文献称"易推性")。换句话说,尽管它未曾出现在上文,但却是说话人和受话人双方的共有知识当中已有的内容,或者是可以通过共有知识易于推及的内容。(如上例中的"他"是个体型较胖的人。)指示词的这种用法是对系统中已经有的"人称代词＋指示词＋名词"格式的套用,用于构建一种指称形式。无论是名词做中心语还是动词做中心语,由非回指性"这"构成的"人称代词＋指示词＋动词"和"人称代词＋指示词＋名词",其中的中心词都具备"高可及性"特征。③除此之外,指示词的语音形式也同于回指性的"人称代词＋指示词＋动词","这"说成 zhèi。

再进一步,指示词可以直接加在动词或形容词之前,构成"指示词＋动词/形容词"。例如:

(23) A:不产面的地方,实在没有这个东西的地方,就是,每人,就是过年发二斤面。这样话能吃饺子。

B:啊哈。至少过年<u>这吃饺子这事</u>儿得办到。

(24) A:这个这个,还有一个这个菜,我觉得名字很有意思,其实这菜并没有什么了不起,叫蚂蚁上树,上树啊。

B:<u>这上树</u>是怎么回事?

(25) A:您扔这砖头哪?

B:就听"扑通"。

A:深。

B:就冲<u>这深</u>……

A:跳。

B:不跳!

"人称代词＋指示词＋动词/形容词"一般用作回指,当中的"这"说成 zhèi。

"人称代词＋指示词＋动词"(如:你这哭)以及"指示词＋ 动词/形容词"格式的产生,是"人称代词＋指示词＋名词"(如:你这脑袋)格式一步一步类推的结果。"人称代词＋指示词＋名词"这种格式清代就有。这些例子当中,名词所指的事物在语境里或是独一无二的,或是无需分别的。因此,指示词虽然在定语的位置,但是它的作用都不在于区别,属于我们上文谈到过的"情境用"。例如:"偏你这耳朵尖,听的真!(《红楼梦》)""恨的我撕下你那油嘴(《红楼梦》)"(例子引自吕叔湘,

1985b)。这种用法沿用至今。例如:

(26) 你要是不答应,我就把<u>我这头</u>磕出脑浆子来!

指示词甚至可以用在抽象名词之前。

(27) <u>咱这社会主义</u>比资本主义好在哪儿了?就是有人情味儿。

7.2.2 话题标记

尽管汉语里主语本身就是话题。但是,"这"的功能在于在言谈中建立话题(topic establish)。近指指示词前置于名词的组合更具有话题性(topichood),这种强烈的话题性表达不仅可以是"这+名词",还可以是"这+动词"。其中的指示词不是回指性的用法,不能被"这个"或者"那个"替换。因此,这样的"这"可以看作话题标记(topic marker)。

"指示词+动词"构成的弱化谓词短语可以用在句首做话题,指称上文中叙述的某种行为或某个事件。例如:

(28) A:不过,你要说到糖的话,南方做菜总是要<u>搁糖</u>的。

B:啊,可是<u>那搁糖</u>是,好像是调味儿性的。

(29) A:您就拿我来说吧,过去净想<u>发财</u>,现在我就不那么想啦,就变啦。

B:对!

A:过去<u>这个想法</u>就不对,净想<u>发财</u>,这叫什么思想呢!

B:就是嘛!

A:<u>发财</u>的思想我可没有。

B:你比他们强。

A:提起<u>这发财</u>来有个笑话。

上面用例中的"这"具有回指功能,虽然"这+动词"整体上是语句的话题,但是其中的"这"还不完全是话题标记。我们所谓话题标记是指非回指性的用法。其中指示词介绍出来的对象是第一次在谈话中出现,这种情形下的"这""那"不能换作"这个""那个"。

这种非回指性的指示词不仅可以用在名词前面,也可以用在谓词性短语前面。指示词说成 zhè、nà。例如:

(30) 这要孩子给太监做老婆,我怎么对得起女儿啊?

(31) 这过日子难免不铁勺碰锅沿儿。

(30)与(31)稍有不同。(30)当中"这"后面的"要孩子给太监做老婆"没有作为短语在上文中出现过,虽然在前面的对话中的确是在谈论把一个姑娘嫁给太监这件事,见(32)。因此,就"要孩子给太监做老婆"的所指而言,是确指的,并不是全新的信息。而(31)不同。"这"后面的"过日子"在上文当中没有出现过,整句话是对前面一段两口子打架故事的评论。句中的"过日子"表达的是一个无指概念,既不指具体的某个事件,也不能被回指。[④]

(32) 康　六:官里当差的人家谁要个乡下丫头?

　　　刘麻子:这不你女儿命好吗?

　　　康　六:谁呀?

　　　刘麻子:大太监,庞总管!你也听说过庞总管吧?伺候着太后,红的不得了哇!人家家里头,打醋那瓶子都是玛瑙的!

　　　康　六:这要孩子给太监做老婆,那我怎么对得起女儿呀?

(老舍《茶馆》演出录音转写材料)

上述行为指称用法我们在第八章会进一步讨论。

我们认为,指示词作为话题标记是指示词情境用法的延伸。它的作用就在于把一个未知信息包装成已知信息,或者把一个确指程度不高的成分处理得"像"一个有定名词。因为典型的话题是一个已知信息，或有定名词，"已知"和"有定"是话题位置上成分的默认值（或缺省值）。运用指示词直接加在一个未曾提及的事物或行为前面，这是信息包装的一种手段，目的在于让这个位置上的成分在形式上符合话题位置的默认条件。这种现象张伯江、方梅（1996/2014）处理为指称标记，比较看重它变陈述为指称的功能，或者说名词化的功能。但是，现在看来，这样分析不能很好地说明它与回指性指示词的区别，尤其不能很好地说明与不带指示词的动词话题的区别。

7.2.3 定冠词

指示词的基本功能有两方面，一是单独用来指称话语中的某个确定的对象；二是在名词前面充当限定成分。前者是所谓"替代"（如：这是新发的工作服），后者是所谓"指别"（如：那演员是奥斯卡得主）。无论是指别还是替代，都可以针对其所指对象用"哪个"来提问（哪个是新发的工作服？哪个演员是奥斯卡得主？）。换句话说，指示词本身或者指示词与其后的名词一起，用于指称一个在说话人看来听说双方确知的对象。

世界上的各种语言几乎都有指示词，但是有冠词的语言并不是很多。很多语言里，用来指称一个确定对象的时候就是用指示词（Payne,1997）。过去我们对汉语的认识正是这样，一般语法书上都说汉语没有冠词。另一个方面的事实是，在一些有冠词的语言当中，冠词来源于虚化以后的指示词。由于指示词经常被用在名词前来指称确定的对象，久而久之，逐渐变成一种黏附性的前加限定成分。那么，如何确认一个指示词依然是指示词还是已经虚化为冠词，Himmelmann（1996）通过跨语言的考察，提出了下面的尺度：

1）指示词不可用于唯一的所指对象。如：

*this/that sun；

*this/that queen

但是冠词可以用于唯一的所指对象。

2) 指示词不用于由于概念关联（frame-based）而确定的对象，比如，如果上文中出现了 *tree*，在下文中如果指称这个树的枝干的时候不能用 *this branch* 或 *that branch*，而要用 *the branch*。

回过头来我们看看北京话里的情况。北京话里的指示词虚用，首先在形态上已经独立出来，它在语音上附着于其后的名词，且不能重读。除此之外，指示词的用法可以概括为下面几种情况。

1) 在专有名词前，但是整个名词性短语并不指语境中或谈话双方共有知识中实际存在的某一个体，而是具有该个体所代表的某些特征的一类对象。例如：

(33) 你以为呢！这雷锋可不是那么好当的。

2) 在通指名词前，整个名词性短语指某一类对象，而不是语境中或言谈现场中的具体的个体。例如：

(34) 你知道吗，就这外国人呐，他们说话都跟感冒了似的，没四声。

3) 只用在光杆名词、或相当于光杆名词的"的"字式（如：男的、拉车的）以及黏合式偏正结构（如：木头房子、高个男孩ㄦ；参看朱德熙，1982）的前面，不用在数量名结构或含有描写性定语的组合式偏正结构之前。

(35) 而且，乌贼，以前在学校念的时候，据老、老师说，这、这鱼啊，一下子喷出来啊，一家伙黑，是不是？我一想，这人怎么能吃那东西啊，是不是。

(36) A：你说我们这位吧，过去挺好的，任劳任怨，让往东啊，他不敢往西，现在倒好成大爷了。

B:没错。这男的呀,稍微长点本事,就跟着长脾气。

4) 在非回指名词前,名词的所指是由于概念关联(frame-based)而确定的对象,而不是上文中已经出现的确定的对象。如下例中的"肉":

(37) 在中国你要做炸酱面,那也是,把这肉搁里面,噼里啪啦一爆,把酱往里一搁,就行了。

上面几种用法中指示词的作用是,把一个指称属性不十分确定的名词身份确定化。因此,我们认为,这种指示词在用法上已经等同于定冠词的用法,无论从形态上还是从功能上都可以确认已经虚化为定冠词。从收集到的材料看,只有近指词"这"有虚化为定冠词的用法,远指代词"那"还没有那么高的虚化程度。关于这一问题,将在下一节讨论不对称现象时做进一步论证。

北京话里指示词还可用如副词表示程度,如:你没看见,她这不高兴!("这"zhè,且重读);用作连词,如:你们都这么懒那我也不去了。("那"nà)(参看张伯江、方梅,1996/2014)除此之外,与指称相关的用法可以概括如下。

表 2　指示词不同用法的口语音

	情境用	示踪用	语篇用	认同用	定冠词
这	zhè/zhèi	zhèi	zhè	zhe	zhe
那	nèi/nà	nèi	nà	na/ne	

我们认为,"这"在北京话里的定冠词用法是篇章中的"认同用"进一步虚化的结果。表现为:

第一,"认同用"只用在名词性成分之前,是一种"唯定"用法。

第二,"认同用"指示功能的弱化已经有相应的语音表现形式。

第三,"认同用"后面的名词不依赖上文或言谈现场实际存在的对象,已经开始脱离了指示词的基本功能,既非指别又非替代。

7.3 "这""那"虚化的不对称

关于"这"与"那"在语法上的不对称,徐丹(1988)曾经有过详细的论述。在她的文章中也提到"这""那"在使用频率上的悬殊,"这"位于第 10 个常用词,而"那"位于第 182 位。Tao(1999a)对"这/那"和"这/那+X"里面"这/那"使用频率的统计显示,"这/那"在情境用的使用频率接近,而语篇用更偏重用"这"。从"这""那"使用的总体情况看,认同用的使用频率最高:

认同用>示踪用>语篇用/情境用

据此,Tao(1999a)主要讨论了在近指词与远指词的选择上,超出具体空间概念的用法。并提出,"这""那"的选择,决定于下面五个方面:

1) 话语模式(discourse mode)。比如在情境用的"这儿"在对话中指言谈发生的地方,而在叙述或报道性语篇中,则不指说话人当时所处的地方,而指向言谈中的某个处所。

2) 语篇性(textuality)。用来回指前面相邻小句所叙述的内容,而不是某个具体对象时,倾向于用"这"。

3) 指称的现实性属性(hypotheticality of reference)。对现实事件中的对象倾向于用"这",对非现实事件中的对象倾向于用"那"。

4) 推断性通晓(assumed familiarity)。指说话人推想受话人对他所述对象的确知程度的假设。一个在说话人看来不容易被听话人辨识的、新的对象,倾向于用"这",较容易被听话人辨识的新的对象用"那"。

5) 社会距离(social distance)。指说话人的态度。

Tao(1999a)的观察是很有见地的,尤其是上面的 1)、2)和 5)。我们认为,"这"的确有着意推出一个新的言谈对象的作用,这一功能是它作为话题标记的基础。除此之外,在"这""那"的分别上,本章提出两点看法。第一,"这"具有较强的言谈连贯功能,[⑤]比"那"更容易表现"相关性"。第二,"这"具有较强的定指化功能。

7.3.1 相关性

"这"的言谈连贯功能表现在两个方面,一方面表现在 Tao(1999a)所述"这"用作语篇用的高频现象(占93%),另一方面表现在"这"有比"那"更强的保持话题连续性的作用。

一个名词性成分作为新信息在语篇当中第一次出现的时候,常常在宾语位置或定语位置上,尤其是"有"字句或存现句的宾语。这时候如果这个成分在下文中作为话题重提的话,用"这"和"那"的例子都有,但是用"这"更为常见。例如下面这段话当中,用"这"把一个不在前台的对象推到前台来,并且用"这"保持谈论对象的"前台身份"。请注意下面例子当中"窝头""慈禧太后""老百姓""御厨"在语篇中的连贯方式。比如"这$_1$"到"这$_{11}$"后面的名词都不是第一次出现在谈话当中,用"这"是讲话人偏爱的保持连贯性的选择。

(38) A:还、还有窝头没有?

B:有窝头,对。那$_1$窝头就是,黄金塔啊。(介绍制作方法)

A:以前说起这$_1$窝头来啊,以前还有那么个,哦,也不知道是真事儿啊还是笑话儿还是怎么着。就是这个,讽刺慈禧太后的事儿。这$_2$慈禧太后啊,这个,清朝末年的时候儿,这个,人民的生活也是越来越苦了是不是?那么就有很多这个倡兴革新的大臣呢,在这个朝廷里说,说是这个,老百姓啊这个生活真是苦极了,这个,一天到晚啊就吃这个棒子面儿窝头,这个没什么

134　第七章　指示词的篇章功能与冠词用法的浮现

别的东西可以吃。这$_3$慈禧太后就说,"呵,吃棒子面窝头,棒子面儿窝头是什么东西啊?给我吃一吃,我看一看这个你这$_4$老百姓生活到底是怎么样。"就下令啊,说是得吃一顿棒子面儿窝头。就跟这$_5$御厨说啊,做、做窝头。这$_6$御厨一想啊,呦,这个老佛爷要吃这个窝头啊,这$_7$可得小心点儿,不能乱做。就啊把棒子面儿啊磨得很细很细,做出来,丁不点儿大的小窝头儿,啊,很小的小窝头儿。里头还放上这个蜂蜜啊,这个糖啊什么等等的,做得精制的,给她端了一盘儿来了。端了一盘来呢,这$_8$慈禧太后来了,说是我这得跟老百姓共甘苦是吧,吃窝头。老佛爷吃窝头,把这$_9$窝头拿起来一吃,呦!说"这$_{10}$好吃极了!这$_{11}$老百姓吃这个还一天到晚诉苦,这还得了!把那$_2$几个大臣给我逮起来,杀喽!"那$_3$事儿就给解决了。

在上面这段话中,三个"那"都可以换成"这",但是"这"却很难换成"那"。本章不打算进一步讨论指示词完全虚化为言语行为手段的现象。不过,稍加注意就不难发现,在自然随意的谈话中,"这个"比"那个"更多地被用作延续谈话的话语手段。⑥这也从侧面说明"这"具有较强的言谈连贯功能。

上文中我们曾经指出,通过"这",可以用作话题标记,把一个新信息做成一个话题的形式。也就是说,"这"是建立话题的重要手段。通过(38)例我们可以看到,"这"也是说话人保持话题延续性(topic continuity)的偏爱的手段。所谓话题延续性是指一个话题成分的影响力度和范围。体现话题延续性的主要手段就是一系列的语句共享相同的话题,在这一系列的语句中,第一个语句的起始主语名词具有话题地位(关于汉语的话题延续性,可参看 Tsao,1979、1988、1990)。在其后的语句中,用名词指称事物的时候,选用哪种形式(例如代词还是名词、光杆名词还是名词短语、一般性修饰结构还是关系从句),取决于语篇需求。"这"的使用是体现话题链(topic chain)的重要手段。这样,我们就比较容易理解为什么"这"在实际使用中的出现频率远远高于"那"。

一个新的谈论对象第一次被引入谈话作为话题时如果用"那",则往往用来表现与前面谈论的对象形成对比或相反的情形。这种用法当中的"那"都不能换作"这"。例如:

(39)美国人在这儿就是喝一杯咖啡,烤两块面包。那(na)中国人要是,主要讲究喝粥。

(40)西方人吃那个面条儿的时候很小心的,弄个叉子在那儿转悠转悠,转悠半天,然后再往嘴里喂、嘴里搁。那(na)中国人,你看看,要是那样就不成其为吃面了。

综上所述,话语中用"这"表现"相关性"体现在以下几个方面:
1) 新的谈论对象第一次被引入谈话作为话题时倾向于用"这"。
2) 保持话题延续性倾向于用"这"。
3) 引入对比性话题,着意表现"不同"的时候用"那",不用"这"。

"这"既可以用作回指,也可以用作引入一个新话题。"这"引入一个新话题,用于拉近语篇距离,把一个未知信息当作已知信息处理。"那"既可以回指,也可以引入一个未知信息作新话题,但是"那"引入的这个新话题是作为对比性或参照性的对象提出的。这种用法和意义上的区别实际上是"这""那"沿着它们本来的近指与远指两个方向进一步虚化的结果。

7.3.2 定指性

北京话里,"这"和"那"都有不同程度的虚化。一个有趣的现象是,跟"这"一样,"那"也可以用在非回指性的光杆名词前,但是"那"与这类名词的组合却很难出现在那些典型的要求定指成分的句法位置上。比如句首位置,"这"的使用频率占压倒多数。但是,在不要求定指名词的位置上,比如介词"跟"的宾语,"那+名词"或"这+名词"都比较自由。

(41) 有的人他是把白薯煮熟了以后,风干,弄成白薯干儿,那个就,我很喜欢吃那个玩意儿,呃,就是,一咬就跟那橡皮筋儿一样。

这个例子里的"跟……一样/似的"都是非现实的表述,里面可以用"那"也可以用"这"。例如:

(42) 熬熬熬,熬到最后熬成一锅黏糊糊的,跟这稀糨糊似的那样的汤,这个拿起来就喝。

"跟……一样"有两种意义,一是表示两事物相同,二是表示比拟。表示两事物相同的"跟……一样",可以用"不"否定作"跟……不一样",但是不能把"一样"换成"似的";表示比拟的"跟……一样"可以把"一样"换成"似的",不能用"不"否定。另外,表示相同的"跟……一样"自然重音在"一样"上,而表示比拟的"跟……一样"重音在"跟"的宾语上(朱德熙,1982)。用这个区分标准看(41)的"跟……一样",显然是表示比拟,而不表示两事物相同。沿着这个思路考察表示比拟的"跟……一样"当中"跟"的宾语名词,我们发现这些名词与"似的"前面的名词一样,都具有非现实性特征。例如:

(43) 脸色跟纸一样白　　　　脸色白得跟纸似的
　　　*脸色跟纸不一样白　　　*脸色白得不跟纸似的
　　　*脸色跟一张纸一样白　　*脸色白得跟一张纸似的
　　　*脸色跟这张纸一样白　　*脸色白得跟这张纸似的

这样看来,(41)当中"跟……一样"中的名词与(42)当中"……似的"中的名词性成分,在现实性的程度上是相同的。换句话说,表示比拟的格式"跟……一样"当中"跟"后面的名词与"似的"前面名词同样是"非现实性的"。这个现象表明,用 Tao(1999a)提出"现实性"的差异来解释用"这"还是用"那"仍然是有问题的。

当然,(41)(42)还勉强可以用 Tao 文第四条推断性通晓来解释,也就是说,指说话人推想受话人对他所述对象是不容易被辨识的、新的对象,倾向于用"这";较为容易被受话人辨识的、新的对象用"那"。但是,从这个角度来解释"把"后面宾语位置上"这""那"的选择限制就有些困难。比如在上面(37)中的"这"的位置上,就不能换用轻声的"那"na,如(37'a)。如果用"那",只能是非轻声形式 nèi,即回指性的成分,而且"那"后面的光杆名词在上文中已经出现过,如(37'b)。

(37') a.* 在中国你要做炸酱面,那也是,把那(na)肉搁里面,噼里啪啦一爆,把酱往里一搁,就行了。

b.在中国你要做炸酱面,那也是,把那(nèi)肉搁里面,噼里啪啦一爆,把酱往里一搁,就行了。

所以,更完满的解释是,对一个指称属性不明确的光杆名词来说,用"这"可以标定这个名词性成分的定指性身份,用"那"没有这个作用。据此,我们认为,只有"这"有了虚化为定冠词的用法,而"那"还没有虚化为定冠词。

7.4 "一"的不定冠词用法

北京话里指示词开始出现定冠词用法,这个现象不是孤立的。在共时材料中,已经出现了"一"做不定冠词的用法。[⑦]

吕叔湘(1944)曾指出,汉语里的"一个"具有不定冠词的作用,而且"(一)个"应用的使用范围比不定冠词要广,可以用于不可计数的事物乃至动作与性状,可以用于有定的事物,甚至用于非"一"的场所。"一个"常常省"一"留"个"。这样的"(一)个"在元代以后就已经很普遍了。

王力先生(1980)在《汉语史稿》(中册)讨论"五四"以后新兴的句法,专门有一节讨论"无定冠词"的产生及其受到限制,指出"一个""一种"开始出现无定冠词性的用法(第 464—468 页)。

或许是因为"(一)个"的语法意义负载过重,现代北京话里出现了一种省"个"留"一"的用法,专门用在名词前,"一"后没有量词同现。例如:

(44) A:这女的是你妹妹?

B:不是。

A:你姐姐?

B:<u>一亲戚</u>。

A:什么亲戚?

B:八竿子打不着的亲戚。

这里,名词"亲戚"反复出现,说明"一+名词"的所指对象的不确定性。或者说,说话人没有把这个名词的所指对象当作一个确定的对象来处理。

上述这类"一"的用法,我们认为是"一个"脱落"个"进而虚化为不定冠词。因为这种用法下的"一"在以下几方面不同于真正的表数量的"一(个)"。

1) 变调(tone sandhi)

不遵循数词"一"的变调规律,而一概说作第二声。例如,下面的例子中"一"后面的名词分别是四个不同的声调,但"一"一概说作 yí,而不随其后的名词的声调变调。

(45) 一狮子;一熟人;一老外;一耗子

声调上的一致性说明,这类"一"有可能是从省略第四声的量词"个"而来。

2) 重音(stress)

这类"一十名"重音总是在名词上,"一"不能带有对比重音。

3) 数量表达

这类"一十名"不能用作跟其他数量成分对比。如果对比,对比项只能是名词的所指对象,而不能与相关的数量形成对比。例如:

(46) a. 我就带了一个帮手儿,可是他领了仨。

b.? 我就带了一帮手儿,可是他领了仨。

4) 回指功能

这类"一十名"多用在宾语位置,从不作为回指形式。例如:

(47) 宾语位置:a. 只当是东三省被占了,我是<u>一你们用得着的少帅</u>行吗?

b. 我替我姐说吧,你还不能算<u>一坏人</u>。

c. 我沿着桌子喝<u>一对角线</u>,你喝<u>一中心线</u>。

d. 你在<u>一小单位</u>里工作,算上你总共才六个人。

e. 有<u>一朋友</u>倒是愿意帮这个忙儿。

f. 所以呢,他不敢打我,还给我<u>一官</u>儿当。

(48) 主语位置:a. 我这货好销,<u>一老外</u>昨天从我这儿买走好几条。

b. 我<u>一朋友</u>昨天约我喝酒,一喝就喝到半夜了。

使用"一十名词",往往是用在根据谈话者的共有知识不能确认名词所指事物的场合。其中名词的所指事物在前面或未曾提及,或假定听话者还不熟悉。与"一十名词"形成互指关系的一般为相应的有定形式。汉语里这类有定形式为代词、指示词/代词十名词、光杆名词和部分偏正短语。下面看一看"一十名词"在连续话语中的情况。

(49)(已经很晚了,来不及了,……我一想呢,我就说,画一半儿就够了,我就画了一半儿。我想那一半儿攥我手里,给他看画上的一半儿。)我就来了,还拿一凳子$_1$,还在同学那儿拿一凳子$_2$。因为你拿着凳子$_3$就让人家以为你有电影票呢哈,要没有电影票,你拿凳子$_4$干什么。

上面的例子引自一个人讲他画假票混进礼堂看电影的故事。这一段叙述中"凳子"第一次出现的时候用了"一+名"形式,第二次出现的时候因为是套用重复上一句,"凳子$_2$"前面仍然有"一";而回指性成分"凳子$_3$""凳子$_4$"则一概采用光杆名词形式。

"一"用作不定冠词与指示词"这"用作定冠词都是北京话在近几十年当中产生的。相对而言,"这"用作定冠词大概要早于"一"脱落"个"用作不定冠词。我们查阅了20世纪80年代初北京大学中文系的北京话调查的资料,老年组的材料中已经有了"这"用作定冠词的用例,但是"一"用作不定冠词仅出现在青年组,也就是60年代前后出生的北京人的谈话当中。老年组的材料中没有发现。[⑧]

总之,北京话里指示词虚化作定冠词这个现象不是孤立的,指示词的定冠词用法和"一"虚化作不定冠词用法在现代北京话里是成套出现的,指示词功能上的这种变化是系统性变化的一个部分。

7.5 小结

我们看到,北京话里虚化的有定性标记可以表述为:

定指标记:这个→这[tʂə]

不定指标记:一个→一[i^{35}]

关于其他方言中指示词的虚化情况,我们参考了黄伯荣主编的《汉语方言语法类编》和李如龙、张双庆主编的《中国东南部方言比较研究丛书(第四辑):代词》,发现北京话"这"的虚化程度是比较高的,虚化类型相近的似乎只有福州话。福州话有分工明确、句法功能互补的三个指物的近指代词(陈泽平,1999)。

□[tsui⁵³]　单独做主、宾语,不做定语、状语,不与量词、方位词组合。

只[tsi³³]　黏附形式,单独做主、宾语,不做定语、状语,不直接修饰名词。可以与数量名结合、与其他语素组合成复合指示词。

者[tsia³³]　黏附形式,唯一的功能就是直接与光杆名词结合。

其中的"者"是一个由近指代词"只"[tsi³³]和通用量词"介"[ka]合音的、"唯定"单语素指示词。它的功能单一,并且语音形式上也区别于其他功能的指示词。

有定性标记在北京话的变化途径是量词脱落,这种情形跟吴语用个体量词、粤语用量词"个"表示定指形成对照。比如:

(50) 粤语(张双庆,1999):

个太阳都落咗山咯。太阳已经落山了

个月光好圆。月亮很圆

(51) 上海话(潘悟云、陶寰,1999):

量词定指:支钢笔是啥人个?这支钢笔是谁的?

帮我拿扇门关脱渠 帮我把门关上

据潘悟云、陶寰(1999)的描述,上海话的这种定指标记量词声调中性化,重音在名词上,而且不能与相应的近指或远指成分对举,认为这类现象不是"指示词+名词"的省略形式。上海话里的另一种定指标志是省略了近指词"个"的量词,它既表示定指,又表示距离指示意义。如:"本书好,哀本勿灵。这本书好,那本不好"。这类结构中,量词的声调与指量短语中量词的声调相同,重音在量词上,并且可以和相应的远指量词对举。⑨

我们认为,潘、陶文所述两种情形反映的是虚化过程中共存的、虚化程度不同的两种情形而已。这种虚化现象与北京话中的指示词的虚化有一个共同的背景,这就是指示词语义上的中性化倾向。可以初步假设,汉语里定指标记有两种不同的虚化途径,一种是北京话的模式,脱落量词,近指词的指示义弱化,而后虚化为定冠词。另一种是粤语、吴语为代表的南方方言的模式,"指+量"复合形式中的指示词脱落,量词表量意义弱化,而后成为定指标记。

附 注

① 指示词的篇章用法,这里参考了 Himmelmann(1996)的框架。与 Tao(1999a)和 Huang(1999)不同,我们把单语素的"这""那"与其复合形式"这个""那个"区分开来,只讨论"这""那"。

② 同指(co-referential)、有指(referential)、定指(identifiable)、类指(generic)几个概念的译法参考了陈平(1987a)。其中"类指"与"通指"是可替换的译法。

③ 可及性(accessibility)的高与低实际是信息的确定性(givenness, familiarity)程度问题,本文参照 Ariel(1991)的描写。下述各名词性成分的可及性从高到低,依次为:

零代词＞轻读的代词＞非轻读的代词＞非轻读的代词＋体态＞(带修饰语的)近指代词＞(带修饰语的)远指代词＞名＞姓＞较短的有定性描写＞较长的有定性描写＞全称名词＞带有修饰语的全称名词

④ 这里"过日子"我们不分析作"类指",理由是"过日子"在语境中不可以被回指。而通指成分虽然不指称语境中的具体事物(这一点与无指成分相同),却代表语境中一个确定的类,是可以被回指的。比如,下面一个例子当中的"麻雀"是一个类指成分,它后面可以用"它"来回指。

麻雀虽小,但<u>它</u>颈上的骨头数目几乎比长颈鹿多一倍。(此例引自陈平,1987a)

而无指成分是不可以被回指的。例如:

他们下星期要考<u>研究生</u>。(此例引自陈平,1987a)

既可以理解为他们要报考研究生,也可以理解为对研究生进行考试。做前一种理解的时候,其中的"研究生"是无指成分;做后一种理解的时候,"研究生"是有指成分。做有指成分的"研究生"可以被回指,如:

他们下星期考<u>研究生</u>。<u>这批研究生</u>进校两个多月了,这是第一次对<u>他们</u>进行考试。

但是做无指成分的"研究生"却不能用任何一种代词去回指。

⑤ Givón(1995)曾谈到,英语自然口语当中引入一个新的言谈对象时,常见的是两种形式:a＋N 或 $this$＋N,后者用作引入重要话题。

⑥ 据梁敬美(2002)《"这-"、"那-"的语用与话语功能研究》一文的统计,从使用频率看,"这"用作填充词(filler)是"那"的两倍。

⑦ 现代北京话里,数词"一"在光杆名词前具有不定冠词的作用,笔者在第30届国际汉藏语讨论会(1997)论文中曾经指出这一现象。在第十一次现代汉语语法学术讨论会上(2000),刘祥柏也讨论了北京话的"一"在名词前不按照系统中"一"的变调规律发生变调的现象。又见刘祥柏(2004)。

⑧ 20世纪80年代初,由北京大学中文系林焘教授主持的北京话调查,对北京市区、郊区和河北部分地区进行了系统调查,本人参加了对北京城区的调查。目前,这部分语料由北京大学中文系保存。

⑨ 吴语中其他地方也有量词用作定指标记的现象,虚化程度各有不同。潘悟云还提供了吴语中的另一种类型,温州话。表定指的量词只一种,且保留近指的距离意义。这种量词在语音上与量词在"近指代词＋量词"结构中的连调形式相同,是"近指代词＋量词"省略了近指代词的结果。石汝杰、刘丹青(1985)也描述了苏州方言量词的定指用法。

第八章 行为指称与话题结构

8.0 引言

众所周知,汉语里动词可以不改变其句法形态而直接充当主语、宾语,用作指称。例如:

大家都知道,<u>吃得太饱</u>不利于健康。

另一方面,汉语里也确实存在通过改变句法结构来指称行为的现象,像"N 的 V"结构。例如:

<u>这本书的出版</u>对学界影响很大。

这种"N 的 V"结构被认为是带有书面语特点的语法结构,但在口头表达中的可接受程度越来越高。

北京话里也存在专门用近指指示词(proximal demonstratives)将述谓语(predicate)结构变为行为指称的句法结构。

一种是将指示词"这"放在动词短语或者主谓结构之前:

这(S)VP　如:<u>这装病</u>也有技术含量,要会装才行。

<u>这我装病</u>也不是一天两天了,已经装出经验了。

另一种是将"这"嵌入主谓结构的主语之后:

S 这 VP　如:您得知道<u>您这没关严实车门</u>是很危险的。

两种形式的指称意义有所不同,"这(S)VP"具有类指性(generic),

指称一类行为;而内嵌"这"的形式"S 这 VP"只能指称个体行为,也就是单指的(individual)。

两种行为指称形式也存在篇章功能的差异,前置"这"的形式"这(S)VP"倾向于在语篇中建立话题(topic establish);而内嵌"这"的形式"S 这 VP"主要用作回指前面言谈里面已经陈述的行为。

上述两种结构在北京话中的历史很短,可以说是一种句法创新。这种句法创新是篇章需求触发的。"这(S)VP"结构是对"这"在名词前作为话题标记(topic maker)这一用法的类推。在篇章功能上,"S 这 VP"与"N 的 V"式以及古代汉语主谓结构内嵌"之"具有相似的篇章机制。

下面逐一讨论。

8.1 指称形式与指称属性

8.1.1 指称形式

北京话里指示词"这"加动词构成的指称形式主要有两类,一是把"这"直接放在动词或带主语的小句之前,充当主语或宾语,下文称作A式。

A 式:这(S)VP

(1) 我怎么不知道?我打小学一年级就开始装病都装到现在啦!这装病有几个窍门儿,我教给教给你,开始你得假装疼得满地打滚儿……(《我爱我家》)

(2) 结果是,曾国藩诬陷满族官员,削职自省。说到这儿,您还没明白吗。曾国藩这折子,道光皇帝到底看见了没有,别人又在皇

帝面前垫了什么话儿,这处置又是怎么来的,您就撒开了想去吧。(《这里是北京》)

(3) 衣食住行这四件事,对咱们百姓和对人家皇室完全不一样。今天咱们说"食"。这吃在宫廷里可是不那么简单。(《这里是北京》)

(4) 这头脑有毛病是不是有遗传啊?咱们换人吧。(《我爱我家》)

二是把"这"插入主谓之间,充当主语或宾语,下文称作 B 式。

B 式:S 这 VP

(5) 我跟你说,今晚上中国队这发挥太失常了。(《我爱我家》)

(6) 我有证据,我还就不怕她这又哭又闹不认账。我去跟她说去。

接下来的问题是,上述两种指称形式是否存意义和功能的差别。我们发现,A 式与 B 式的主要区别体现在两方面:

1) 指称属性(referential status);

2) 话题延续性(topic continuity)。

下面分别讨论。

8.1.2 指称属性

类指(generic)名词是把对象当成一个类别整体去指称,不指称语境中的个体对象。例如下文中的"鲸""研究生""本科生":

(7) 鲸是哺乳动物。

(8) 研究生都很难找到理想的工作,更不用说本科生了。

单指(individual)名词是把对象当成一个个体来指称。例如下文中的"他""客人"和"一支香烟"。

(9) 他递给客人一支香烟。

与名词指称事物相似,对行为的指称也同样存在着类指与单指的分别。前者泛指一类行为,后者指称具体行为。

北京话里,A、B两类结构话语中的指称属性(referential status)不同。A式可以用作类指,如(1)、(3);也可以用作单指,如(4)。B式只用作单指,不用作类指,如(5)、(6)。

动词加"这"用作类指时,可以被"这种＋上位概念名词"的形式来回指。例如:

(10) 盘好了的核桃才值钱。不过这盘可是有讲究,有"文盘"和"武盘"之说。那什么叫"文盘"、什么叫"武盘"您知道吗?(《这里是北京》)

→不过(盘核桃)这种活儿可是有讲究。

(11) 其实这伺候病人吧也没什么活儿,无非是每天帮她漱漱口刷刷牙,擦擦脸洗洗脚,端端屎倒倒尿,喂水喂饭,按时吃药、不离左右,随叫随到,和颜悦色,不急不躁……(《我爱我家》)

→其实(伺候病人)这种事儿吧也没什么活儿,无非是……

(12) 原本是大伙儿受慈禧的牵连,才遭此劫数。最终幸免于难了,却还要山呼着,托老佛爷的福,多亏了老佛爷的庇佑。看来这口不对心呐也算是大臣们练就的一种本事了。(《这里是北京》)

→看来(口不对心)这种事儿呐也算是大臣们练就的一种本事了

而单指的时候,却不能用上述方式来回指,如(2')、(5')。

(2') 结果是,曾国藩诬陷满族官员,削职自省。说到这儿,您还没明白吗?曾国藩这折子,道光皇帝到底看见了没有,别人又在皇帝面前垫了什么话儿,这处置又是怎么来的,您就撒开了想去吧。(《这里是北京》)

→*(处置)这种事儿又是怎么来的,您就撒开了想去吧。

(5′) 我跟你说,今晚上中国队这发挥太失常了。

→* 我跟你说,今晚上(中国队发挥)这种事太失常了。

不过 A 式可以用"这次"替换"这+动词"里的"这",如(2″)。

(2″) 结果是,曾国藩诬陷满族官员,削职自省。说到这儿,您还没明白吗?曾国藩这折子,道光皇帝到底看见了没有,别人又在皇帝面前垫了什么话儿,这处置/这次处置又是怎么来的,您就撒开了想去吧。(《这里是北京》)

值得注意的是,A 式可以用作类指也可以用作单指,与 B 式的不同在于,B 式用作单指的时候,往往具有特指(specific)意义,这与北京话"这"加在领属定语与名词前的功能是一致的。

(13) 我这头疼得我想死的心都有。

(14) 中国队这发挥太失常了。

因此,北京话这种指称行为的句法手段可以看作事物指称手段类推的结果。下文 8.2 节将详细讨论这个问题。

归纳起来,两类形式的指称意义分布如下:

表 1 指称意义差异

	类指	特指
这(S)VP	+	−
S 这 VP	−	+

8.2 话题延续性

所谓话题延续性(topic continuity)是指一个话题成分的影响力度和范围。体现话题延续性的主要手段就是一系列的语句共享相同的话题。在这一系列的语句中,第一个语句的主语名词具有话题地位(参看

Tsao,1979、1988、1990)。其后的语句中,在用名词指称事物的时候,选用何种形式(例如代词还是名词、光杆名词还是名词短语、一般性修饰结构还是关系从句)取决于语篇需求。与指称事物一样,指称行为也会以不同方式显示这个被提及的行为与语境中已述行为之间的关系。指称行为的时候,指示词"这"在话题建立和体现话题延续性方面也具有显著的贡献。

8.2.1 指示特征

从语境的依赖方式来看,通过加"这"所构成的行为指称基本有两类情形:1)外指的(exophoric);2)内指的(endophoric)。

8.2.1.1 外指(exophora)

直接指称言谈现场的行为。例如:

(15) A:"总让您一趟一趟跑怪不落忍的。"
　　　B:"我这还钱不也是应该的嘛!"

(16) 门!门!您衣服夹门啦!您得知道您这没关严实车门是很危险的。

(17) 我都上车了,你这不拉我是不是拒载啊!

(18) 又啃黄瓜去了。她这不吃午饭有一年多了,也不完全为了减肥。

这类用法,"这"后面的动词所述行为在前面的语境中并未出现过,但却是谈话现场当下实际发生的。

北京话的"这"可以用作话题标记,引入一个新信息名词,把一个新信息做成一个"像"旧信息的形式(详见本书第七章7.2节)。上述"这+动词"与"这+名词"具有同样的功能。

8.2.1.2 内指(endophora)

包括两小类:一是回指前面言谈中论及的行为;二是指称与前面言

谈中论及的行为相关联的行为。

1）回指性的(anaphoric)

用与前面言谈中出现过的相同的动词加上"这"来回指。例如：

（19）A："过去这个想法就不对,净想发财,这叫什么思想呢！"

B："就是嘛！"

A："发财的思想我可没有。"

B："你比他们强。"

A："提起这发财来有个笑话。"　　（相声）

（20）A：还擦油烟机啊？您又不缺这几个钱。

B：这回可不是为挣钱。我这擦油烟机在这一带有名了,还真有人离不开我这手艺了。

（21）现如今呢,这北京城的影楼林立啊,非常的多。您要是进去拍照,甭管您长什么样,来了,先得化妆。这化完妆,您看,哎,怎么跟前面几位长得都差不多呀。化妆化得你都快不知道那是谁跟谁结婚了。

这类用法里,"这"后面所述动词在上文中已经出现过,这个动词的作用相当于先行词(antecedent)。回指动词可以与前面话语里出现过的动词同形,如(19)、(20);也可能是部分同形,如(21)。"这+动词"与"这+名词"一样,具有话题连续性。"这"的使用是体现话题链(topic chain)的重要手段。

2）联想回指

"这"后面的动词在前面的话语中并未出现,但前面的话语已经涉及该动词所指称的行为。使用"这"是话题建立(topic establish)的重要手段。例如：

（22）康　六：宫里当差的人家谁要个乡下丫头?

刘麻子:这不你女儿命好吗?

康　六:谁呀?

刘麻子:大太监,庞总管! 你也听说过庞总管吧? 伺候着太后,红得不得了哇! 人家家里头,打醋那瓶子都是玛瑙的!

康　六:<u>这要孩子给太监做老婆</u>,我怎么对得起女儿呀?

(《茶馆》)

上面的例子里,"要孩子给太监做老婆"指的就是前面说到的"宫里当差的人家谁要个乡下丫头",只是叙述的角度有所不同。前面是从"娶"的角度说,后面是从"嫁"的角度说的。从信息状态的角度说,"要孩子给太监做老婆"属于可激活信息。而"宫里当差的人家谁要个乡下丫头"在话语中起到了触发语(trigger)的作用(参看徐赳赳,2010:346—349),正像在语篇中先说到"汽车",而在其后的语境中,提及"方向盘"。这种现象被称为"联想回指"(associative anaphora)现象。联想回指现象指的是间接的篇章回指现象。话语中某个新的所指对象,其所指在前面的话语中没有明确提到过,但是可以借助前面出现过的话语进行解读。前面出现过的话语称为先前信息,或者触发语。

再如:

(23) A:您说您这一下午嗑那么些瓜子儿您不怕咸着啊?

B:<u>抽烟</u>不咸你们让我抽吗? 志新呐,你那儿还有没有富余的香烟呐? 上次我给你的那包云烟,你看现在,真家里没有人,天知地知你知我知……

A:破坏您这戒烟这责任我可担当不起。(《我爱我家》)

上面的例子里,虽然前面的言谈里没有直接出现"戒烟",但是 B 通过反问句先说到了自己被限制抽烟。因而从信息状态的角度看,"戒烟"也属于可激活信息。"您这戒烟"不是通过先行词"戒烟"引入话语,而是通过联想回指实现的。

综上所述,A式里的动词与前面的陈述形式可以完全同形,可以是部分同形;这两类情形都可以看作是回指性的。A式里的动词与前面的陈述形式也可以是知识关联性的;还可以是前面的谈话里全然没有陈述过的行为。而B式如果首次出现,必然以言谈现场实际发生了该行为为条件。

8.2.2 篇章分布

A式"这(S)VP"和B式"S这VP"在语篇中的分布可归纳为下表:

表2　不同指称形式在语篇中的分布

	这(S)VP	S这VP
现场性的且首次出现于言谈	＋	＋
非现场性且首次出现于言谈	＋	(＋)
动词与陈述形式同形或部分同形	＋	＋
概念或共有知识关联性的	＋	＋

显然,"这"的位置差异显示所指称行为的篇章地位的差异。两相比较,内嵌"这"字的B式比前加"这"的A式对语境的依赖性要强。B式要求所指称的行为是言谈现场发生的或者是前面言谈内容已经谈到的。

回指性的A式具有将陈述形式标记为话题的作用。例如:

(24) 现如今呢,这北京城的影楼林立啊,非常的多。您要是进去拍照,甭管您长什么样,来了,先得化妆。这化完妆,您看,哎,怎么跟前面几位长得都差不多呀。化妆化得你都快不知道那是谁跟谁结婚了。

这一例是说话人在谈论影楼千人一面的化妆。例子里的"化完妆"如果前面不用"这",完全可以理解为连续行为,也可以理解为条件状语。但是加了"这"以后,彰显了"这＋VP"的话题属性。

A式还可以用在首次提及某一类行为。例如:

(25)<u>这我谗涎那姑娘</u>已经不是一天两天了。自打初中那会儿就递小条儿,人家根本瞧都不稀罕瞧。

从这一例看,"我谗涎那姑娘"前面如果不用"这"仍旧是合法的句子。而冠以"这"是用作凸显话题"我谗涎那姑娘",下面接下去谈"我谗涎那姑娘"的经历。

有的时候,"这(S)VP"后有停顿,构成一个话题成分,如上文的(24)。

A式与"这＋名词"在分布和功能上具有平行性,都具有建立话题的作用。例如:

(26)就这<u>外国人</u>呐,说话都跟感冒了似的,没四声。

指称事物的时候,不同的名词形式往往体现不同的指称属性(参看陈平,1987a)。汉语里,光杆名词有可能是无指性的,该名词不指涉语境中任何实体,如"我习惯吃食堂"里的"食堂"。有可能是有指的,指涉语境中的实体,如"我在去图书馆的路上看到一个食堂"里的"食堂",或有指且为定指性的,如"今天食堂有节日加餐"里的"食堂"。也有可能是通指性的,如"食堂也就是个让人填饱肚子的地方,怎么能满足特色口味呢?"里的"食堂"。

就例(26)来说,如果去掉"外国人"前面的"这","外国人"仍旧是一个通指性的,如(26')。

(26')你知道吗,就<u>外国人</u>呐说话都跟感冒了似的,没四声。

可见,"这"的作用并不全在于锚定"外国人"的通指属性。那么有"这"与无"这"的区别在哪里呢?我们认为主要是建立话题。作为一种指称形式,需要满足对语篇连贯性和话题延续性的需求。"这"具有较强的延续话题功能,并且可以用来对一个全新的概念进行有定指称包装(参看第七章)。

B式"S这VP"对语境的依赖比较强。"S这VP"(如"他这吃/中国队这发挥")多用作指称言谈现场发生的行为或回指前面语境中叙述过的行为。首次指称某行为而用B式的,我们收集的材料中仅见1例。如下:

(27)重要的在于参与啊,还有三等奖,三等奖,三等奖也非同小可,香港七日游。这还真麻烦,麻烦啦,麻烦了,还得现学广东话。你到了香港,像我嫂子这跑丢了,跟香港警察叔叔你说不清楚。(《我爱我家》)

与A式不同,这里虽然是首次出现在语篇中,但仅仅作为偶现信息,在后面的谈话里不被回指,不是用作建立话题的。

B式与系统中已经有的"人称代词+指示词+名词"(如"我这胳臂")在分布和功能上具有平行性。"人称代词+指示词+名词"结构也是用作指称存在于言谈现场的事物,或回指前面语境中已经提及的事物,而不用来建立话题。

8.2.3 "这"的性质和功能

值得注意的是,无论A式还是B式,用了"这"以后就形成了一个句法上不自足的小句。因此,从句法层面上看,虽然用"这"是语用需求驱动的,但是其句法后果是将一个谓词(在汉语里主要用作陈述,有时也可以直接用作指称)"锚定"为一个非谓性指称形式。

首先,B式可以做体宾动词的宾语,A式则不行。例如:

(28) a. 我就佩服他这吃。

b. *我就佩服这他吃。

这个对比说明,B式的体词性更强。

第二，A 式加了"这"以后，可以进入只有名词才能进入的框式结构之中。

(29) a. 这弘昼的荒唐之处，还真是不仅限于<u>这</u>出言不逊上。

b.[?] 这弘昼的荒唐之处，还真是<u>不仅限于出言不逊上</u>。

第三，无论 A 式还是 B 式，其中的动词已经部分失去作为陈述性成分的句法能力。从我们收集到的用例看，动词后一般不带时体标记。即便是谈论过去的经历，也不能用"过"。例如：

(30) a. <u>这我逯涎那姑娘</u>已经不是一天两天了。自打初中那会儿就递小条儿，人家根本瞧都不稀罕瞧。

b. <u>我逯涎过那姑娘</u>。自打初中那会儿就递小条儿，人家根本瞧都不稀罕瞧。

c.* 这我逯涎过那姑娘(已经不是一天两天了)。自打初中那会儿就递小条儿，人家根本瞧都不稀罕瞧。

因此，说指示词"这"可以用作名词化标记未尝不可。而位于小句之首的"这"，其功能是建立话题，因而排斥宾语位置。

"S 这 VP"整体上是一个偏正结构。B 式"S 这 VP"指称行为与"人称代词＋指示词＋名词"（如"我这胳臂"）指称事物格式一样，要求指称对象要么是存在于言谈现场的，要么是前面语境中已有的，具有"当下性"。这种篇章分布从一个侧面说明，格式中的"这"仍旧保留着指示词的特性，因而还不能说它已经虚化成了一个定语标记。

现在回答本章开篇提出的问题，既然汉语语法系统允许动词直接做主宾语来指称行为，为什么还会通过句法结构变化来指称行为？其原因在于，"这"具有较强的建立话题和延续话题的功能，并且可以用来对一个全新的概念进行有定指称包装(参看第七章)。虽然用"这"是语用需求、不是句法限制(特别是在主语位置上)。但是，因这种语用需求产生的后果则是形成了一个依附性的非谓形式。

8.3 两种行为指称形式的来源

考王力先生《汉语史稿》、吕叔湘先生《近代汉语指代词》、太田辰夫先生《中国语历史文法》和《汉语史通考》，本章讨论的两种行为指称形式都没有论及。我们对前贤著述引述较多的《语言自迩集》(威妥玛著，1986；张卫东译，北京大学出版社，2002)、《燕京妇语》(1906年；鳟泽彰夫译注,(日本)好文出版社,1992)和《小额》(松友梅著,1908)等北京话文本又进行了查阅,也没有发现此类用例。因而我们可以比较肯定地说，直到19世纪，本章讨论的两种行为指称形式还没有出现，其出现应是比较晚近的现象。从我们的材料上看是近30年来才开始普遍使用的语法格式。

我们认为，用"这"加在动词或小句上构成指称形式,它的形成机制主要是类推(analogy)。A式是对"这＋名词"用于名词前指称事物这一功能的类推；B式是对"人称代词＋指示词＋名词"的类推。

A式与"这＋名词"在分布和功能上具有平行性,都具有建立话题的作用。B式用作指称言谈现场发生的行为或回指前面语境中叙述过的行为,不用作建立话题,而与系统中已经有的"人称代词＋指示词＋名词"在分布和功能上具有平行性。

8.3.1　A式"这(S)VP"的来源

A式用作指称行为是名词形式指称事物的类推。两者之间在指称属性、篇章分布和篇章功能上都具有一致性。

篇章分布上看,"这"在动词前面与"这"在名词前的分布大致相当。

8.3 两种行为指称形式的来源

表3 "这"在动词前和在名词前的篇章分布

	这+(S)VP	这+N
现场性的且首次出现于言谈	+	+
非现场性的且首次出现于言谈	+	+
与已述形式同形或部分同形的	+	+
概念或共有知识关联性的	+	+

从指称属性上看,与"这"在名词前一样,"这+(S)VP"可以用作单指(如(30)),又可以用作类指(如(10)—(12))。如下表所示:

表4 "这"在动词前与在名词前的指称属性

	单指	类指
这+N	+	+
这+(S)VP	+	+

上述两种格式在指称属性和篇章功能上的一致性,可以作为共时系统中类推的佐证。

从历史材料看,早期单指用"这+一+动词"形式,不用"这+(S)VP"例如:

(31) 起初在第一审的时候儿,遇见一个浑蛋推事,给判了一个乱七八糟,搁谁身上,也忍不了这个瘸脖子气,我自然是得上告喽,上告以后,前后遇了有五六堂,耽延好几个月的工夫,好容易这才判决,把官司算正过来啦,事情总算有喽头儿啦,那知道这个姓王的又不甘心,他又上告啦,我想这回的判决判的结结实实的,他就上告,还有什么可说的呢,所以我就没理他,那知道钱能通神,这个姓王的,又请喽一个律师,不是怎么啾咕的,会又发回原审啦。<u>这一发回原审</u>,又不定得多会儿才能完呢,你说这事多们麻烦,够多们教人可气呀!(《京语会话》)①

（32）胎里坏告辞，额大奶奶又说了些个好话。胎里坏连说，应当尽心，同着李顺笑嘻嘻的去了。胎里坏这一去，应了一句俗语儿啦，真是羊肉包子打狗，从此就永不回头了。(《小额》)

我们认为，含"一"的形式不是"S 这 VP"直接来源。因为从分布上看，"这＋一＋动词"多数是做时间或条件状语，这种用法一直延续至今，且表达功能上与当代北京话的"这＋(S)VP"的距离较大。所以，我们更倾向于"这＋(S)VP"由名词短语"这＋N"经类推而来，而不是"这＋一＋动词"省略了"一"。

8.3.2　B 式"S 这 VP"的来源

从我们收集的材料看，较早的"S 这 VP"用例见于清末民初的《京语会话》[①]。例如：

（33）天下无论什么事，非经过的不知道艰难，你说他一手托天，你可知道他这一手托天才有说不出来的苦呢。(《京语会话》)

不过，我们推测，"S 这 VP"的早期形式应是"S 这个 VP"。因为在同一语篇里，"S 这个 VP"与"S 这 VP"可以换着说。(33)例是用"他这一手托天"回指"他一手托天"。而下面一例插入的是"这个"。例如：

（34）"您兄弟一辈子钱都不少挣，可惜是一文没攒下，这事瞒不了您纳，我可没花着多少，我们娘儿们，并未享了多少福，因为他好花。我都求您劝过他，现在钱也花完啦，他也撒手不管啦，他闭眼的那一天，所有的衣衾棺椁，都是赊了来的，到如今还没给人家钱，抛下大小五口儿，那一天都得吃，屋里的东西已经是当卖完啦，往后一天比一天冷，孩子的衣裳是都没有呢，将来如何是了呢？"

"提起我这个兄弟来，也实在令人可恨，世界上生来一个人那儿有不虑后的呢，因为他这个好花，我得罪过他，有多少次，他只是不以为然，到了儿把钱也都作践没啦，把身子骨儿也作践坏啦，留

下这们一群业累,教别人看该怎么办呢?"(《京语会话》)
这一例是用"他这个好花"回指"他好花"。

清末民初"S这个VP"与"S这VP"两个格式是并存的,两者都是回指性的。

不过,这一时期我们没有看到这种嵌入"这/这个"的格式在动词后做宾语的例子。因而"S这个VP"与"S这VP"只能看作指称形式,很难说它们是名词化形式。

主语与谓语之间嵌入直接用"这"是现代北京话才有的。"S这VP"是"S这个VP"脱落了"个"的产物。经历了下述演变:

$$主+这个+谓 > 主+这+谓$$

当代材料里,"S这VP"如果是非回指性的,不能把"这"换成"这个",而回指性的"主+这+谓"中的"这",仍可以换成"这个"。

不过值得注意的是,上面《京语会话》这两例的"S这个VP"和"S这VP"都不指称具体行为,而是一种惯常性行为,而提及一个已经叙述过的具体行为是用"这们一"或"这一"。但是,用"这们一"或"这一"来提及一个已经叙述过的具体行为仍旧是一个陈述而不是指称。例如:

(35)小文子儿的媳妇听见自己当头人也进了衙门啦,心里一难受,回到自己的屋子里,数数落落的就哭起来了。一边儿哭,一边儿骂小脑袋儿春子。他这一哭不要紧,招的额大奶奶也哭起来(同是一哭宗旨各有不同)王亲家太太一瞧婆媳彼此这们一哭,可真急啦,……(《小额》)

(36)额大奶奶一听,立刻慌啦,说:"别加呀。你瞧老仙爷刚给治的好点儿(皆因是治的好点,才要走呢),这是怎么说? 千万可别走,您要行好,行到了儿。"额大奶奶撒开了这们一挽留,老张说:"既然我们太太这样儿的留你,你就待两天再走。"(《小额》)

(37) 再说王大狗子辞别了田先生,赶紧到了额家。额大奶奶给王亲家这们一道谢,说:"让亲家老爷分心受累。"(《小额》)

(35)是指前文里叙述过的行为,(36)是叙事语篇里指称言谈现场实际发生的情形,(37)则指下面要说到的行为。"这们＋一＋动词"与"这＋一＋动词"的区别在于,后者的指称性更强,往往使整个小句成为条件或话题。例如:

(38) 您今天这一来,未免太周到啦,倒教兄弟实在抱愧的很呢。(《京语会话》)

(39) 小额是个火毒内郁的症候,再说小额虽然是个阴亏的底子,身子还不算十分的虚,又搭着七天没见大外啦,哈哈,这剂药吃下去,真不亚如火上浇油。到了揸黑儿时候儿,小额又催着煎二煎,于是二煎药又吃下去啦。喝,吃下二煎药去,待了会子,天也就有八点多钟,老先生就吃不住劲啦,疙瘩也疼,心里也闹的慌,浑身也发上烧啦,口干舌燥,直点儿的想水吃。小额这一闹不要紧,额大奶奶可真毛啦。(《小额》)

(38)指言谈当下发生的行为;(39)是回指前文里叙述过的行为。

这类用法是一种弱化谓词形式(参看第七章),一直沿用至今。在当代北京话里,"这＋一＋动词"可以形成一个话题性的非自立小句,例如:

(40) 隆裕一琢磨,得了,念你李莲英对我还算恭敬,给你分套房子,就在京城养老吧。于是就有了这座北长街的李莲英故居。房子是不错,装修也够档次。但李莲英为什么要搬到西棉花胡同呢?因为他怕惹事儿。李莲英这一退休啊,正应了那句话,墙倒众人推,是破鼓万人捶呀,没靠山了。(《这里是北京》)

我们认为,当代北京话"S 这 VP"指称具体行为来源于"主语＋这＋一＋动词"。其中的"这",语音形式是 zhèi,不是 zhè,这个读音透露出应该是"这"与"一"合音而来的。与北京话回指性的(anaphoric)名词短语里的"这"语音相同。

8.4 小结

历史上,在主谓陈述小句里嵌入指示词这种句法变形手段古已有之,即"主-之-谓"结构。这种结构可以做主语,也可以做宾语。例如:

(41) 人之爱其子亦如余乎?(《左传·昭公十三年》)

(42) 不患人之不知也,患不知人也。(《论语·学而》)

现代北京话的"S 这 VP"与古代汉语的"主-之-谓"结构之间没有直接的承袭关系。关于"主-之-谓"结构,王力先生(1980:397)认为"在中古以后,口语中渐渐丧失了这种结构,只有古文作家模仿这种结构写成书面语言。大约在口语中的'的'(底)字产生后,这种结构就在口语中绝迹了。"也有学者认为"主-之-谓"结构在西汉初年大大衰落,南北朝初期已在大众口语里消失(王洪君,1987)。不过,"主-之-谓"结构的存在至少说明,嵌入指示词这种句法手段是汉语里固有的结构形式。

值得注意的是,古代汉语"主-之-谓"所表示的"事件"要么是交际双方已知的,要么是交际对象根据"言语语境""物理语境"或者自己的"百科语境"可以推知的(参看李佐丰,1994;洪波,2008)[②]。古汉语"主-之-谓"结构与当代北京话"S 这 VP"在语篇分布上具有一定共性,都用来表现已知信息(given information)或可激活信息(evoked information)。

尽管从古至今,汉语语法系统都允许动词直接拿来用作指称,但是古今都存在通过改变句法形式来指称行为的结构。无论是古代汉语用"之"还是现代书面语用"的"[③],以及现代北京话用"这",这种句法包装在篇章功能上具有一致性。

第八章 行为指称与话题结构

附 注

① 《京语会话》是清末民初的汉语教科书。相关历史背景可参看张美兰(2006)。

② 早期的讨论主要针对带主谓结构有"之"与无"之"在句法属性上有什么差别,吕叔湘先生(1943/1982)、王力先生(1980、1984)认为,"之"的作用是取消句子的独立性、化句子为词组。朱德熙先生(1983)认为,"之"的作用是使谓词性的主谓结构转化为名词性的偏正结构,"之"是一个名词化标记;后王力先生(1989)也持名词化说。宋绍年(1998)认为,"之"是自指化的形式标记,"之"字结构是自指化的主谓结构。李佐丰(1994)采用"指称化"的说法。余霭芹(Yue,1998)认为"之"是定语标记。近期的研究主要集中在讨论这类结构的信息属性,以及"之"的性质是指示词还是定语标记。余霭芹认为"之"是定语标记;张敏(2003)认为"NP之VP"出现在战国金文、《尚书》和《诗经》中,即春秋战国时代已经存在,仍可视为指示词。洪波(2008、2010)提出,"之"是从指示词而来的定语标记,只是语法化还不够充分,使用这类结构指称的行为具有较高的可及性。沈家煊和完权(2009)认为这类结构的"之"仍是指示词,"之"的作用在于提高"指别度"。

③ "NP+的+VP"主要用来指称行为,并且多数是已然事件,在篇章中表现出明显的回指特点。据詹卫东(1998)考察,做主语的"NP+的+VP"偏正结构都是回指上文的陈述。做宾语时,"NP+的+VP"有的是回指上文的陈述。59个例句中有20例是明确回指上文的,其他非回指的"NP+的+VP"都不是从交际角度讲的严格意义上的新信息。显然,这个特点与古汉语的"主-之-谓"和本章讨论的B式具有一致性。

第九章　人称代词的功能扩展与去指称化

9.0　引言

在近代以后的材料中,人称代词已经发现有某些虚化用法,比如第三人称用作虚指宾语,第二人称用作虚指(参看吕叔湘,1985b)。

以往的研究中,已经有不少研究注意到在口语中人称代词的非典型用法。像第一人称复数指说话人自己,用以表现"自谦"。例如:"我们认为这样做不够稳妥"中,用"我们"指说话人自己。

再如,"人家"本来是用作指称说话人和受话人之外的第三方。但是,在对话当中可以指称说话人自己,用以表现说话人的负面情感(详见张伯江、方梅,1996/2014)。例如:"你怎么才到啊!人家等了半个钟头了。"

这种用法表达了说话人的立场、态度和感情,是在话语中留下的"自我"印记。这种主观性表达虽然没有采用专门的结构形式编码,但是采用了一种超越常规的形式,而获得主观性的表达解读。

互动交际中,说话人可以用明确的语言形式表达对受话人的关注,这种关注可以体现在认识意义上,即关注受话人对命题内容的态度,还体现在交际的社会性方面,即关注受话人的"面子"或"形象需要"。说话人为了照顾受话人的感受而采用的编码策略是语言中交互主观性(intersubjectivity)的体现。一个语言形式如果具有交互主观性那么也一定呈现主观性。一个形式如果没有某种程度的主观化,就不可能发生交互主观化现象,交互主观化总是蕴涵着主观化。交互主观化与主观化的区别在于,主观化使意义变得更强烈地聚焦于**说话人**,而交互主观化使意义变得更强烈地聚焦于**受话人**(参看 Lyons,1977;Stein and Wright,1995)。

与非互动的交际相比,互动交际为主观化和交互主观化提供了更多的可能。代词的虚化往往伴随主观化和交互主观化。出于关注受话人的心理感受,用包括式代词"咱们"将"我"与"你"的对待关系,变为具有同一立场和视角的关系,达到拉近心理距离的作用,从而获得"亲近"的情感解读。例如,(成年人对小孩说)"咱们都上学了,哪能跟他们小孩ᵧ争玩具呀。"用包括式代词单指受话人,来拉近心理距离。

上述用法,人称代词虽然发生功能扩展,但是还没有超出指人这一基本指称范畴。下面要讨论的北京话人称代词可以不用作指人,甚至可以不用作指称。同时,其功能也从句内扩展至句与句之间;从指称言谈参与者,发展为表现篇章关系。人称代词的虚化因人称不同而呈现出程度差异,指称言谈参与者的代词虚化程度要低于指称非言谈参与者的代词。人称代词与指示词同属于直指系统,人称代词的虚化与指示词的虚化具有相似性。

下面从三个方面讨论互动交际中人称代词的功能扩展和虚化:

(一)指称功能的扩展;

(二)去指称化;

(三)去指称化与直指系统的对应性。

9.1 指称功能的扩展

人称代词的基本功能有两个方面:1)指语篇前言/前文里的对象或

言谈环境中的对象。2)指前言/前文所述命题。第一人称和第二人称代词是直指性的(deictic),指称话语情境(discourse situation)中的人。第三人称代词可以是直指性的,也可以是回指性的。

9.1.1 指人

9.1.1.1 "你"的非人称用法(impersonal use)

吕叔湘(1985b:21)曾经指出,"你"有泛指用法,"泛指'人家'或'人们'"。所举的例子除了《老残游记》、《红楼梦》之外,都是当代的用例。[①] 如:

(1) 麻搭着脸的售货员,你上班他也上班,你下班他也下班。(北京晚报,1982.11.2)

我们觉得,这里"你"虽然是泛指,但是仍然具有人物定位的作用,是与实指的"他"对待而言的。

赵元任(1968)曾经讨论过"你"的非人称用法。例如:

(2) 有些问题啊,你得想好久才想的出办法来呐。

(3) 那小孩闹得叫你不能专心做事。　(引自赵元任,1968)

这类"你"不确定指某个对象,泛指人。

Biq(1991)认为,这类"你"是照相式的生动而直接表达,作用在于让受话人进入说话人描述的情境(described situation)。例如:

(4) 在中国他不像美国,这样一套,你$_1$必须,哦,这个,是吧,多少几百门功课,都都,拉丁文等等,都念通了,你$_2$才有资格当一个医生,比如说你$_3$这个人不会别的,但是会一些很基本的这个卫生知识,会接生,那么你$_4$就可以作为一个接生的医生,是不是? 你$_5$并不需要知道这个心脏病,或者其他的东西,是不是? 所以,所以你$_6$要把每一个人都能训练得所有的病都能治,实际上是一种浪费。(引自 Biq,1991)

其中,人称代词的所指分别为:

他:中国的情形

你$_1$/你$_2$:美国医疗体制中的一个人

你$_3$/你$_4$/你$_5$:中国农村医疗赤脚医生体制中的一个人

你$_6$:中国医疗教育体制中的任何一个人

这种"你"人称代词的直指性淡化了,但是保留了说话人视角。

Biq(1991)还指出另一种虚拟角色用法(dramatic use),即用人称代词构筑一个虚拟角色关系,类似书面语引号中人物的关系。与话语情境中的指称关系完全不同,这时候的人称代词是非直指性的(non-deictic)。例如:

(5) 当然这里面有一个问题就是,有人呢他可以觉得反正我也得分粮食,他就不好好干活,这个就得靠思想教育,不能靠强迫,也不能靠一种威胁的办法。你不好好干活就让你穷下去没饭吃,就靠大家自觉。(人物 X:我;人物 Y:你)

Biq 认为上例中的"你"完全从指称框架里游移出了,可以把"你"换成"你们"。

另一种情形是,所指对象相同,但有时用"我",有时用"你"。例如:

(6) 反正我们那,那老老太太就是脾气大,那会儿都,好那会儿都有脾气,不照这会儿工商户似的,好,儿媳妇都随随便便的。那会儿,都脾气大着呢。我乍一过门儿的时候,什么都不敢说。你要好比是住家去吧,这会儿走时候儿,还得给磕头。你要好比结了婚以后哇,住家去了,住家去回头得先得给婆婆磕仨头给你几天是几天。说给你五天,你就得五天,你就得回来,你要不回来就不成。

这里的"你"指说话人自己,但是不指现实世界中的对象。代词的换用,主要是表现非现实情态的需要。

吕叔湘(1985b)注意到"你"可以指说话人自己,但仅举两例,没有

9.1 指称功能的扩展 167

做进一步分析。一例是引语形式,如(7);不用在引语中的用例,举了一例,如(8)。(体例从原著):

(7)(贾蓉)又自己问着自己:"婶娘是怎么待你?你这么没天理,没良心的!"(红 68.14)

(8)长得漂亮点又成罪过了,人们围你,追你,你心肠好点,和他们亲热些,人们说你感情廉价!你不理他,他闹情绪了,又说不负责任!难道这一切都怨我吗?(邓友梅,在悬崖上;前说"你",后说"我")

前一例"自己问自己"是虚设了一个人物作为说话人自己的对立面;后一例是说话人将自己置身于自己经历的事件之外。上面这两例提示我们,"你"指自己是说话人站在对方或者旁人的立场上说话,实际是一种"移情"用法。既然是"移情",都是非现实性的。

下面讨论的"你",更虚,仅仅是一个虚设的人物角色。例子中的"你",没有办法与任何现实人物挂上钩,也不用来区分故事中的人物,仅仅是用来虚设一个对象:

(9)就是我们单位吧,现在什么,带什么青年工人啊,没有娱乐的。就是什么工作啊工作,连个休息日都没有,就一年三百六十五天吧,就这节假,节假日有休息的,平常没有休息,<u>除非你/*你们请假</u>,就刨一天钱,跟退,那临时工一样。

(10)现在呢,就是这社会呢,大米白面吃着,啊,都是要是比那会儿呢,不是强多了吗,啊。你说这,儿女呢,也都有工作了。我呢,退休了,有劳保了,啊,然后然后一个月给我几十,什么也不干,这不是挺好的事情。<u>你要那会儿,你老了,谁给你钱。你有力气,人用你,人给你钱,不用你,给你什么钱呢</u>。

(11)我身体不成,你看多瘦!我是胃肠胃不好,心脏最近又,所以年岁又大,心脏又不好,开车不成。我自己我知道,哎,这东西,你要自己不知道自己的身价呀,你待会儿给给领导造成,找麻烦,你开着开着车,你待会儿净给别人找麻烦,出勤率不高,这玩意儿不麻烦吗?哎,这司机这工作啊,不同于咱们其他工作,司机这工作就是精气神儿,差一丁点儿不灵。

上面三例中的"你"指说话人自己的时候,都与表示假设条件的连词共现,如例(9)的"除非"、(10)和(11)的"要"。"你"用来辅助表现非现实情态。

吕叔湘(1985b)曾提到"你"有虚指用法。如(例引自吕叔湘,1985b:28,体例从吕原著):

(12) 任你随情多快乐(敦录,光94)

(13) 许来大个东岳神明,他管你什么肚皮里娃娃。(元8.2.5)

我们上面讨论的"你"与吕叔湘(1985b)所说的"你"虚指有所不同。吕叔湘(1985b)中虚指的"你"与前面的动词结合是高度熟语性的,多数是跟"任、凭、随、饶"这组同义词相连。我们认为,这类"你"应该算作"任指"更好一些,因为其中的指称对象虽然虚化,不再对应于任何言谈或者话语中的角色,但是还是有所指的,即指"任何人",因而才会有上述搭配上的限制。我们上文讨论的"你"用作非现实情态句,其中的"你"在指称属性上仍然保留了"个体性"意义。因而,它除了用于非现实情态句这一谓词方面的条件之外,在词汇搭配上并没有特别的限制。

9.1.1.2 "他"回指类指名词

"他"不是一个实在的第三人称单数代词,"他"的照应成分是一个具有类指(generic)意义的名词短语。此处"他"的作用与典型的第三人称代词所表达的同指关系(co-referential)不同,语义上已经泛化。例如:

(14) 你比如说你跟着那种水平不高的英语老师,他根本不知道那个纯正的英语发音,他英语语法也不怎么样,你就全完了。

(15) 你站在大街上总能看见<u>那种不管不顾的人</u>,<u>他</u>看见红灯就跟不认得似的,照直往前骑,你当警察要爱生气得气死。

如果把这两例中的主语"他"换成表示第三人称多数的代词"他们",句子反而不能说了。

"他"的回指对象可以是类指的"那种+名",如(14)、(15);也可以是类指的光杆名词,如(16)。例如:

(16) 马:就是说<u>国产</u> <u>他</u>还上门服务,你就不用跑了。

张:对..一年之内,一年之内<u>他</u>是上门服务。国内品牌就是说..现在有时候虽然说..质量好像不是很..说性能不是很稳定,但<u>他</u>售后服务确实要做得要好一些。

"他"指称属性的非个体化是虚化的基础,在现代口语里可以看到"他"不指个体对象的例子,例如:

(17) 张:那里面全是人,西单图书大厦里面全是人。

马:不是..你碰到<u>那种签名的</u>了吗?现在不是有<u>很多名人</u>,<u>他</u>要卖书的话..

郭:哦..[签名售书]

"他"不指个体对象在清末民初的口语材料里已经能看到,可以看作虚化的早期用法。例如:

(18) 再若是一开五金的矿产和煤密甚么的,<u>所有那无营业的穷民</u>,都可以到矿厂地方儿做工去,就都能挣吃挣穿的了,<u>百姓</u>既有衣食可靠了,<u>他</u>也就知道顾惜体面,爱惜性命,不敢犯法了。(《谈论新篇》[②])

(19) <u>这会儿的人</u>都是势力眼,见人穿的阔,那不是个剃头修脚卖水烟的,<u>他</u>也狗颠屁股三儿的,恨不的管人家叫干爸爸,要是穿的不是那们回事,就是<u>他</u>亲爸爸,<u>他</u>也要高扛着脸儿瞧不起,(《京

语会话》③)

(18)的"百姓"并非个体名词,但是用"他"回指;(19)显然"这会儿的人"是类指,也用了"他"。(18)、(19)的差别在于,前者可以换成"他们",后者不能。

9.1.2 指命题

这一类"他"的用法与前几类不同。"他"不指代名词性对象,而是指代上文已述命题。例如:

(20) A:老大跟老二打起来了。

B:别管他,咱们聊咱们的。(例引自袁毓林,2003)

这种用法也是语篇用(textual use),只是以往研究中关注较多的是指示词"这(个)""那(个)"的语篇用。

表 1　功能的扩展

	直指	虚设/非人称/指人	类指/回指/指人	命题/回指/指事
我	＋	－	－	－
你	＋	＋	－	－
他	＋	＋	＋	＋

9.2　去指称化

人称代词的去指称化是指人称代词不指称任何语境中的实体,也不回指称篇章中的对象。这类现象有别于上面所说的虚拟角色用法(dramatic use)。虚拟角色用法仍然有指称对象,可以用"你们"去替换。另一方面,代词的位置在句首,而不是在动词后,而且不需要专门与某类动词或介词搭配使用,这与近代汉语的情形也很不同。

人称代词不用作指称,有两类情形,一类是与一个名词性成分相关,这里暂且称为"涉名"功能;另一类是与一个小句相关,这里暂且称为"涉句"功能。

9.2.1 涉名

不指称任何语境中的实体,也不回指篇章中的对象。但是保留了代词的"饰名"特征,类似指示代词的认同用(recognitional use),作用在于激活言谈双方的共享知识。用在句首名词之前,引入一个话题性成分。语音上保留原来的声调。

1) 人称代词的使用并不用于指称,也不用于指别,仅仅用作激活听话人的共享知识。

(21)[讲述者自己就是满族人]这现在呀,就是这样儿,你现在北京里头,他这个满族也还有不少人家儿,……

2) 用"你"和"说、像、比如"等一起引介一个新话题。

Biq(1991)认为"你"的这种用法主要是用在一段谈话的开始,作为附加语,引起受话人注意。我们认为,"你"用于引入受话人新信息。

(22) 厂子这么多年不景气,我已经没什么收入了。你国家不管我,我找谁去啊。

"你像/比如/好比"引入话题性强的成分。例如:

(23) 教育是吧。教育,从我们家里来看,他都是老家庭啊,他都有点儿那个,你说是孔老二的,还是封建的那个,甚至是啊,礼教哇,他都比较是什么。你比如像,哦,出去了,上班走了,下班回来,跟老人、跟家里人打个招呼,是不是啊。什么,"爸爸妈妈,我回来了,我走了。"哎,这都是好像是比较习惯,比较,有这个规矩。从老,从,嗯,从我记事儿以后,上学,父母,就是这样儿习惯了,家里。嗯,另外呢,就是说,这,你像我们老人,年岁这么大了,哈,都九十四了。这应该说现在活到这么大岁数儿是比较少的,是哇,少的。

嗯可大家还都可以,是哇。无论他儿子啦,孙子啦,这对老太太还可以。我觉得这个呢,也和过去这个基础的教育分不开的,啊。你像现在这年轻人将来对老人哪,反正我看,就比较,得,得,得,打点儿折扣了,是哇,打点儿折扣了,差点儿了就。他没有受到这种程度啊,是哇。现在虽然这么讲文明礼貌,也是五讲四美也好,但它毕竟在这个问题上还是解决不了,这个问题。小的儿对老的儿来讲,那,我个人体会得比过去是差得,差得多了,对不对小的儿比老的儿差多了。哦,所以我呢总这么想,像过去孔老二的一些东西呀,还有必要,去粗取精吧,是不是?有一些好的这个思想还是应该,应该继承,还是应该发扬,应该给青年要灌输这个东西。

"他"用于引入受话人旧信息,或话题性弱的成分。"他"后面的名词性成分作为一个对比项出现,如(24)。如果仅仅引入一个新话题,如(25),不能用"他"。

(24) 我现在学生可以这样。就说,我练初级训练跟这电脑约,我练完了初级训练,按道理呢应该在哎..四十天之内完成,他/*你有的确实困难,可能在六十天内完成。

(25) 你/*他/*我就说那些闹的小孩儿吧,实际上都特别好。

9.2.2 涉句

形式上看,这些用法的代词语音弱化,一律说成轻声[④]。一类用在句首,表示对比或转折。另一类用在动词后,也被称为"占位宾语"。

9.2.2.1 对比或转折

(26) 四爷,您这可是积德行好,赏给他们面吃。可我告诉您,他/*你眼下这路事儿太多了,实在是太多了,咱们管也管不过来。(《茶馆》)

(27) 您瞧我这小辫儿不顺眼,他/*你我还不顺心呢!(《茶馆》)

这类不用于指称的人称代词必须轻声,非轻声的形式是同位结构。如上例中的"他"。再如:

(28) 马:签名售书。

张:没有。

马:没有吗?

张:但是..<u>他西单图书大厦</u>现在不是搞全场九折嘛。

同位结构的"人称代词+名"可以将人称代词与名词位置互换,不用于指称的轻声的人称代词不能放在名词后。

9.2.2.2 非现实情态

当"他"用作动词后的占位宾语的时候,整个谓词部分必须是未然事件。

(29) a.那老爷子<u>吃了</u>他/你/我三天三夜 ("他/你/我"指受损者)

b.那老爷子<u>吃</u>他/﹡你/﹡我三天三夜 (无受损者)

(29)a 句表达已然事件,人称代词都是实有所指的。b 句做未然情态,用"你""我"都不可接受,用"他"可接受,但无所指称。当动词为不及物动词时,a 句表已然的不能说,b 句做未然情态可接受。

(30) a.﹡那老爷子<u>玩了</u>他三天三夜 (无受损者)

b.那老爷子<u>玩</u>他三天三夜 (无受损者)

再看"他"非指称用法的较早形式。这类非指称格式近代汉语已经存在。在《近代汉语指代词》里吕先生把虚指的"他"分三类,并认为近代汉语产生的虚指的"他"是由**指事**的"他"引申而来的。这三类是:第一,多用作"与"或"给"的宾语,如"给他个闷睡"。第二,指人或指物的"他"用法扩展的结果,如"画他几枝"。第三,与"他"指事的用法不同,它所指的事物不在前头而在后头,空空洞洞无所称代。如:"凭他甚么为难的事,你自说,我有主意"。(下例引自吕叔湘 1985b:28—29,体例

从吕原著)

(31) 我遣汝早去,因何违他期日?(句道兴搜神记 118)

(32) 莫如给他个不说长短,不辨是非。(儿,30.30)

(33) 今夜里弹他几操,博个相逢。(董西厢 138)

(34) 今日歇他一日,明日早下山去。(水,34.4)

吕著指出,(31)、(32)中的"他"初一看好像指一个人,而仔细一想,可实在说不出这么个人。(33)、(34)虚指的"他",形式上或许可以解释为双宾语结构,但是要从"他"的作用看,既然无所称代,实在是前面动词的附属物。"他"前面的动词是单音词,这个"他"可以凑一个音节,这种用法跟古代的"填然鼓之""浡然兴之"的"之"可以相比。

9.2.3 去指称化的句法限制

发生去指称化存在一定的句法限制:一是复数;二是同位指称结构的后项位置。

9.2.3.1 复数

"-们"系代词在指称上虽有变异,但没有非指称用法。

(35) 我们认为这样做不够稳妥。(复数代词的单数用法,指说话人自己)

(36)(成年人对小孩)咱们都上学了,哪能跟他们小孩儿争玩具呀,是不是。(包括式代词的单向用法,指听话人)

9.2.3.2 同位指称结构后位

首先,同位指称结构中,没有"人称代复数+专名"的形式。(参看张爱玲,2006)

名词后位置,要求代词与名词同指;但是名词前位置,代词与名词不一定同指。

(37) a.我厂长不能擅离职守啊。[同指,指发话人]

b.厂长我不能擅离职守啊。[同指,指发话人]
(38) a.你厂长不能擅离职守啊。[同指,指受话人]
b.厂长你不能擅离职守啊。[同指,指受话人]
c.你厂长不能擅离职守啊。[你=?,"厂长"非受话人]
d.厂长你不能擅离职守啊。[同指,非受话人]
(39) a.他厂长不能擅离职守啊。[同指]
b.厂长他不能擅离职守啊。[同指]
c.你行,你有人管。他我们厂早就关门了,我上哪儿要供暖费去啊。[非指称]

于是,我们可以看到用在非指人名词前,"我"要对应于言谈角色,"你"和"他"可以不对应于言谈角色。

(40) 你北京现在整个一个"首堵",就这种管理水平还办奥运会哪![受话人不是北京人]

(40') 我现在学校可以破格录取特长生。[发话人是学校校长]

这里"代词+指人名词"中的代词不具指称性。或者说,人称代词的直指功能多于指称功能,只不过直指功能从现场言谈语境,延伸到篇章语境。

9.2.3.3 同位指称名词的描述性

典型同位结构的前项与后项指称同一个对象,但是,同位结构具有特殊的语用价值。例如:

(41) 我觉得这个,哦。但是,现在能不能在我们今后的几代的里边儿的脑子里边儿都能记住这个,党的这个,最大的这个,这个跟头栽的,是不是啊? 能不能都能记住,这点很重要,是不是啊? 这点儿很重要。谁也没有,去给它算,是不是啊? 整个说死了多少人,<u>国家</u>最后拿出多少钱来落实政策是不是啊? <u>你国家</u>现在拿出钱来落实政策,你也是一部分,是不是啊?那些过去你抄的那些个值钱的东西,国宝那什么,那现在国家你没,没,没法儿去计算。所以在经济在政治,在各方面的损失,现在都是无可估量的。

黄瓒辉(2003)对人称代词与名词构成的同位结构的考察发现,"人称代词+名词"是 NP 特征凸显式,用于强调对 NP 的不屑、不满或怀疑情绪,如"他王小波真有那么坏吗?"。而"名词+人称代词"是 NP 特征淡化式,用于听说双方熟知的第三者,表达一种随便的语气,如"厅里的事尹玉娥她都知道。"郭圣林(2007)对"NP+我"与"我+NP"的这一对同位结构的分析认为,"人称代词+名词"中的名词,除了称谓性之外,还可以提供描述性内容,名词性成分中的修饰语可以提供新信息,具备述谓意义,人称代词与名词之间相当于主谓关系。如"我一个三十多岁的名不见经传的毛头小伙子"中,"一个三十多岁的名不见经传的毛头小伙子"是对代词"我"的描述。而"名词+人称代词"里的名词只具备指称性,不具备描述性。

也正是由于这个原因,"人称代词+名词"中的名词性成分含有复杂修饰语的时候,人称代词进一步虚化受到了限制。我们对非指称性代词的考察发现,如果同位性指称名词具备描述性,前面的代词就不会出现非指称用法,如"他一个三十多岁的名不见经传的毛头小伙子"中的"他"。

9.3 去指称化与直指系统的对应性

9.3.1 去指称化与言谈角色的对应性

去指称化与言谈角色的关系可以从两方面来考察:

1) 角色关系与篇章功能
(a)言谈角色→篇章角色(对比性话题、对比性命题)
(b)现场角色(你)→句际
　　非现场角色(他)→句内
2) 语用角色的投射
我:指个体对象
你:指个体对象→指虚设对象
　　　　　　　→导入一个话题
他:指个体对象→指虚设对象
　　回指个体→回指类别→回指命题
　　导入一个话题→导入一个命题
"你""我""他"三身代词功能扩展的程度不同,如表2所示。

表2　北京话人称代词的功能扩展

	句内	句际
第一人称	＋	－
第二人称	＋	－
第三人称	＋	＋

"我"最保守,"他"的用途最广泛,"你"介于两者之间。"你"虚化,但是都作用于名词,没有超出与名词相关的范围。"他"虚化,不仅作用于名词,还作用于小句。

9.3.2　与直指系统的对应性

9.3.2.1　指示词的虚化

"这"在篇章中的功能和浮现用法与"那"的差别十分明显(见第七章)。可以概括如下:

表 3 "这"与"那"的对比

	话题标记	名词化	定冠词	连词
这	＋	＋	＋	－
那	＋	（＋）	－	＋

例如:

(42) 这也想买,那也想要。 (认同用)

(43) A:听说你揍过她?

B:揍,这你也听说啦? (回指;指命题)

(44) A:其实这菜并没有什么了不起,叫蚂蚁上树,上树啊。

B:这上树是怎么回事? (回指;话题标记)

(45) 她这不吃午饭有一年多了,也不完全为了减肥。 (行为指称)

(46) A:就听"扑通"。

B:深。

A:就冲这深…… (定冠词用法)

B:跳。

A:不跳!

"那"的功能有三:

1)指称个体,如(47)。

(47) 这也不喜欢,那也不喜欢,你到底想干什么啊!

2)回指命题,如(48)。

(48) 这御厨一想啊,呦,这个老佛爷要吃这个窝头啊,那可得小心点儿,不能乱做。

3)"那"用作连词是新的用法。在《现代汉语词典》(第 5 版,商务印书馆,2005)中,"那"标注了两个词性。那$_1$:指示代词;那$_2$:连词,跟

"那么₃"相同。如:"你不拿走,那你不要啦?""那"表示结果、判断。可以与"那么"换着用。例如:

(49) 那么:这样做既然不行,那/那么你打算怎么办呢?
如果你认为可以,那/那么咱们就赶紧办吧。

归纳起来看,北京话指示词的虚化有这样一个倾向:

近指代词 > 涉名
远指代词 > 涉句

9.4 小结

指示词与人称代词的虚化的共性在于,距离言谈中心越远,其功能拓展越宽。

就人称代词而言,称代言谈参与者的代词,功能虚化后,仍然是在句子内部;称代言谈参与者之外的人的代词,虚化后功能扩展到超越了小句的范围,扩大到句与句之间。

言谈参与者代词 > 句内功能
非言谈参与者代词 > 句际功能

从推理关系的角度看,指称言谈者自身的代词"我",只用来表现现实情态,言谈者之外的其他指称可以用来表现非现实情态。这也是对直指关系的隐喻,可以概括为:

言谈者自身 > 现实情态
言谈者之外 > 非现实情态

再看指示词。

单个的"这"和"那"在指称功能上是不对称的,话语中用"这"表现"相关性"。表现在三个方面。

1) 新的谈论对象第一次被引入谈话作为话题时倾向于用"这"。

2) 保持话题的连续性倾向于用"这"。

3) 引入对比性话题，着意表现"不同"的时候用"那"，不用"这"。表现"相关性"的功能也是"这"定冠词用法的基础。（详见第七章）

同样是用作回指，并非可以自由换着说。比如：

(50) A：听说你揍过他。

B：揍。<u>这</u>你也听说啦？

A：要是闹出人命来，<u>那</u>可不是闹着玩儿的。

这一例的"这"就不能换成"那"，"那"不能换成"这"。用"这"倾向于回指现实性陈述，包括惯常行为。而用"那"的回指往往是有条件的，用于指虚拟性假设或主观意愿，而非事实。更多统计分析可参看杨玉玲(2006)。这样，我们也就可以理解为什么"那"发展出了连词的用法，而"这"却没有。

因此，从指称对象的扩展看，存在对空间关系的隐喻：

空间距离的"近/远" > 指称关联性的"近/远"

指示词一方面是区分空间距离的"近"与"远"，同时，也是直指系统中用来区分言谈现场的对象"可见"或"不可见"的手段。而这种关系投射到指称对象，则表现为对所指对象的现实性程度的区分。即：

空间关系的"可见/不可见" > 回指对象的"现实/非现实"

就指示词功能的扩展而言，近指代词的功能仅仅限于与名词相关的范畴，远指代词的功能则扩展到系连句与句的关系。这实际体现了距离言谈中心近的词恪守指称性范畴，距离言谈中心远的词，功能扩展到推理性范畴。

空间的近/可见 > 指称关系

空间的远/不可见 > 推理关系

Siewierska(2004)曾指出，跨语言看，人称的指称泛化，即指称对象扩大到原来的指称范围以外或者衍生出其他功能，多发生在复数人称(Siewierska,2004:210—211)。不过,她所例举的现象多为那些存在句法一致关系的语言。而我们对北京话的考察发现,复数和单数人称代词都有泛化现象;复数虽然指称对象扩大,但是仍旧在"指人"的范畴之内。而单数的泛化则走得更远,可以不指称人,其虚化路径与指示代词具有更多的相通之处,反映出直指系统的某些共性。

附 注

① 吴福祥(1995)对敦煌变文的考察发现,"你"在变文中就有"活用",有三种类型:1)"你"转指第三人称,用在引语里,指称对象不在说话的情景之中。2)泛指"人们""人家"。3)虚指,用在"饶你""任你"这样的环境下。

② 《谈论新篇》是清光绪年间的汉语教科书。详见第五章附注①。

③ 鲜文大学校中韩翻译文献研究所印《京语会话》,据鲜文大学中文系朴在渊《关于〈京语会话〉的几点说明》介绍,《京语会话》"大约成书于20世纪第二个十年中期至20年代之间",辛亥革命以后1920年前后写成的一部中国语会话书。由121组对话构成,分情景会话和主题会话两类。这本书原来在中国,是为中国人而作的,后来传到韩国。另可参看张美兰(2006)《清末民初北京口语中的话题标记——以100多年前几部域外汉语教材为例》,《世界汉语教学》第2期。

④ 以往讨论虚化所带来的轻音,无论是在词的层面还是短语结构的层面,没看到前附的。林焘先生(1962)《现代汉语轻音和句法结构的关系》一文里说:"结构轻音绝对不能放在句首,语调轻音则可以放在句首",而这里句首的"他"属于结构轻音。感谢张伯江教授提示这一点。

第十章 "里"从空间表达到时间表达

10.0 引言

据赵元任(1968)《汉语口语语法》和吕叔湘(1965/1984)《方位词使用情况的初步考察》的描写,"里"之类单语素的方位词是黏着的,一般跟在名词的后面,不单用,除非是在"往"等表示方向的介词后面。《现代汉语八百词》也基本持同样的看法。陈建民(1984)《汉语口语》等描写北京话的语法著作里有关方位词用法的描写与赵、吕著基本一致。但是据我们的调查,当代北京话里,单语素方位成分当中,"里"可以直接用在动词后面。例如:

(1) 甲:我出了永定门,站在桥头上一瞧这护城河呀,上边水往下边流,一眼看不到底。往后倒退三步,往前一跑一闭眼,就听扑通一声……
　　 乙:你跳里了?
　　 甲:我扔里一块砖头。　(相声)

这一章就讨论单语素方位成分"里"直接附着于动词后的现象。我们发现:

第一,直接用在动词后的"里"表现动态方向性关系,"动词-里"整体表现动作或状态的完成。在这个过程中,"里"的词汇意义进一步衰减,语法意义逐渐现出来。

第二,"里"的上述用法标志着单音节方位成分正在从名词的后附成分(后置词[①])向动词的后附成分演变。同时也意味着,这个方位词从表现空间关系进一步虚化为表现时间关系的成分。

第三,"里"的上述虚化现象是由语用因素触发的。

10.1 意义和用法

关于"里"的意义,根据现有的语法著述大致可以做如下概括。"里"的基本意义是"内部",跟"外"相对。可以指物理空间意义上的"内部",如:水里、屋里;也可以指事理空间的"内部"。比如指某个物理集合的内部,意思相当于"当中",比如:大学生里;还可以指事件或活动的过程当中或本身,比如:学习里(有哪些困难),生意里(的事情)等。[②] 我们认为,具体来说,"名词-里"组合的意义和功能具有下述特点:

1)静态性,表示范围,包括物质领域、精神领域、关系领域或时间领域等。

2)"名词-里"的所指范围是由"里"前面的名词来限定的,"名词-里"的整体意义可以通过组成成员的意义直接推导出来。

3)在语篇当中,"名词-里"本身可以用作指称。同时,也可以被"这/那里头"或者"里头"回指。

与此相对,"动词-里"组合具有下述特点:

1)动态性,"动词-里"表述一个过程,其中的"里"表示动词所述动作的运动终点。

2)"动词-里"的整体意义不是通过它的组成成员的意义直接推导出来的。

3)"动词-里"不可以用作指称。

下面分别讨论。

10.1.1 "动词-里"的动态性

以往的描写都指出,"里"可以用在"往"等表示方向的介词后面(参看吕叔湘,1965/1984;朱德熙,1982 等)。我们发现,除此之外,北京话里"里"还可以跟在"在"后面。这里,我们不妨把"里"的这些用法与它用在动词之后的用法做个比较。

第一,与动作动词共现。用于行为句时,在介词后面,"里"表示谓语动词所述动作的方向;用在动词后,"里"表示该动词所述动作的终点。

(2) a.*你往里蹦也淹不死你。

b.你蹦里也淹不死你。

c.你往里蹦蹦吧。

d.*你蹦蹦里吧。

e.你就在里蹦吧,蹦到死也没人理你。

f.*你蹦里,蹦到死也没人理你。

第二,与状态动词共现。用于状态句时,在介词后,表示谓语动词所述动作的范围;用在动词后,表示该动词所述动作是一个结果状态。

(3) a.故宫啊,皇上在里住,那时候。

b.*故宫啊,皇上住里,那时候。

(4) a.*甭管谁,只要一在里住就不想出来。

b.甭管谁,只要一住里就不想出来。

第三,当"里"用在动词后的时候,"里"表示的是动作的运动终点或者一种结果状态,所以"动词-里"出现的语句往往具有完成体特征或现实性特征。惯常体或未完成体的句子当中,不能在动词后面直接加"里"。这一点与"往+里"不同。例如:

(5)   A.   B.

  我们不能让您往里赔那么多钱。 *我们不能让您赔里那么多钱。

  人家不愿意往里收你。 *人家不愿意收里你。

  刚上车的同志请往里挤挤! *刚上车的同志请挤挤里!

  紧着往里拽,生怕让人看见。 *紧着拽里,生怕让人看见。

  刚要往里咽,忽然觉着味儿不对。 *刚要咽里,忽然觉着味儿不对。

第四,与"名词-里"比较。"名词-里"本身可以用作指称,并且可以用来回答针对处所题元的提问。但是"动词-里"不可以回答针对处所题元的提问。关于这一点,在10.2.1节详细讨论。

10.1.2 构式意义

我们认为"动词-里"整体上表达动态结果意义,即动作或状态的当事者或受支配者通过某种变化而达到某一物理空间或者达到某种关系的内部。"动词-里"的整体意义不能从它的组成成员(动词和"里")的意义直接推导出来。

第一,对"里"的所指的理解不是由言内语境(linguistic context)提供的,而是言外语境(extra-linguistic context),需要联系说话的现场、语境或者背景知识。

第二,"动词-里"的动态结果意义也不能从动词和"里"的意义相加得来。表现在:

1)"动词-里"具有较强的方向性表达功能,本身不具备方向性意义的动词在进入"动词-里"这个组合以后,"动词-里"整体可以表现当事者的位置变化。例如:

(6) a.你是什么时候住里的? （原来不在里头住）

  b.这猫怎么死里了? （死之前不在里头）

2)"动词-里"具有较强的完成体表达功能。例如:

(7) a.*我没打算跳里

　　b.我没打算往里跳

　　c.你如果 8 点来,我已经跳里了。③

　　d.*你如果 8 点来,我已经往里跳了。

"动词-里"具有完成体表达功能。在动词和"里"之间排斥时体标记。例如:

(8) a.扔里头一砖头　扔过里头一砖头　*扔里头过一砖头

　　b.扔里一砖头　*扔过里一砖头　扔里过一砖头

"动词-里"(如:跳里)与"介词＋里＋动词"(如:往里跳)意义上的区别与"动＋介＋名"(如:卖给你一所房子)跟"介＋名＋动"(如:给你买了一所房子)意义上的区别具有一致性。介词短语居后的时候,表示在动作作用之下达到的终点。介词短语居前,表示动作的预定目标,因目标总是在行动之前设定的。(参看沈家煊,1999a)

与此相应,"在＋里＋动词"(如:在里住)表示发生某种动作的空间范围,而"动词-里"(如:住里)则表示当事者改变了原有的存在空间之后,以某种状态存在于某处。因此,我们认为,从整体意义上说,"动词-里"与"动词＋介词＋名词"具有一致性,动词后的成分都表示运动的终点。这种意义表达上的一致性是语言象似性(iconicity)的体现,也就是说,语言结构成分之间的关系体现经验结构的关系(参看 Haiman,1980、1985)。

我们认为"动词-里"不仅因动态属性而区别于"介词＋方位词"和"名词＋方位词";同时,它的组成形式也具有一定的俗语性。表现在下面两点:

第一,"名词＋里"是"名词＋方位词"格式的一种情形,名词后位置除了"里"以外,还可以出现"上、下、前、后"等。但是,可以进入"动词＋方位词"格式的词非常有限,北京话里只有"里"。

第二,"名词+里"和"介词+里"的整体意义都可以从其组成成员的意义直接得出。比如"介词+里"的意义取决于"介词"的意义,"往、朝、向"与"里"组合,整体上表示动作的方向;"在"与"里"组合,整体上表示动作的范围。而"动词+里"具有更强的类推作用力。静态动词进入格式以后,整体上可以表示当事者位置的变化。同时,无论动态动词还是静态动词,与"里"构成一个"动词-里"以后,它所表示的完成意义,也是无法从成员本身的意义直接得出的。无论是位置的变化还是一个动态过程的完成都是一种动态方向性关系,这是"动词-里"有别于"名词+里"和"介词+里"所独有的。

因为"动词-里"具有上述特征,我们把它看作一个构式(construction)④。在下文中记作"动词-里",以区别于那些不具备构式特征的组合形式。

10.2 使用限制

10.2.1 终点题元限制

典型的"动词-里"中的动词为带有方向性意义的动词,"里"所代表的成分是终点处所。当"里"所代表的是一个终点处所的时候,"动词-里"当中的动词可以是不具备方向意义的动词,如上文中的例(6b)"这猫怎么死里了?"。

当"里"所代表的不是某个具体的处所,而是一个事件或受惠对象,即抽象意义上的"终点",那么"动词-里"当中的动词就必须是含有方向性义素的动词。

(9) a.这次安电灯,又是他老人家,忙前跑后的,噢,末了儿让人自己往里赔钱!
b.*这次安电灯,又是他老人家,忙前跑后的,噢,末了ㄦ让人自己往里用钱!
c.这次安电灯,又是他老人家,忙前跑后的,噢,末了ㄦ让人自己赔里那么多钱!
d.*这次安电灯,又是他老人家,忙前跑后的,噢,末了ㄦ让人自己用里那么多钱!

10.2.2 篇章限制

"动词-里"所涉及的终点题元表达的事物是在交际参与者的记忆中易于提取的信息,具有可及性(accessibility,⑤也有文献称"易推性")较高的概念成分。换句话说,"里"前头的成分尽管未曾出现在上文当中,但却是说话人和听话人双方的共享知识当中已有的内容,或者是易于通过共享知识推及的内容。这里包括三种情况:

第一,旧信息。用于前面言谈里已经有了与"-里"相应的"名词+里/里头",后续话语重提这个处所时。常常是前边用"里头/里边ㄦ"。例如:

(10) 甲:解放前您到过皇城里头吗?

乙:解放前我没到过,解放前,不,解放前也到过,您看您怎么说了,就是这个,这个故宫开放啊,成故宫那时候ㄦ,我就去了,就是说,很小我就去了,我就到里看看啦,转转,玩ㄦ玩ㄦ,都可以了,但是皇帝在里住的时候ㄦ那我进不去,……

第二,谈话人背景知识中已有的信息。虽然上文里没有与"-里"相应的"名词+里/里头"。例如(1)。

第三,存在于言谈现场可以通过手势、眼神等身体语言指示辨认的内容。

(11) a.(甲递给乙一个信封说)钱都<u>放里</u>了,一共五百。
b.(在垃圾桶旁边,母亲对孩子说)把不用的都<u>扔里</u>,省得老攥着。

结合"动词-里"对构式的语义的要求以及其使用对话语境的限制,可以说这个构式其实是终点题元名词脱落的结果。

10.2.3 韵律限制

"动词-里"构式内部结合得非常紧密,要求动词为单音节动词。例如:

(12) 单音节　　　　　双音节
捅里一团纸　　　*捅咕里一团纸
蹦里一癞蛤蟆　　*蹦跶里一癞蛤蟆
挪里仨椅子　　　*挪动里仨椅子

在口语里,"捅"与"捅咕"、"蹦"与"蹦跶"、"挪"与"挪动"三组动词,词汇意义相同,也都可以重叠。但是在与"里"共现的时候,双音节形式受到限制。"动词-里"中的动词为单音节,与"里"构成一个韵律紧凑的前重后轻的双音节组合。

10.3 "里"的句法性质

北京话的方位词有单音节和双音节两个平行的系统。单音节的方位词具有位置上的黏附性,在一些语法描述中,称作后置词。方位词是汉语后置词的最重要来源,据刘丹青(2001),单音节方位词"上、下、前、后、中、里、外"等,已经具有较为典型的后置词用法。我们同意这种看法,并将"动词-里"用法当中的"里"看作"动词+里头/里边儿"的进一步演变。这种变化标志着北京话单音节方位成分由名词的后附成分进一步演化成动词的后附成分。

与动词后双音节方位词"里头/里边ᵣ"比较,动词后的"里"的弱化表现在语法功能、词汇语义和语音形态三方面:

"里"在句法上不能独立,不能像双音节方位词那样,单独做主语、宾语等句子成分。与双音节形式相比,单音节形式的功能范围缩小了。"里头/里边ᵣ"可以出现的句法环境,只有部分可以说成"动词-里"。即:

	核心名词	定语	关系化	回指性指代
里头/里边ᵣ	＋	＋	＋	＋
-里	（－）	－	－	－

"里"在词汇语义上的衰减表现为它不能单独用作指称一个处所,表现为不能用来提问处所,也不能作为处所问句的回答。在针对处所进行提问或回答的时候,只能用双音节形式"里头/里边ᵣ"。换句话说,"动词-里"当中的"里"已经完全不具备双音节方位词所具有的指代功能。例如:

(13) 甲:还上哪ᵣ啊?

乙:进里边ᵣ看看。/*进里看看。

(14) 甲:掉哪ᵣ啦?

乙:掉里边ᵣ了。/*掉里了。

(15) 甲:掉里边ᵣ就淹死。

乙:哪ᵣ啊?就那小河沟ᵣ?

(16) 甲:掉里就淹死。

乙:*哪ᵣ啊?就那小河沟ᵣ?

"里"在语音形态方面的弱化表现为语音上的轻化。"动词-里"当中的"里"必须说成轻声,韵律上完全依赖于前面的词项,自身也不可以带对比重音。例如:

(17) a.往里挤挤,里边空着呢。

（往＋里,"里"非轻声）

b.跳里定死无疑。 （动词-里,"里"必须轻声）

因此,我们把动词后的这个"里"看作附缀（clitic）。也就是说,它形式上像一个词,但是结构上却必须依附于相邻的词,不能独立运用。

10.4 "里"的虚化轨迹

10.4.1 "动词-里"的来源

当代北京话里动词后加处所成分有下面四种表达式:

A.动词＋框式介词短语_{终点}（如:跳在/到河里）

B.动词＋名词＋方位词_{终点}（如:跳河里）

C.动词＋双语素方位词_{终点}（如:跳里头）

D.动词＋单语素方位词_{终点}（＋名词）（如:跳里;扔里一块砖头）

D 式"动词-里"产生的时间应当是比较晚的。我们认为,"动词-里"是双音节词"动词＋里头/边儿"脱落第二个音节的结果。做出这样的分析主要考虑到下面三个方面。

第一,历史材料的证据。虽然 A、B、C、D 这几种格式都存在于当代北京话,但是从历时的角度看有先后之别。从现有发表的研究材料看,A 式最早,"顾长康画谢幼舆在岩石里。"（《世说新语》,例引自崔希亮,2002）;"太医来这里,请的屋里来。"（《朴通事谚解》,例引自徐丹,

1994)。B式较早的例子如:"五丫头,你好人ᇋ,今日是你个驴马畜,把客人丢在这里,你躲房里去了。"(《金瓶梅》)|二爷也是才来房里的,睡了一会醒了。(《红楼梦》,例引自邹韶华、王玉华,2002)。C式的例子如:"我每许久不曾进里边看看桂姐,……"。(《金瓶梅》)

邹韶华和王玉华(2002)对《红楼梦》中"里""外"用法的全面考察,没有发现"里"直接加在动词之后的用法。我们对清代的其他作品(如《小额》、《燕京妇语》)和现代作品(如老舍的话剧《茶馆》,小说《骆驼祥子》、《四世同堂》中的对话)进行的调查,同样没有看到这种用法。因此可以初步假定,"里"直接加在动词后面是当代北京口语当中的新用法。

第二,共时语料中体现出的单向性倾向。一个时期的口语材料,如果有D式"动词-里",必然可以发现C、B、A几种格式,但是反过来,却不一定。

第三,双音节形式的第二个音节的语素语义衰减。口语里,"里头"与"里边ᇋ"可以自由替换,其中的"头"和"边ᇋ"实际已经不区别意义。反映在语音形式上,"头"和"边ᇋ"都是轻声音节。因此,在它们与一个单音节动词组合以后,轻声音节脱落也就是可以理解的了。事实上,形式上的简单化与词汇语义的衰减往往是相伴而行的,这是语法化过程中常见的现象。

北京话中"里"的这种演变,必须具备两个条件。一是动词后位置。动词前位置上的"里"无论是跟在名词之后还是在介词之后,虚化的程度都低于动词后的"里"。二是动词必须是单音节的,且动词后没有"到/在"。

10.4.2 共时系统中所反映的历时轨迹

据Hopper和Traugott(1993/2003),介词的发展在很多语言中经历下面这样的过程:

关系名词 → 次要介词 → 主要介词 → 附缀

这里,所谓关系名词是指这样一种名词,它本身具有方向或处所意义并且与其他名词形成一种潜在的位置意义联系,比如"顶、边、里、外"等。介词(附置词,adposition)既包含前置词,也包含后置词。所谓次要介词是比关系名词语法上更多具有定位性的词,但是它的空间意义还比较具体。典型的次要介词都来源于关系名词,如英语中的 *beside* 和 *ahead of* 等。主要介词是介词中最受限制的,如 *of*、*by* 和 *to*。它们本身的空间意义比次要介词要抽象,主要用来表达某种语法关系。因此,表达具体的空间位置关系用次要介词,表达某种抽象的语法关系用主要介词。比如,英语的 *within/inside the house* 与 *in the house*,前者的空间意义比后者更具体(Hopper and Traugott,1993/2003)。汉语里,"里头/里边儿"比用在名词后的"里"空间意义要具体。"'手里'也可以说'手上'。""到了要表示明晰的方位意义的时候,就不能用'里'、'上'、'下'等,必须说'里头''上头''底下'。例如:嘴的里头有牙齿,有舌头。/ 天的上头还有什么?"(吕叔湘,1982)。

上述 Hopper 和 Traugott 所描述的过程,在当代北京话共时系统中都可以看到:

1) 关系名词(rational noun)。如:往里走(与"外"相对)。

2) 次要介词(secondary adposition)。在北京话里表现为后置词。如:进的屋里(有"屋外"相对)。

3) 主要介词(primary adposition)。在北京话里表现为后置词。如:跳河里(没有"河外"相对)。

4) 附缀(clitic)。如:跳里。

在上面几种用法当中,作为关系名词的"里"搭配受限最多,只能跟"朝、往、在"有限的几个介词共现。

从作为名词可以单用的"里",到用后置词的"里",再到当代北京话

中直接用于动词后的"-里",这个变化过程可以描述为:

实义词汇 → 语法词 → 附缀

作为具体词项,它有词汇意义,独立的句法和韵律模式。比如,表示与"外"相对的意义,有完整的字调,可以用作核心词、用作修饰语。作为语法关系词,词汇意义减弱,原字调不是强制性的,可以说成轻声调,同时句法位置受到局限。而作为附缀,它的词汇意义减到最弱,失去了原来的字调,必须说成轻声调,同时对所处的句子的时态有一定要求。

"动词-里"当中的"-里"正在从表达空间关系向表达时间关系跨越。即:

空间关系 ⟶ 时间关系
(NP) 里
(V) 里头/边儿　　　　　　(V) -里

从空间到时间这种概念意义的转变是语法化过程当中十分常见的现象(参看 Heine et al.,1991;Hopper and Traugott,1993/2003),汉语中也有不少这类现象(参看沈家煊,1994)。更有意思的是,历史上,动词后处所成分也曾经有过由空间表达演变为时间表达的情形。据吕叔湘先生40年代的考证,用在句末、表示"正"或"正在"的"呢"是"哩"的变形,而"哩"源自"在","在裏"简言作"在"或"裏","裏"字俗书为"里、俚、哩"。太田辰夫(1958)认为,这个"呢"直接来源于表示处所的"里"。因为早在"在"出现之前,表示处所的"里"就可以直接放在动词句的末尾。而这个"里"原来是名词或助名词(太田辰夫术语)。太田说,虽然"里""成为助词的过程还不大清楚,但总之是从表示某个处所中动作、状态的存在而发展而来的吧。"他举例子如"他儿婿还说道里(维摩变文,P.3128)"。太田认为,这种把表示处所的词放在句末的用法是从古就有的,古代汉语的"焉"就是这样(蒋绍愚、徐昌华译本,350页)。

尽管太田与吕先生的意见在细节上不一致,但是,至少有一点是肯定的,那就是,在近代汉语中就已经发生了与本章讨论的"里"类似的现象,即表示处所的方位成分从处所意义衍生出了一个表示动态意义的用法。两者的区别在于,"呢"是一个句末助词,而本章讨论的"里"是一个紧贴在动词后的附缀,后面还可以有动词的宾语。

10.5 小结

10.5.1 演变机制

"动词-里"中"里"的语法化(grammaticalization)既有类推的作用,也有高频使用所带来的词义淡化。

1)类推机制

所谓类推(analogy)是指由于已有结构的吸引和同化所带来的演变(Hopper and Traugott,1993/2003)。

"动词-里"中"里"的虚化现象与"动结式"的补语极为相似。动结式内部结构关系为"动-补"关系,补语为表示结果意义的动词或形容词。例如:

(看)完、(做)好、(吃)光、(建)成

动结式中的"完""好"词汇意义已经淡化,表示动作的完成是它们的主要功能。

从系统的角度看,"动词-里"在韵律上的限制,不仅仅由于这个结构式是纯口语用法,而动词在口语中单音节占优势。更重要的是,一旦实义动词与一个意义相对抽象的词构成动补格局,这种格局就有很强的类推效用,使原本并非严格意义上的动补组合被理解为一个动补式。

进而,后一个词从实义词变为表达语法意义的功能词。

2)高频效应

在 10.4.1 节我们讨论到,"动词-里"中的"里"是双音节处所词进一步弱化、失去轻声音节以后的结果,这个结论可以得到历史证据、单向性分布和末音节语义弱化三方面的证明。导致这个变化的诱因有两方面:一是高频词"里"的意义泛化,二是语境中终点处所的高可及性。吕叔湘(1965)的研究就已经指出,"里"是一个高频词。与其他单音节方位词比较,"里"和"上"相似,用例和搭配方面大大超过其他词。从语义方面看,很多"里"的用例不指具体方位,没有"定向性"只有"泛向性",指示方位的语义作用已经不十分重要。据崔希亮(2002)通过对 1600 万字的现代汉语语料中约 50000 例"里"的用法分析,"里"除了搭配具体方位名词之外,还可以用于环境、氛围、机构、时间、内容、情感、活动。"里"从表示具体的位置意义到可以表示抽象的意义,意义泛化是它进一步虚化的基础。

10.5.2 演变动因

我们认为,"动词+里头/边儿"优先,尽量回避含有名词的组合形式"动词+名词+里",这个语用倾向是减少词汇题元的一种手段。

上述现象一方面是经济原则的驱动,另一方面,也是满足"单一新信息限制"(Chafe,1987、1994)。

我们知道,就句法上的名词性成分而言,引入新信息的一般手段是通过一个词汇名词。Du Bois(1987)发现,一个小句事实上倾向于只出现一个词汇名词,一次一个词汇题元是"偏爱的题元结构"(preferred argument structure)。由于词汇题元通常与新信息有关,而每次所能传达的新信息的量受到一定限制,所以口语中,两个或两个以上的词汇题元出现在同一个小句内部的情形极为罕见。

10.5 小结

关于汉语口语中的语调单位的总体轮廓,陶红印(Tao,1996)做了比较全面的描述。他的研究表明,汉语口语里的语调单位的信息结构与Chafe(1987、1994)的考察结果是基本一致的。换句话说,汉语里无论是完整小句还是非完整小句,一个语调单位中的新信息成分不多于一个。

那么,回过头来看"动词+里头/边儿"优先现象,这种语用选择的直接后果是,为小句当中使用词汇名词来指称核心论元让出了空间。比如,当动词后有两个名词成分的时候,可以很方便地造出一个符合系统要求的格式。也就是说,第一个成分为轻形式,至少要比第二个名词性成分在结构和韵律方面要简单。例如:

(18) 动+名_{处所}+名

  a. 扔里头一人

  b.[?] 扔那大水坑里头一人

这个现象与双宾语结构的要求有着平行的关系,即:

(19) 动+名_{近宾}+名_{远宾}

  a. 送他本书

  b.[?] 送办公室的老张本书[6]

动词后第一个名词成分尽可能简单化,重成分后置,这种现象实际上反映了动词后两个名词成分共现的语用要求,是新信息在后这个基本语用原则的体现。

本章讨论了北京话中"动词-里"格式的意义、用法,以及"里"的性质和虚化轨迹及篇章动因。但是未能回答动词后这个"里"是如何获得"完成体"的语法意义这个问题。这里存在一个重新分析的过程,重新分析所涉及的类推规律是可以进一步研究的。

附 注

① 此处汉语介词(附置词,adposition)体系采纳包含有"前置词"

(preposition)、"后置词"(postposition)和"框式介词"(circumposition)的分析框架(参看刘丹青,2003)。能够独立在 NP 前与之构成一个短语的介词是前置词,如"于、以、自(以上带文言色彩)、在、从、到、向、往、为、对、比、给、跟、被、把、给、用、沿着、为了、对于、关于"等。能够独立在 NP 后与之构成一个短语的介词是后置词。汉语中虚化的方位词,特别是单音节的方位词和带"以/之"的双音节方位词,已具有较为典型的后置词用法。如"上、下、前、后、中、里、外、间、旁、边、之上、之下、之前、之后、之间、以前、以后、以内、以外"等。其他符合此属性的后置词有"(三天)来、以来、(明天)起、为止、似的、一样、般"等。前置词和后置词在句子中可以构成框式介词。如"在……上、从……里、向……外、自……起、到……为止、跟……似的、像……一样"。

② 崔希亮(2002)把"在+X 里"当中的"名词+里"可以出现的环境按语义归纳出了 23 种。

③ 感谢陆俭明教授指出这个现象。

④ 关于构式(construction)的理论,参看 Goldberg(1995);汉语的相关研究可参看沈家煊(1999a、2000)和张伯江(1999、2000)等。

⑤ 可及性(accessibility)的高与低实际是信息的确定性程度问题。按照 Chafe(1987、1994)可及信息是介于全新的信息和旧信息之间的概念,在说话人的短时记忆中处于半活动状态的概念。这类概念一般表现为由那些与言谈的内容相关联的概念或者言谈现场提供的参照。此后有不少学者讨论可及性信息在语篇中的表现形式,这里参照 Ariel(1991)的描写。名词性成分的可及性从高到低依次为:

零形代词 > 轻读的代词 > 非轻读的代词 > 非轻读的代词+体态 >(带修饰语的)近指代词 >(带修饰语的)远指代词 > 名 > 姓 > 较短的有定性描写 > 较长的有定性描写 > 全称名词 > 带有修饰语的全称名词

⑥ 关于双宾语结构受信息原则制约的讨论,可参看刘丹青(2001)。

第四部分 词类的活用与转类

第十一章 修辞的转类与语法的转类

11.0 引言

陈望道先生的《修辞学发凡》是现代汉语修辞学的里程碑,《修辞学发凡》一方面对修辞格做出了系统性分析,另一方面不拘泥于辞格分析,将汉语里其他一些语言运用手段也引入修辞分析,极大地拓展了修辞学的研究视野,这是《修辞学发凡》最具创新性的学术贡献之一。本章主要就《修辞学发凡》中提出的"转类辞"与语法创新的关系展开讨论。

我们认为,转类辞的意义是由创新性句法组合触发的浮现意义(emergent meaning)。从修辞的转类到语法的转类是一个从语用模式到句法模式逐步规约化(conventionalization)的结果。

修辞的转类作为语法创新,是一个特定时期的语用模式。从历时的角度看,修辞的转类有可能走向不同的方向。哪些语用模式最终沉淀为句法模式,哪些模式成为构词模式,涉及多种因素,包括文化因素。

11.1 "转类辞"的浮现意义

所谓"转类",《修辞学发凡》中说,"说话上把某一类词转化作别一类词用的叫转类"。"修辞上有意从这一个类转成别一个类用的,便是转类辞"(《修辞学发凡》,1997 年本第 190 页)。这里有两层意思,第一,转类辞属于"活用",是对一种语法常规的临时性的创新。第二,转类辞带有言者(或著者)的主观意图。下面是《修辞学发凡》中的几个例子及解释:(1997年本第191—192页,体例从原著)

(1) 公若曰:"尔欲<u>吴王我</u>乎?"(左传 定公十年)

"吴王我"意思是说叫我做吴王,是把名词转作动词用。

(2) 高祖为亭长,乃以竹皮为冠,令求盗之薛治之,时时<u>冠</u>之,及贵常冠,所谓"刘边氏冠"乃是也。(史记 高祖本记)

这里第一个"冠"字是名词,第二个"冠"是动词,而第二个"冠"字是从第一个"冠"字带出来的,也是转类辞。

(3) 楚田仲以侠闻,喜剑,<u>父事朱家</u>,自以为行弗及。(史记 游侠列传)

"父事朱家"是说父亲一样地侍奉朱家,是把名词转作副词用。

我们知道,名词不用作指称而用作其他功能是古代汉语里常见的现象,王力编《古代汉语》中就明确提到,名词用作状语"表示比喻"。据何乐士(2000)研究,名词用作状语在先秦不多见,到《史记》中才逐渐增多。

名词做状语主要有两大类(李佐丰,2004):

一是实在性的。如:剑斩之(工具),廷叱之(处所)。

二是比喻性的。如:

    豕<u>人</u>立而啼(左传-庄公八年) 像人一样站立

    老人<u>儿</u>啼(史记-循吏列传) 像孩子一样啼哭

    天下<u>云</u>集而响应(贾谊:过秦论) 像云一样聚集

    各<u>鸟兽</u>散,尤有得脱归报天子者。(汉书-李广苏建传) 像鸟兽一样散去

    君为我呼入,吾得<u>兄事</u>之。(史记-项羽本纪) 像待兄长那样对待

我们认为,作为修辞上的转类,上述两类用法有一个共性。即,做状语的名词词汇意义没有变,无论状语是实在性的还是比喻性的,都是由名-动之间词汇意义的关联而产生的解读,是由句法组合触发的浮现意义。[①]

沈家煊(2010)提出,无论是汉语还是英语,现代汉语还是古代汉语,相对而言动词用作名词是一般现象、常规现象,而名词用作动词是特殊现象、修辞现象。名词用作动词,从创新到定型虽然是一个连续统,但还是应该区分创新和定型,区分修辞与语法。创新的名词动用都属于"境迁语"(contextual expression),即外延和内涵都随语境的迁移而变迁的词语。

我们感兴趣的是:第一,"转类辞"名词"活用"作其他类词的时候,是否存在可概括的意义类别。第二,与句法的转类相比较,修辞的转类具有哪些特征。第三,修辞的转类作为一种语用模式,在什么情形下容易定型为一种句法模式。

11.2　名词动用的两种意义

名词转用作动词远不及动词名用常见。王冬梅(2003b)统计 20 万字材料中,动词名用有 2737 例,名词动用仅有 48 例。

与古代汉语相似,在现代汉语里也能清晰地看到实在性的和比喻性的两类名词状语。值得注意的是,有些名词动用只有实在性的用法。例如(下文词汇释义引自《现代汉语词典》第 5 版,商务印书馆,2005):

犁[名]翻土用的农具。[动]用犁耕地。
剪[名]剪刀。[动]用剪刀等使东西断开。
叉[名]一端有两个以上的长齿而另一端有柄的器具:吃西餐用刀叉。

[动]用叉取东西：叉鱼。

漆[名]黏液状涂料的统称。[动]把涂料涂在器物上。

上述转类模式可以概括作：

事物 → 凭借该事物的具体行为

有些名词动用则只有比喻用法，没有实在性的用法。

弓[动]使弯曲：弓着背｜弓着腰

猫〈方〉[动]躲藏：猫在家里。

比喻性的"动用"对共享知识的依赖性更强。上述转类模式可以概括作：

事物 → 具有该事物特征的状态

有些名词动用，则既有实在性用法，又有比喻用法。但是，比喻意义还不能完全独立出来。如：(《现代汉语词典》里例子用的是比喻义时用◇表示)

顶[动]用头支承：顶碗　◇他顶着雨就走了。

锁[动]用锁把门窗、器物等的开合处关住或拴住：锁门｜把箱子锁上／◇双眉深锁

当比喻意义更加抽象，在词典中就将比喻意义单独解释。例如：

网[动]用网捕捉：网着了一条鱼。

[动]像网似的笼罩着：眼里网着红丝。

筛[动]把东西放在罗或筛子里，来回摇动，使细碎的漏下去，粗的留在上头：筛沙子｜把绿豆筛净。

[动]比喻经挑选后淘汰：他担心考不好给筛下来。

有些词则除了事物名词义之外，还同时具有一般行为意义，如下面两例中，动词用法的前一个是凭借该事物的具体动作意义，后一个是具有类同特征的具体行为，或者一般行为或抽象意义。

磨[动]用磨把粮食弄碎：磨麦子。

[动]掉转;转变:把汽车磨过来。◇我几次三番劝他,他还是磨不过来。

　　框[动]在文字、图片的周围加上线条:把这几个字框起来。

　　[动]约束;限制:不能框得太死。

上述转类模式可以概括作:

事物 → 凭借该事物的具体行为 → 具有类同特征的具体行为

　　　　　　　　　　　　→ 具有隐喻关系的状态或抽象行为

"动用"的名词,名词与动词之间的关系有不同类型。有些是"工具→相关行为"的关系,如上"犁、剪、叉、网、筛"等,有些是"肢体→该肢体的具体行为→具有相关特征的行为",例如:

　　掌[动]用手掌打:掌嘴。[动]掌管;掌握:掌大权。

　　奶[动]用自己的乳汁喂孩子:奶孩子。

有些是"处所→置于该处所的行为→具有相关特征的行为",例如:

　　窝[动]蜷缩或待在某处不活动:把头窝在衣领里|窝在家里生闷气。

　　[动]使弯或曲折:把铁丝窝个圆圈。

有些是"事物→以该事物为结果的行为或事态"。例如:

　　片[动]用刀横割成薄片(多指肉):片肉片儿。

　　霉[动]东西因霉菌的作用而变质:衣服霉了。

　　锈[动] 生锈:刀刃都锈了|锁锈住了,开不开。

比喻性的"动用"是将某事物的某种显著特征提取出来,用于相关的动作或状态的表达。但是,哪些事物会出现这类"活用",以及一个事物哪方面的特征被提取出来,往往会受文化因素影响。比如,下面一些具有比喻性的用法词典里就没有收入单独解释。

　　猫着腰　　(蜷缩、弯曲)

驴着个脸　（拉长脸,不悦）

　　狗着东家　（逢迎）

也许是因为,这些名词动用只有极为有限的搭配能力。同时,在母语者的共同文化背景下,其固定搭配下的比喻性解读是"见字明义"的。

　　比喻性的解读是俗语化的结果,往往会因语言(或方言)而异。

　　比如,"长脸"与"严肃、不悦"之间的联系,汉语可以用"拉长个脸"表示,英语里也用"长脸、平脸"表示没有笑容,也要把动词说出来,*to pull/make a long face*、*to keep a straight face*。相同的意思汉语里还说"板着脸",把具有"平"这个特征的名词"板"做动词用,英语则未必也有类似的说法。汉语北方话"拉长个脸"的意思还可以用"驴着个脸"表达,南方话里未必这样说。

　　再如,"狗"在汉语母语者的共同文化背景下不仅是"忠诚"的代表,更有一系列负面的文化解读,相对而言后者更为根深蒂固,因而才有"走狗、狗腿子、狗奴才、狗胆包天、狗头军师、狗血喷头、狗仗人势"这样一些贬义词。所以,"狗"用在"狗着东家、狗着老板"具有"逢迎"的词汇解释的同时,也附带了说话人的鄙视态度。比照英语,英语里的 *dog* 有特殊意义,但不像汉语这样强烈,*dog* 指人可以是不带有负面色彩的中性指称,例如有 *lazy dog*（懒汉）的说法,也有 *He is a gay dog*。（他是个快乐的人）。*dog* 用作动词也可以是一般性陈述。例如(摘自梁实秋主编《远东英汉大辞典》,远东图书公司印行,1977)：

　　　　dog *vt*.　❶追丛;追随:to dog a person's steps. 尾随一个人。to dog a suspected thief. 追丛一个嫌疑的小偷。❷使困恼:He was dogged by financial worries. 他为经济上的事情所困恼。❸＝damn. Dog it all! 该死的！（诅咒语）

　　虽然在现代汉语里也能清晰地看到实在性的和比喻性的两类名词状语,但是,两者在分布上却有明显差别。

1）实在性的。这种修饰方式延续到现代汉语复合词中，也延续到句法组合方式中。例如：

复合词：笔谈　膝行　鞭策　穴居　网罗　野合

句法组合：

　　电话采访了国家队的领队。

　　网络交流了一年后才见的面。

　　脚后跟塞球，塞给了贝尔巴托夫。

　　对方又是头球解了围。

　　中国队边路进攻。

2）比喻性的。只保留在现代汉语复合词中。例如：

　　龟缩　云集　蛇行　雀跃　鱼跃　牛饮　臣服　虎视　鲸吞　鼎立　蜗居　梭巡　龙腾虎跃　鬼哭狼嚎

可见，通过名词"活用"的两种修辞的转类在历时发展中走向了不同的方向。比喻性的"名-动"状中偏正结构作为一个特定时期的修辞现象，这种语法创新在现代汉语里沉淀为一种构词模式，没有最终定型为句法模式。

11.3　修辞性转类的解读

首先，修辞的转类是一种境迁语，它的意义解读要依据语境来完成，而无法像辞典释义那样给出一个确定的词汇意义。比如"豕人立而啼"的"人立"解读作"像人一样站立"、"老人儿啼"的"儿啼"解读作"像孩子一样啼哭"，其中前修饰"立"的"人"字，指称意义并没有改变；"儿啼"的"儿"其指称意义也没有改变。也就是说，句法位置的改变没有使这个名词的词汇意义发生变化。"像 N 一样 V"的解读来自整个句法结构的意义。这与例(2)"时时冠之"的"冠"有本质上的差别，做谓语动词的"冠"可以概括为行为意义"戴"。而名词用作状语的比喻意义是由它所处的句法位置所赋予的,如:状语经常用来表现行为方式,处所、时间等。

作为一种境迁语,语法表现上与典型的语法成分是存在较大差别的。比如,比喻用法的"动用"在句法上就存在明显的弱动词性表现。例如:

虎着脸	*不/没有虎脸	*虎没虎脸
狗着东家	*没狗东家	*狗没狗东家
猫着腰	?没猫腰	?猫不猫腰
他已经铁了心了	*他没铁了心	*他铁没铁心

动词用作指称相对而言是无标记的,多数行为意义动词都可以直接用作指称,例如"笑能感染他人"。但是,名词用作陈述的可预期性就要低得多,可以说"网了一条鱼""把头枕在胳膊上",但是未必就一定可以说"刀了一块肉""把花水一水"。而名词用作陈述表达比喻意义的可预期性就更低。比如名词做谓语,"猫着腰、虎着脸"可以说,但是未必就能说"鹰着翅膀",虽然鹰的翅膀是很显著的特征;同理,也不能说"蛇着绳子""兔着眼睛"。而古代汉语的名词状语表示比喻意义的用法(如:兄事之、人立)在现代汉语里只保留在构词层面,如:"臣服、鲸吞、雀跃、网罗、筛查"等。

尽管如此,名词动用的意义引申存在一些共性,比如:1)动物名词转化为表示具有该动物习性特点行为的动词;2)生物功能器官的名词转化为表示这种器官所进行的动作的动词;3)具体事物名词转化为表示以其为工具的行为的动词;4)具体事物名词转化为以它为活动场所的行为的动词,有的可以进一步表达抽象行为;5)自然现象的名词转化为表示以其性质为特征的动作的动词,等等。

但就具体词汇而言,哪些名词可用作陈述,不同的语言存在差异。下面是英语名词用作陈述时的例子:

1) 动物名词转化为表示具有该动物习性特点行为的动词。例如（摘自《远东英汉大辞典》）：

worm（蠕虫）

a.→蠕行,爬过

The soldier wormed his way toward the enemy's lines. 这个士兵向敌人的防线爬去。

b.→以坚持而秘密的方法从事或取得。

John tried to worm the secret out of me. 约翰设法从我这儿把秘密探去。

He wormed himself into our confidence. 他设法渐渐获得我们的信任。

snail（蜗牛）→像蜗牛一般地缓慢地进行。

The train snailed up the steep grade. 火车缓慢爬上那陡峭的斜坡。

duck（鸭子）

a.→没入水中：to duck under water

b.→急速俯身：

There is a low bridge ahead and we all ducked. 那儿有一座矮桥我们迅速俯身。

c.→闪避

He ducked so well that we can't hit him. 他闪避得好我们未能击中。

2) 生物功能器官的名词转化为表示这种器官所进行的动作的动词。例如（摘自《远东英汉大辞典》）：

eye（眼睛）→ 看,注视

The dog eyed the stranger. 这狗注视着那个陌生人。

几乎表示人体部位的名词(如 *face*、*leg*、*shoulder*、*eye*、*hand*、*elbow*、*stomach* 等)均可用作动词。

3) 具体事物名词转化为表示以其为工具的行为的动词。例如:
  wheel(轮子):to wheel the rubbish out 把垃圾用车运出去
  pencil(铅笔):to pencil a note 用铅笔写便条
这些名词用作动词的意义可以更为抽象,比如 pocket(衣袋)除了有"纳入袋中"的用法之外,还有"压抑"(to pocket one's pride)和"忍受"的意思(He pocketed the insult.)(摘自《远东英汉大辞典》)。

4) 具体事物名词转化为以它为活动场所的行为的动词,有的可以进一步表达抽象行为。
  corner(角,角落)
   a.→迫至一隅:
    The escaped prisoner was cornered at last. 逃走的囚犯最终被迫至一隅。
   b.→使之窘困:
    The question cornered him. 这问题使他窘困。
类似的名词还有 *ground*(搁浅)、*dam*(筑坝)等。

5) 自然现象的名词转化为表示以其性质为特征的动作的动词。如:
storm(暴雨)
  a.→狂怒:He stormed angrily at me. 他向我愤怒咆哮。
  b.→冲:storm out the room 冲出房间
虽然不同语言在具体哪个名词可以"动用"上有所不同,但是名词动用的意义解读很多是可以"见字明义"的,这是由认知的共性所决定的。

11.4　修辞性转类的特点

作为一种境迁语,与句法的"转类"相比较,修辞的转类具有两个特点：

第一，句法特征的不充分性。

第二，较弱的可类推性。

如上所述，修辞的转类并不必然导致语法的转类。有些语法的转类是从修辞的转类定型而来的。如：

　　　网（鱼）　　窝（在家里）　　冰（西瓜）　　坑（老百姓）　　铁（了心了）

上述例子当中的"网、窝、冰、坑、铁"在现代汉语词典里已经注明了动词。

而有些修辞的转类只是某一时期的修辞现象，并没有转变为语法上的另一类别。例如：

　　　实在性的：人（立）　　兄（事）　　鼎（立）
　　　比喻性的：狗着（东家）

上述例子当中的"人、兄、鼎、狗"始终是名词。实在性的名词动用，其概念关联性较强，比喻性的名词动用在概念上的关联性要弱一些。

修辞的转类是否最终导致语法的转类，不仅有文化的影响、名词指称意义的影响，更有事件语义方面的动因。

首先，就名词"活用"的转类来说，古代汉语里"活用"的方式在现代汉语中有三种主要表现。即：事物名词状语只存留于构词法；专有名词做谓语和事物名词做谓语依然承袭了下来。但是，后两类名词做谓语的情形有所不同。专有名词始终只能作为一种语用模式活用为动词。像"雷锋"可以用作谓语（"你不能光让我学雷锋，你自己也雷锋一个让我们看看。""你太雷锋了！"），但是词典里却很难给"雷锋"单独设立一个动词或形容词的义项。而"网、坑、窝"等一般事物名词就大有不同了。因此，与事物名词相比，专有名词的活用更倾向于修辞性的转类，事物名词比专有名词更容易定型为语法上的另一类。

事物名词状语：

　　　　父事朱家 → 臣服　牛饮　鼎立　　　　　（构词模式）
专有名词谓语：
　　　　尔欲吴王我乎 → 咱也王菲一把　　　　（修辞的转类）
事物名词谓语：
　　　　时时冠之 → 网了五条鱼、枕着胳臂睡觉　（语法的转类）

另一方面,同样是事物名词,用来表示事件的构成因素(如工具、处所等)的名词,比用来表示行为样态的名词更容易从修辞的转类定型为语法的另一类(对比"网、坑"与"狗、猫")。我们认为,这中间的道理是,行为的工具、方所、方式是事件行为的构成因素,而样态则未必。

比较而言,名词用作形容词则相对能产得多。名词用作形容词(名转形)的实质是把该名词所指事物的某种特性提取出来,用具有某种性质的事物来表示那种性质。像"土、木、火、铁、肉、面"等一些物质类名词都有形容词用法,有的已经收入辞典。例如:(摘自《现代汉语词典》第5版,序号有调整)

　　　土　1)本地的;地方性的:这个字太土,外地人不好懂。2)民间的;民间沿用的;非现代化的(区别于"洋"):土专家。3)不合潮流;不开通:土里土气。|我这个人太土,跟你们这些时髦青年聊不到一块儿。

　　　木　1)反应迟钝:他反应有点木。2)麻木:两只脚冻木了/舌头木了,什么味道也尝不出来。

　　　火　[动]比喻发怒:他火儿了。　〈口〉[形]兴旺;兴隆:买卖很火

　　　铁　[形]形容坚硬;坚强;牢固:铁汉子/他俩关系很铁。[动]形容表情严肃:他铁着个脸,没有一丝笑容。

　　　肉　〈方〉[形]不脆;不酥:肉瓤儿西瓜。〈方〉[形]性子慢;动作迟缓:肉脾气|那个人太肉,一点儿利索劲儿也没有。

面　〈方〉[形]指某些事物纤维少而柔软：面倭瓜/这个瓜是脆的,那个瓜是面的。

据谭景春(1998)研究,名词变为形容词有三种主要途径:[②]一种是"内在性质义提取法",直接用名词中的内在性质义解释由这个名词转变成的形容词的词义。这种方法一般多用于由抽象名词、指人名词转变来的形容词。例如"典型"从指"具有代表性的人物或事件"到表达"具有代表性的"(如:这件事很典型)。第二种是"附加性质义提取法",用名词所含有的附加性质义解释由这个名词转变成的形容词的词义。这种方法多用于由指物名词转变来的形容词。例如"机械"从指"利用力学原理组成的各种装置"到"比喻方式拘泥死板、没有变化"。第三种是"概括法",即由名词转成的形容词的词义基本上都可以概括地解释为具有名词的那种性质(或"特点、特色、色彩、特征、品质"等)。例如"封建"从指"封建主义社会形态"到表达"带有封建社会的色彩"(如:头脑封建)。谭文发现,名词义分为两类,概念意义和性质意义。名词的性质义是名词转类作形容词的语义基础。不同类型名词的性质意义强弱不同,而性质义强弱的差异导致了不同名词变为形容词的能力的差异,其中专有名词是最难转用作形容词的。[③]

不难发现,这与我们前面讨论的名词转用作动词的情形具有相似之处。也就是说,与其他名词相比较,专有名词是最难转作其他词类的,无论是变为动词还是变为形容词。

11.5　小结

修辞的转类是一种语法创新。一个新的表达形式产生之初,有可能是为满足某种特别的语用需求而采用的表达手段,它仅仅是一种语用模式。从修辞的转类到语法的转类是从语用模式到句法模式逐步规约化的结果。而从历时的角度看,哪些模式最终演变成为句法模式,哪些模式演变成为构词模式,这涉及多种因素(包括文化上的影响因素),语言系统内部的动因是本章关注的重心所在。

附 注

① 彭赏(2008)通过研究名词状语和典型名词在形态句法、语义和功能方面的不同表现,证明了名词状语是经过了去范畴化的典型名词。形态句法方面,名词状语不再具有典型名词所具有的特征,即不能再被量词修饰,前置修饰成分受到严格限制;名词状语的语义也不同于典型名词,不再具有指称意义,转而表达行为动作的方式、性质、工具等意义。语篇功能上,名词状语不再引进新的话语参与者。但是,我们认为,方式、性质、工具等意义是由名词与动词之间的概念关联带来的浮现意义,是名词状语的句法位置触发的解读。上述句法表现仅仅说明它们作为名词的语法特征较少,并不能证明名词指称的词汇意义发生了变化,它们的词汇指称并没有改变,正像无指宾语名词丧失了名词的某些语法分布特征,但仍旧是名词。

② 张谊生(1997)分析了更多例子,并归纳为:1)"内涵凸现式",如:官僚、瘪三、市侩、流氓、天才、市民、农民、贵族、学究、权威、绅士、傻瓜、王八蛋、哥们儿、奶油等。2)"特征概括式",如:中国、日本、美国、法国、东方、西方、上海、北京、山东、四川、广东、香港等。3)"概念状化式",如:原则、艺术、传统、青春、水平、文化、诗意等。

③ 谭文描述的名词的性质义从强到弱的序列是:抽象名词 > 指人名词 > 指物名词 > 专有名词。

第十二章　儿化的形态和语义

12.0　引言

北京话的儿化现象有性质不同的两类,一为音变儿化,一为小称儿化。音变儿化是单纯由语音条件促发的,不涉及语义和词汇的句法类别的变化;而发生小称儿化的词汇,有三种情况:

第一,词汇基本意义不变,只改变了附加色彩,比如形态小、可爱等。

第二,儿化后既有词汇意义的改变,又有词类的改变。如"挑ᵣ",儿化形式将表达行为的动词"挑"变为指称事物的名词,指"担子"。这类儿化属于构词形态。

第三,儿化仅仅作为名词化手段,功能在于改变词类。

以往对于儿化的研究多从构词法角度讨论,关注儿化的第一类、第二类用法,作为名词后缀与"子""头"对照描写(参看赵元任,1968;朱德熙,1982;林焘,1982;周定一,1984;毛修敬,1984、1989;李善熙,2003;彭宗平,2005)。而从形态句法(morpho-syntax)角度看,第二和第三类是具有重要意义的。用作"转类"的儿化,标志着儿化已经可以作为一种形态句法手段。

有些名词在共时系统中有儿化与非儿化两种形式,但是儿化形式并没有显著的表"小"或者"可爱"的解读,文献中被称作"自由儿化"(毛修敬,1984、1989)。我们的考察发现,所谓"自由儿化"其实在指称功能上是有差异的,儿化形式不用作无指和类指。

下面分别讨论。

12.1 儿化词的来源

12.1.1 音变儿化与小称儿化

关于北京话带儿化韵的词的来源,早期的研究认为有三个:

(a)里→儿:这儿,那儿,哪儿。

(b)日→儿:今儿,明儿,昨儿,前儿,后儿,几儿。

(c)兒→儿。一般说是指小,但实际上只是一个名词标记。另有几个动词带儿尾。(赵元任,1968;董少文,1958 等):

尽管对于(a)(b)两类"-儿"的来源也有不同看法[①],但是可以肯定,它们都是单纯由音变而形成的,成员有限。与(c)类源自名词虚化的"-儿"性质不同。

陈治文(1965)对上面三类有所补充,他发现还有一类情形,即 zh-、ch-、sh-、r-声母的字,在一定条件下使前面的一个音节发生儿化现象。

(d)zh-、ch-、sh-、r-声母的字,在一定条件下使前面的一个音节发生儿化现象[②]。如:

　　　顺治门 → 顺儿门

　　　盘缠钱 → 盘儿钱

　　　图书馆 → 图儿馆

　　　羊肉胡同 → 羊儿胡同

尽管各家意见不尽一致,但是,从形态学的角度看,其实我们只需要区分作两类:③

(一) 音变儿化。这类儿化是单纯由语音条件促发的,如上述(a)(b)(d)三类。

(二) 小称儿化。这类儿化不是单纯由语音条件促发的,语音的变化是语义和句法变化的外化手段,如上述(c)类。

音变儿化的成员是相对有限的,而小称儿化则是具有能产性的。下文主要讨论小称儿化,提到"儿化"仅指小称儿化。

12.1.2 从构词法看儿化

在儿化词发展过程中,含有"儿"尾的词使用在先,多数学者认为是唐代开始出现,宋以后越来越常见。但是儿化则要晚得多。"儿"作为名词最早指"小儿",而后意义逐渐虚化,根据王云路(1998)的研究,"儿"的意义在近代汉语中的意义引申过程可以概括为:

1) 小儿→晚辈→女孩子
2) 小儿→晚辈→男孩子→ 男子汉→壮士

早期形式中,含"儿"名词内部结构关系是偏正式,"儿"是核心构词成分。

太田辰夫(1958:87—88)说,"儿"作为接尾辞在唐代多用于表示动物的名词,表示小或可爱。如:鱼儿、龟儿、鸭儿、雀儿、猫儿、狗儿,等等。动物以外的事物只有很少几个(如:瓶儿、箱儿、巢儿、衫儿、眉儿、心儿)。宋代以后可以广泛用于一般名词后,但是仍然保留了表小或可爱的意义。在宋代,开始有了"儿"不限于指小意味的例子。到了元代,"儿"的指小性弱化,"儿"单纯作为接尾辞的例子多起来。但是总的说来,"儿"表小或可爱,"子"表示大的或可憎的。

关于儿化韵产生的时间,太田辰夫(1958:90)认为最晚在清初。李思敬(1984)根据明代歌谣、小说等材料推测,儿化韵产生于元末明初。王福堂(2002)认为应在明清之间。而根据 20 世纪 80 年代的调查,"儿"变为非独立音节的过程似乎仍然没有完结。新派北京话已经儿化的词,在老派(尤其是满族人)北京话里自成轻声独立音节的"儿"还有不少。例如"样儿、取灯儿"中的"儿"。(参看林焘,1982;周定一,1984;林焘、沈炯,1995)

如果把上述音-义演变的线索结合起来可以发现,"儿"从构词语素发展为构词形态的过程,同时也是它语音形式逐步弱化的过程。当"名＋儿"指称概念意义上"小"的事物的时候,"儿"具有独立音节地位。随着"儿"指称意义的虚化,"儿"逐渐失去了独立音节地位。这个演变过程的中间环节,就是"儿"说成轻声音节。这种形式 20 世纪 80 年代仍然保留在当时的老北京人口中,但是现在已经没人这么说了。即:

具有字调的独立音节 → 轻声的独立音节 → 卷舌韵尾

从构词法(word formation)角度看,上述过程是"儿"作为构词形态逐步确立的过程。

儿化构词现象①可以归纳为下面几类:

1) 儿化形式与非儿化形式在指称意义上有差别,儿化形式指称形体小的事物。可以称为客观小量。例如:

球儿、绳儿、盆儿、坑儿、车儿

2) 儿化形式与非儿化形式在指称意义上没有差别。用儿化形式,与所指实体的物理属性(大或小)没有多大关系,仅仅表示可爱,可以称为主观小量。如:人儿、脸儿、嘴儿。⑤所谓儿化可以带出轻松的语气,其实就是"主观小量"。例如:

这孩子嘴儿甜　　　　　[与褒义陈述搭配]

*这孩子张嘴儿就骂人　[与贬义陈述搭配]

"主观量"的表达功能还延伸到名词之外的类别,例如:

慢慢儿、偷偷儿、远远儿

月月儿、天天儿、回回儿

3) 儿化和非儿化的形式共存,"-儿"的有无与表"小"的意义无关,即所谓"自由儿化"。例如:

刺儿、姨儿、字儿

4) 去掉"-儿"的非儿化形式或不能单说,或只作为书面语词汇。例如:

名词:味儿_{味道}、事儿_{事情}、信儿_{信息}、人缘儿_{人际关系}、坎肩儿_{背心}

动词:玩儿、葛儿_死、颠儿_{离开}

12.2 自指和转指

自指和转指是朱德熙先生(1983)在讨论古代汉语的"者""所"的时候提出的概念。自指是单纯改变词类,由谓词性变为体词性,而意义不发生改变。转指则不仅词性发生变化,意义也发生变化,由指行为动作或性质变为指与行为动作或性质相关的事物。

动词或形容词带"-儿"后缀可以变为名词,指称与行为或属性相关的事物。例如:

盖儿、捆儿、拍儿、摊儿、挑儿、淘气儿

通过小称儿化可以转指不同的语义格。⑥

施事/主事:V-儿　　　　如:托儿_{暗中帮衬生意的人}

　　　　　V₁V₂-儿　　　如:倒卧儿

　　　　　VV-儿　　　　如:混混儿

　　　　　A-儿　　　　　如:淘气儿、可怜儿

受事:　　V-儿　　　　　如:吃儿

　　　　　V₁V₂-儿　　　如:吃喝儿

工具： V -ₙ 如：拍ₙ、挑ₙ、塞ₙ
结果： V -ₙ 如：捆ₙ、摊ₙ、冻ₙ

"儿"具有转指功能是较早的事情。《红楼梦》里就已经出现了单音节形容词、单音节动词加"儿"变为名词的例子。如：错ₙ、短ₙ、尖ₙ、好ₙ、坠ₙ（周定一，1984）。

12.2.1 自指功能的浮现

儿化是不是具有自指功能，没有看到相关的报道。赵元任(1968)在曾经提到，"另有几个动词带儿尾"，如"唱ₙ、包ₙ、印ₙ、画ₙ、塞ₙ；玩ₙ、火ₙ、颠ₙ、葛ₙ"；也举过形容词带"儿"的例子，如："亮ₙ、好ₙ、空ₙ；弯ₙ、方ₙ；黄ₙ、单ₙ"（吕叔湘译本第117—120页）。不过，这些例子除了"好ₙ""亮ₙ"可以算是自指之外，其他的都是转指。

我们对当代北京话的调查发现，儿化形式也可以自指，尽管数量和类型不如转指的那么多。如：

V -ₙ：响ₙ、转ₙ、滚ₙ、救ₙ、死ₙ、蹭ₙ
A -ₙ：好ₙ、乐ₙ、错ₙ、亮ₙ、鲜ₙ、准ₙ

自指的儿化并没有造成词汇意义的变化，仅仅改变了词的语法属性。

自指的儿化词大都经历过作为动宾离合式宾语的过程，动-宾在意义上具有固定的意义关系。

(1) 过节放炮就为了听个<u>响ₙ</u>。
(2) 大把的钱花出去了，结果连个<u>响ₙ</u>都没听见。
(3) 你就<u>服个软ₙ</u>，跟自己的父亲有什么过不去的？
(4) 这个<u>软ₙ</u>你就服了吧，跟自己的父亲有什么过不去？
(5) 打了个<u>转ₙ</u>就回去了，根本没下车。
(6) 在锅里打了个<u>滚ₙ</u>就捞上来了，没煮透。

赵元任(1968)也曾指出这类现象。不过，他认为这些动宾式是不能拆开的,其中的"宾"不能单独运用。

但是,在当代北京话里,儿化形式可以脱离特定动词,可以是"有/没"之类的空泛动词。例如:

(7) 合同都捏在手里了,那还能有跑儿吗?

(8) 肚皮都翻上来了,肯定没救儿了。

最后,儿化形式可以脱离特定动词,并且可以受数量成分修饰。

(9) 我不抽烟不喝酒,就喜欢玩玩儿牌。要是连这点儿乐儿你都要给我限制住,还让我活吗?

(10) 谁的错儿罚谁,别让大家伙儿跟着倒霉。

(11) 在单位挨领导挤兑,在家里挨老婆挤兑。也就这狗让我开心,我生活里就这么点儿亮儿。

(12) 吃了一个月蹭儿了,脸皮够厚的。

这类儿化是纯粹的名词化手段,功能在于改变词类。

12.2.2 儿化的形态学意义

从构词形态学角度看,一类为派生(derivation)构词,通过词缀改变词汇意义,构成一个新词。另一类是屈折(inflection)构词,只体现语法属性,如英语的 -ing、-ed。在形态语言里,派生与屈折有时也不容易截然分清,比如,英语里动词后加 -er 既改变了词汇意义同时也改变了词性(如 read→reader)。但是,屈折范畴还是相对清楚的。

儿化词具有"可爱"的意味或轻松的语气,虽然"儿"的词汇意义弱化,但是产生了新的语用意义——主观小量。当"儿"的词汇意义进一步弱化,具有转指功能的时候,它用于派生新词,加后缀"儿"就成为构词形态手段,属于派生(derivation)构词。

从上文的讨论看,后缀"-儿"既可以用作派生词缀(derivational affix)——改变词汇意义,如(13);也可以用作屈折词缀(inflectional affix)——仅仅改变词汇的语法属性变为名词,即儿化用作自指的一类,如(14)。这类儿化是纯粹的名词化词缀。

(13) 画儿、盖儿、摊儿、托儿、戳儿、扣儿

短儿缺点、空儿空腺、空闲、黄儿蛋黄、头儿上司、信儿消息、白面儿海洛因

颠儿离开、翻儿翻脸

(14) 乐儿、整儿、零儿、好儿、错儿、单儿

12.3　儿化的个体化功能

从语音特征上看,"儿"经历了从自由到附着的衰减过程:

独立音节＋字调 ＞ 独立音节＋轻声 ＞ 非独立音节

从语法功能上看,"儿"经历了从自由语素到构形词缀的虚化过程:

自由语素 ＞ 构词词缀 ＞ 构形词缀

从意义上看,"儿"经历了从客观量到主观量进而失去附加意义的词义淡化(bleaching)过程:

客观小量 ＞ 主观小量 ＞ 中性

儿化形式从表主观小量进而发展到不含主观态度的中性指称,同时儿化名词的个体指称功能得到凸显,表现为排斥无指和类指用法。

我们发现,一些可儿化可不儿化的词,选用哪种形式具有指称差异。具体表现为,当儿化形式与非儿化形式出现在同一语篇的时候,指称具体某一个体的时候倾向于使用儿化形式。可以说,儿化赋予光杆名词单指(individual)的指称功能。具体表现为,无指(non-referential)和类指(generic)名词不用儿化形式(关于汉语中无指名词、类指名词的区分,参看陈平,1987a)。

12.3.1 无指名词不用儿化形式

无指成分侧重于从名词的抽象属性方面去指称事物,它表现的对象不是语境中某个或某些实体。如"他是学生"中的"学生","木头桌子"中的"木头","他的篮球打得好"中的"篮球","他画工笔"中的"工笔","打麻将打上了瘾"中的"麻将"(关于无指名词常见的句法位置,可参看张伯江,1997a)。

就光杆名词来说,因语境不同,其指称功能可以不止一种。如:

(15) 作为<u>母亲</u>,我没有尽到<u>母亲</u>的责任。

(16) 我已经多年没有回家看望<u>母亲</u>了。

(15)中的"母亲"是无指名词,(16)中的"母亲"是有指且定指的名词。

下面看看儿化与非儿化的对比。例(17),说话人在用到"字"这个名词时,仅仅着眼于这个名词的抽象属性,而不是具体语境中具有这个属性的事物。

(17) 你看那个仓颉<u>造字</u>也不是现在这个正楷。

* 你看那个仓颉<u>造字儿</u>也不是现在这个正楷。

(17)中"造字"的"字"是无指宾语名词,不能换作"字儿"。

有的名词语素,不儿化的形式只能作为构词成分,不能独立指称。而儿化的形式独立成词,并且具有个体指称功能。例如"份"。"份"只能作为词根语素构词,不能用作独立指称。在《现代汉语词典》里,"份"有两个义项:1)整体的一部分:股份。2)(~儿)a:用于搭配成组的东西:一份儿饭 | 一份儿礼。b:用于报刊文件等:一份儿《人民日报》| 合同一式两份儿。

陈平(1987a)曾给出了汉语中与名词指称性质有关的七种主要词汇形式,并指出 A—G 各类格式都可以表现有指成分,而无指成分限于 D—G 四种格式:

A 组　人称代词
B 组　专有名词
C 组　"这/那"(＋量词)＋名词
D 组　光杆普通名词(bare noun)
E 组　数词(＋量词)＋名词
F 组　"一"(＋量词)＋名词
G 组　量词＋名词

从北京话的情形来看,当同时存在儿化和非儿化两种形式的时候,儿化形式不用于表现无指成分。因而,我们可以在这个表的基础上再补充一条,北京话光杆普通名词的儿化形式不能表现无指成分。

当然,有些普通名词没有儿化形式与非儿化形式的对立,即使表达无指,也只能使用儿化形式。例如:"鸟ㄦ、花ㄦ、活ㄦ、馅ㄦ、味ㄦ、蛐蛐ㄦ、光棍ㄦ、个头ㄦ、快板ㄦ、马褂ㄦ、脑门ㄦ、胖墩ㄦ、枪子ㄦ、玩意ㄦ",这些词都没有非儿化的形式。因此,即便在"他喜欢打鸟ㄦ、斗蛐蛐ㄦ""养花ㄦ是个技术活ㄦ"这样的语境下,无指的解读也只有儿化词。

12.3.2　类指名词不用儿化形式

名词性成分的所指对象如果是整个一类事物,我们称该名词性成分为类指(generic)或通指成分。类指性成分把对象当成一个类别去指称,着眼于对象的整体属性。由于儿化形式具有个体指称性质,因而排斥类指解读。

例如谈字的不同类别的时候,说"象形"或者"简化"用非儿化形式"字",如(18)(19)。在指称个体的时候,用儿化形式。⑦如下面例子中的"'鸟'字ㄦ""'妇'字ㄦ""'富'字ㄦ"。

(18) A:您说说这<u>象形字</u>是怎么个意思。

　　　B:你看这<u>象形字</u>有意思,比如你看那"鸟"字ㄦ,

12.3 儿化的个体化功能 225

(19) B:现在<u>简化字</u>这个"妇"字ᵣ,特别的有意义。

　　A:<u>简化字</u>的"妇"字ᵣ怎么写?

(20) B:咱先说这"富"字ᵣ啊。

　　A:"富"字ᵣ。

　　B:富者阔也,"富"字ᵣ怎么写呀,宝盖ᵣ、底下是一、口、田。

　　A:一个"一"字ᵣ,一个"口"字ᵣ,一个"田"字ᵣ。

这里,"象形字""简化字"都专业术语,专门指一类字,是典型的类指性名词,不用儿化形式。

类指性话题/主语不用儿化形式。例如:

(21) 猫啊狗啊一律不能往火车上带。

(22) *猫ᵣ啊狗ᵣ啊一律不能往火车上带。

相反,所指对象如果是一类中的个体(即单指成分),光杆名词儿化形式作单指而不作类指。如果名词前加"小"可接受,不过其中恐怕是"小"的意义影响。比如下面的例子,其中的"小猫ᵣ小狗ᵣ"指称小型动物或宠物,不是从类属方面指称猫和狗。

(23) a.小猫ᵣ小狗ᵣ一律不能往火车上带。

　　b.小猫ᵣ小狗ᵣ可以养,大型犬特别是身高超过35厘米的,不能在城市居民区里养。

再如:

(24) A:咱们再说个什么呢?

　　B:这回咱们打字里说一回吧。

　　A:打字里头说?

　　B:哎。这回咱们说这个有名目啊。

(24') A:咱们再说个什么呢?

　　B:*这回咱们打字ᵣ里说一回吧。

A:*打字儿里头说?

B:哎。这回咱们说这个有名目啊。

从名词的典型性来说,无指名词是最接近形容词的,名词转为形容词大都经历无指化阶段。而汉语里,光杆名词的指称属性特征往往要借助于句法位置或与其共现的成分来确定。如下面(25)(25'),从 a 至 d 反映了"肉"从具体到抽象,从具备名量特征到不具备名量特征的几个阶段。

(25) a.他朝我碗里夹了一块肉。 （三块肉）

b.肉不好消化。 （*三块肉）

c.他信佛,不吃肉。 （*三块肉）

d.这人性子太肉。 （*三块肉）

(25') a.他朝我碗里夹了一块肉/肉儿。 ［有指,不定指］

b.肉/*肉儿不好消化。 ［类指］

c.他信佛,不吃肉/*肉儿。 ［无指］

d.这人性子太肉/*肉儿。 ［形容词］

综上所述,儿化用于表现事物具备个体性特征,可以说是体现"量"意义的一种手段,是在名词化标记功能之后语法意义的进一步抽象化。

儿化在具体使用中存在个体差异。就同一个事物来说,有的人说到它的时候永远用儿化形式,另有一些人会用到儿化和非儿化两种形式。假如同一个说话人在提到"字"这个事物的时候,有儿化和非儿化两种形式,那么就存在上文提到的分工。安欣(2006)用 22 个相声文本对照录音做了考察,大致符合本章谈到的规律。不符合的情况也有,仅仅发生在反问句、否定句或者引出一个对比话题等特别需要强调的场合,指个体的对象也用了非儿化形式。

12.4 小结

儿化的早期阶段一般指称小的物件,在一定程度上保留了客观上量小的词汇意义。进一步发展,用来指在说话人看来"小"或"可爱"的东西。这是一个主观化过程。

自指儿化的出现标志着儿化开始作为一种专门用来体现名词属性的形态手段。与此同时,其个体性指称功能的浮现则从指称意义上标记典型的名词性成分,因为"量"特征是名词典型的语义特征。这个语义发展过程可以概括为:

$$客观小量 > 主观小量 > "量"特征$$

汉语是一个具有较少句法形态的语言,但是我们看到,这一百年来,确实有一些形态成分产生,其中的原因是什么呢?

王力先生(1980:479)在《汉语史稿》讨论"五四"以后新兴句法的时候提出,"五四以后,汉语的句子结构,在严密性这一点上起了很大的变化",基本的要求是主谓分明,脉络清楚,每一个词、每一个仂语、每一个谓语形式、每一个句子形式在句中的职务和作用都经得起分析。《汉语史稿》专有一节讨论句法严密化的六种情况。并且预测,今后汉语语法发展的基本趋向主要是两个方面:一是构词法上,新词绝大多数将是双音词;二是在句法上,将来的句子结构会更加严密化(见485页)。北京话儿化的发展,可以说部分验证了王力先生的预测。

附 注

① 刘英(1990)认为,"里"不是北京话"这ₙ、那ₙ、哪ₙ"的儿化来源。"儿"表示处所的儿化词的"这ₙ"的来源不是"这里",而是古代表示处所的语素,在古代文献中记作"下"。马庆株(2004)则认为,从语音上看,表示处所的儿化词的"这ₙ"的来源不是"这里",而是"这块ₙ",与刘文看法相近。尽管意见分歧,各家都认为处

所词的儿化是表处所的语素自身的语音变化,与小称来源的"儿"没有多大关系。

② 笔者个人的考察发现,这类词的"儿"与真正的儿化韵还是有区别的,并没有成为第一个字对应的儿化韵。三字词的第二个字,声母变为零声母,轻声,同时仍然占一个音节长度。

③ 此处仅举有代表性的几家观点,儿化韵的研究综述可参看李延瑞(1996),关于儿化语音形成的历史问题的较新讨论可参看王福堂(2002)。关于北京话儿话词的材料除了已经出版的北京话词典之外,可参看彭宗平(2005)。

④ 参看赵元任,1968;朱德熙,1982;林焘,1982;周定一,1984;毛修敬,1984、1989;李善熙,2003;彭宗平,2005。

⑤ "小偷儿",可能表小,但不表可爱。确实如此。不过,这里有个"小",我们没法确定表小的意思是由"儿"带来的,恐怕还是"小"赋予的。我们说的表小是指不带"小"字而由儿尾决定的"小/可爱"的意思。口语里有"这人偷/小偷小摸惯了"的说法,"小偷"是一种不太严重的偷窃行为。"小偷儿"的"儿"可以看作一个名词化的手段。所以可以说"小偷儿",但是不能说"惯偷儿"而要说"惯偷"。从这个角度看,"儿"还是加在"小量"的行为后面,不用在严重的不好的行为后面。这种对比多少也透露出"儿"的主观性。

⑥ 北京话里数词带儿化音可以指称孩子,如"三儿""六儿"指家里的第三个、第六个孩子。感谢殷国光教授告诉笔者,这类对子女的称呼不区分男女。我们认为,尽管如此,这种用法实际是"儿"保留了"孩儿"的词汇义,只是语音上"儿"弱化了,不能看作数词加"儿"转指人。

⑦ 更多例子见安欣(2006)。

第十三章 儿化词语阴平变调的语法意义

13.0 引言

赵元任先生(1968,吕叔湘译本 4.2.4)曾指出,北京话有一种生动重叠。生动重叠与遍称重叠(如:顿顿儿、回回儿、天天儿)的相同之处是可带"儿"尾(也可不带),但是一般带"的"。与遍称重叠的不同在于第二个音节一般变成阴平(如果原来不是阴平)。如:

(1) 高高儿的(原阴平)

   饱饱儿的(原上声)

这种变调仅限于北方官话。文言遗留下来的重叠形式不变调,也不带儿尾。下面(2)和(3)是赵先生的例子:

(2) 早早儿睡,晚晚儿起,又省灯油又省米。

赵先生还指出,边缘性的例子,往往同一语素在日常说话里变调,如(3a);在较为正式的风格中不变调,如(3b)。

(3) a.他渐渐儿懂了。

   b.他渐渐了解了。

金受申(1965)、俞敏(1999)注意到,这类重叠形式"儿"不能省略,变阴平表示强调。这些都提示我们,儿化形式不仅仅是风格特征和传情手段,同时也具有语法上的强制性。

第十三章　儿化词语阴平变调的语法意义

本章的讨论将论证,北京话阴平变调实际是高调化,是汉语方言里普遍存在的一种变调模式。这种高调化起先用于单音节重叠式,构成"AA儿"重叠式副词,并通过状语位置的"ABB儿"得到进一步确立,进而类推到其他词类的词语转类成副词。

13.1　状态形容词与副词之别

朱德熙(1982)是最早明确指出变调具有语法功能的。在《语法讲义》(2.2.5)里说,单音节形容词不仅有一种重叠式"AA儿的",第二个音节一般变成阴平,构成**状态形容词**。同时,还有一种重叠式副词——"AA(儿)",它的基式是单音节形容词,第二个音节变成阴平,例如:好好儿、慢慢儿、远远儿。值得注意的是这类格式只能做状语,是**典型的副词**。可是加上"的"以后,就变成了状态形容词,既能做状语,也能做定语、谓语和补语(《语法讲义》,2.2.6)。

也就是说,通过重叠和变调改变词性,有两种形式,一是带"的"的,构成状态形容词;另一种情况是不带"的"的,是副词。即:

重叠＋儿化＋的[＋阴平] → 状态形容词　　"AA儿 的"
重叠＋儿化[＋阴平]　　 → 副词　　　　　"AA(儿)"

从我们对《现代汉语八百词》的用例分析看,变为状态形容词的一类,也不一定都变阴平。但是变为副词的一类却是必须变为阴平调。

副词用法的例子,如:

　　(4) 悄悄儿:悄悄儿进去。
　　　　好好儿:好好儿站着,别到处瞎转悠。
　　　　远远儿:远远儿走来一个人。
　　　　细细儿:细细儿看个够。
　　　　慢慢儿:慢慢儿吃,别噎着。

我们发现,这种带有阴平变调的"AA儿"规约性很强。表现为,当结构关系与语义指向不对应的时候,以结构关系为准。比如下面例(5),虽然"嫩"意义上是指向"鸡蛋羹"的,但是做状语的时候,必须要儿化同时变调说成阴平。而做谓语的时候还是用本调。对比:

(5) a. 嫩嫩儿蒸了碗鸡蛋羹　　（变调阴平）
　　b. 小脸儿嫩嫩的　　　　　（本调去声）
　　c. *小脸儿嫩嫩儿　　　　　（变调阴平）

状态形容词"AA儿的"的语法分布不限于状语位置,但"AA儿"重叠式副词只做状语。而且,阴平变调的形式"-儿"是不能省略的。

有的用例乍一看似乎是"AA儿""唯状分布"的反例,实际不然。例如:

(6) 好好儿一个姑娘,怎么就成罪犯了呢?①

结构上看,"好好儿"似乎是名词性成分"一个姑娘"的定语,但是细分析起来大有不同。有"好好儿"做修饰语的名词不能像一般名词短语一样用于判断句的"是"之后,无论它位于数量成分"一个"之前,还是位于数量成分与名词之间。例如:

(7) a. *她是好好儿一个姑娘。
　　b. *她是一个好好儿姑娘。

对比:

　　c. 她是好姑娘。
　　d. 她是一个好姑娘。

这说明,"好好儿一个姑娘"不同于"（一个）好姑娘",它看似名词短语,却不是一个指称形式。

另一方面,"好好儿一个姑娘"可以单说,它的后半句可省。例如:

(8) a. 唉,好好儿一个姑娘!（干点什么不好非干这一行!）
　　b. 唉,好好儿一个姑娘!（毁啦!）

这也从另一侧面说明,"好好ᵣ一个姑娘"整体上并不是一个指称性名词短语。也就是说,例(6)里的"好好ᵣ"同样是副词,用以锚定"好好ᵣ一个姑娘"整体上的陈述属性。在现代汉语里,这类貌似名词短语的形式却不用作指称的并不是孤例,相似的如"好你个张老三"。

"AAᵣ"重叠式副词的生成模式也扩散到双音节重叠式。不仅"AAᵣ"是"唯状分布",带有阴平变调的"ABBᵣ"也是"唯状分布",不能像状态形容词那样做谓语。例如:

(9) a. 孤零零ᵣ站了一个多小时。　　　　　　　(阴平)

　　b.*站了一个多小时,孤零零ᵣ。　　　　　　(阴平)

(10) a. 直瞪瞪ᵣ瞅着满屋子的脏水,不知道该怎么办。

　　　　　　　　　　　　　　　　　　　　　(阴平)

　　b.*眼睛直瞪瞪ᵣ。　　　　　　　　　　　　(阴平)

(11) a. 直愣愣ᵣ站外头不敢出声。　　　　　　　(阴平)

　　b.*他站在屋角,直愣愣ᵣ,不敢出声。　　　(阴平)

与"AAᵣ"一样,当结构关系与语义指向不对应的时候,是否变调要以结构关系为准。例如:

(12) a. 热腾腾ᵣ吃点ᵣ可口的。　　(阴平)

　　b.*屋子里热腾腾ᵣ。　　　　(阴平)

从语义上看,(12a)的"热腾腾"指向"吃"的受事("可口的"),但处于状语位置上,也要儿化同时变为阴平调。

上述(9)—(12)的 b 组,如果把"ABBᵣ"换成"ABB 的"就能说了。作为状态形容词,声调上可以是本调(详下),也有变为阴平的。但重要的是,"ABB 的"不强制要求变为阴平调。

综上所述,按照朱先生在《语法讲义》中的分析,单音节形容词重叠式有两类,带有"的"的重叠式是状态形容词,不带"的"的重叠式"AAᵣ"是副词。这种区分也适用于 ABB 式形容词与副词之别,即不带"的"的重叠式"ABB儿"式只能做状语,是副词。

13.2　阴平变调的扩散

早期学者们注意到,阴平变调在重叠式副词"AA儿"上具有强制性。我们的考察发现,"儿化"加"阴平变调"作为一种生成副词的语法手段,其作用的范围有进一步扩展的倾向。除了上述重叠式副词"ABB儿"外,还从重叠式扩展到非重叠形容词;从变形容词为副词,类推到将其他词类的词语变为副词。具体表现为下面几种情况。

(一)非重叠型双音节形容词也可以经此途径变为副词。表现为,在谓语位置上是本调,在状语位置上末字儿化,同时变为阴平调。例如:

形容词 → 副词

　　(13) 麻利→麻利儿

　　　a.本调,máli,意为"利索"。如:

　　　　她特别<u>麻利</u>,这点儿活儿一会儿就完。

　　　b.变调,málīr,意为"立刻、马上"。如:

　　　　<u>麻利</u>儿给我找去,找不着别回来!

(二)其他一些类别的词语,如名词,也可能经此途径变为副词。

1) 名词 → 副词

　　(14) 斜碴儿

　　　a.本调,xiéchár 指"斜着的碴口"。如:

　　　　这块木头边儿是<u>斜碴</u>儿,你小心别刮了手。

　　　b.变调,xiéchār,做状语,意为"斜侧着(放)"。如:

　　　　那儿有个缝儿,你<u>斜碴</u>儿杵进去。

另外,处所名词做状语也会变调。例如:

(15) 背旮晃ₙ

a. 本调，bèi gālár，指"僻静或偏僻的地方"。如：

他整天躲在背旮晃ₙ不知干什么呢？（宋孝才、马欣华《北京话词语例释》）

b. 变调，bèi gālār 做状语，意为"在僻静、不显眼的地方"。如：

背旮晃ₙ站着去，别让人看见。

在类推的过程中，如果原来末字带有儿化韵尾，则直接将末字变阴平，如(14)、(15)。如果末字没有儿化韵尾，就要加上儿化韵尾，同时说成阴平调，如上文例(13)及下面例(16)。

2）动词 → 副词

(16) 敞开 → 敞开ₙ

a. chǎngkai 意为"大开；打开"。例如：

门敞开着；把门敞开。

b. chǎngkāir②

1）宋孝才、马欣华《北京话词语例释》：

放开；不受拘束：酒，敞开ₙ喝；菜，敞开ₙ吃。

2）高艾军、傅民《北京话词语》：

①随便，尽情：不管饭，打滚ₙ可以敞开ₙ打。｜您就敞开ₙ骂我吧。

②完全："天真说什么来着？"二妹妹问。"敞开ₙ是糊涂话，他说，非毕业后不定婚，有是什么要定婚也不必父母分心。"

"敞开"的"开"口语里是说成轻声的。但是，"敞开ₙ"的"开ₙ"说成阴平，只能做修饰语用，不能做谓语，如"*把大门敞开ₙ"。从语音结构变化来看，这与(13)"麻利→麻利ₙ"相同。

变调与词汇化是同时发生的，表现为，一些短语在状语位置末字变阴平的同时，也从短语形式成为一个独立的词。这个变化更为重要，它意味着儿化加上阴平变调作为一种形态音变手段得以巩固。

主要有下面几类。

1) 名词短语 → 副词

(17) 好模样儿：

a. 好模样儿还得配好打扮。

b. 你好模样儿站着，别动这动那的！

"好模样儿"原本是"好"修饰"模样儿"的名词短语。其名词用法如 a 例；但是，当它做状语的时候，要变阴平调，意为"规规矩矩"，如 b 例。这个转变不仅仅是末字变了阴平，第二个音节"模"也同时变成了轻声，整个三音节的韵律模式一起发生了变化。即：

   名词短语   副词
   好 模 样儿 好 模 样儿
   hǎo mú yangr hǎo mo yāngr

名词性成分转作副词是不太常见的，虽然口语里说，但是词典里还没见收入这个用法。"好模样儿"的这个用法或许是受了北京话里另一个词的影响。北京话还有一个当"平白无故"讲的"好模样儿"，是副词，在词典里与"好模当样儿""好么样样儿"互见，作同义词。特别重要的是，其中的"样儿"或"样样儿"都是阴平的(参看高艾军、傅民，2013；宋孝才、马欣华，1987)，而"样"的单字调并无阴平调。

3) 动宾短语 → 副词

正因为有了儿化和阴平变调作为特征区别，有的字面同形的词，会因为儿化与变调而产生不同的意义和功能。以"法儿"为例，"法"的本调是上声，但是在"想法儿"里的"法儿"却说成三种不同声调。如：

(18) "想法儿"：

1) xiáng far 用作指称,"办法"义。"法儿"为轻声。如:

我有一个想法儿,你们听听有没有道理。

2) xiǎng fár 用作陈述,"想办法"义。"法儿"为阳平。如:

你得想法儿啊,总不能坐以待毙吧。

3) xiǎng fār 用作修饰语,"设法、尽力"义。"法儿"为阴平。如:

想法儿弄点吃的吧。

*想想法儿 fār 弄点吃的吧。

虽然形容词重叠式带"的"的形式可以做状语也可以做谓语,但是不带"的"的形式是副词,只能做状语。

阴平变调手段用于形容词之外其他词类的时候,规律更为显著,这类阴平儿化词只能做状语。如:

(19) a. *我的想法儿 xiǎng fār

b. *这个想法儿 xiǎng fār

c. *我有个想法儿 xiǎng fār

这种差异在北京话词典里已经有所反映。例如:

(20) 没法儿 méi fār 不可能、决不会:哼,你没法儿不知道。

(陈刚、宋孝才、张秀珍《现代北京口语词典》)

值得注意的是,儿化词语的阴平变调作为副词特征类推到其他词类的词语,原有小称意义同时隐退了。

13.3 阴平变调的动因

我们认为,儿化词语阴平变调是在原有小称后缀上叠加另一种小称手段——高调化。之所以会发生这种叠加手段,其根本原因在于儿化作为小称后缀,已经成为名词的构词和构形手段。[③]

北京话里,动词或形容词加"-儿"尾可以派生各类名词。如:

13.3 阴平变调的动因

施事/主事：V -ᵣ　　　（如：托ᵣ）
　　　　　V₁V₂ -ᵣ　　（如：倒卧ᵣ）
　　　　　VV -ᵣ　　　（如：混混ᵣ）
　　　　　A -ᵣ　　　　（如：淘气ᵣ、可怜ᵣ）
受事：　　V -ᵣ　　　　（如：吃ᵣ）
　　　　　V₁V₂ -ᵣ　　（如：吃喝ᵣ）
工具：　　V -ᵣ　　　　（如：拍ᵣ、挑ᵣ、塞ᵣ）
结果：　　V -ᵣ　　　　（如：捆ᵣ、摊ᵣ、冻ᵣ）

加"儿"韵尾也可作为单纯的形态音变手段用以构成名词。例如：

动词-ᵣ　→　名词：　响ᵣ(声音)、转ᵣ(圈)、亮ᵣ(光线)
形容词-ᵣ　→　名词：　乐ᵣ(乐趣)、好ᵣ(好处)

因此，无论是派生还是构形，儿化都是名词范畴的形式标记。而修饰语一方面要突显其小称情感特征，又要有别于名词，需要形式上加以区别。之所以选择阴平，因为高调化是汉语小称表达系统中已有的手段。

朱晓农(2004)对汉语小称变调的分析中说，小称变调涉及多种喉部紧张状态(如：喉塞音、超高调、假声、嘎裂声)，高调化是小称的"区别性特征"。在东南方言中小称有两种方法表示：一是变调，高调化变成高平调或高升调。二是儿鼻化，附加某种鼻音形式的"儿"尾，或同时带高调。

高调化的例子如广州话(参看麦耘，1990、1995)

	本调		小称	
袋	阳去 22	(大袋子)	35	(小袋子)
包	阴平 53	(麻包、米包)	55	(荷包、红包)

儿鼻化有两种情况：1)词根后带自成音节的"儿"尾，如广西容县。2)"儿"不自成音节，变成舌根音节的鼻韵尾，同时带高调，如广东宜信

粤语(叶国泉、唐志东,1982;罗康宁,1987)。

我们认为,北京话儿化词语变阴平,实际是小称后缀叠加小称调。由于儿化既是构词手段(派生构词),又是构形手段(转变词类),均为名词性标记。因此在小称后缀上叠加高调化手段[④],显示其语法属性有别于名词。这种形式的小称意义仍有所保留,体现在变阴平的词汇具有一定的词汇选择性(详见 13.5)。

13.4 正在发生的演变

儿化并变阴平构成副词是北京话当下正在发生的演变。有两个特点:

第一,有的词本调与变调两种形式共存;

第二,变调与不变调因年龄、性别不同存在差异性。

某些词汇化程度不高的形式,变调形式不稳定。如"变法儿"。"变法儿"在陈刚编《北京方言词典》里注的是变调:"biàn fār 用各种方法,千方百计。别变法儿淘气。变着法儿给修好了。"

又如:

(21) 变法儿给他买些作些新鲜的东西吃。(《骆驼祥子》)[⑤]

这里有两点值得注意,一是"法儿"的阴平调。我们知道,"法"单字调是没有阴平读音的。二是离合词的用法,中间可嵌入"着"。又如:

(22) 变着法儿挑她的毛病|她变着法儿给踩上泥(《柳家大院》)[⑥]

"变着法儿"做修饰语的用法,在多部北京话词典里都有解释,意为"想方设法"。不过,"变着法儿"已经不能像一般动宾结构那样做句法变化,如下面(23b)、(23c)。

(23) a. 变着法儿做各种你喜欢的菜,就为了讨好新媳妇呗。

b.* 变着法儿不变着法儿做各种你喜欢的菜?

c.*变不变着法儿做各种你喜欢的菜?

d.是不是变着法儿做各种你喜欢的菜?

"变法儿"的"法儿"的注音在不同词典里颇有分歧,陈刚编《北京方言词典》里注的是阴平调,有的词典只标注本调上声(如高艾军、傅民《北京话词语》、《北京话词典》),有的标为阳平(如宋孝才、马欣华《北京词语例释》)。虽然"法"单字调没有阴平,但是在一些北京话词典里却释义把"变(着)法儿"和"变(着)方儿"当作异形词处理,颇耐人寻味。例如:

贾采珠《北京话儿化词典》里"变方儿"的释义有:想方设法,也叫"变法儿":他变着方儿挑她的毛病。(老:短,113)⑦

高艾军、傅民《北京话词语》里"变着方儿"见"变着法儿";而"变着法儿"虽然"法儿"标了上声,但在释义里有:又作"变方儿、变法儿、变着方儿"。想方设法,挖空心思。

不难发现,把"变(着)法儿"和"变(着)方儿"当作异形词,这种解读的条件正是它们都做状语。同时,北京话新派读音前鼻韵尾儿化以后常常失去鼻化成分,与开韵尾合流,即"板儿"与"把儿"同韵(参看林焘、王理嘉,1985)。后鼻韵尾在儿化后,本应带有鼻化特征。导致"变法儿"与"变方儿"的语音差异被忽略,显然是借了同为高平调又同为状语位置的力。⑧

有的词,变调与不变调在不同性别的人群里会有差别。以"倍儿"为例。"倍儿"是"极其""特别、非常"的意思。例如:

(23)倍儿棒 倍儿忙 倍儿帅 倍儿正 倍儿惨 倍儿土 倍儿青(橘子) 倍儿阴(指人) 倍儿干净 倍儿精神 倍儿实在 倍儿体面 倍儿讲义气 倍儿不给面子

"倍儿"在1990年出版的陈刚编《北京方言词典》注音是去声;而在1990年出版贾采珠编《北京话儿化词典》和1997年出版陈刚、宋孝才、张秀珍编《现代北京口语词典》里,都标有两个声调:1)去声;2)阴平。
在我们调查的 20 人中,有半数男性"倍ㄦ"只说去声,承认有阴平,但自己不说,并且认为去声"更有胡同味ㄦ"。女性调查对象"倍ㄦ"变阴平调的占优势。而且被调查者认为,阴平是中性语气,是一般性叙述;如果说成本调去声,则是要突出强调"胡同味ㄦ"。我们认为,所谓"胡同味ㄦ"应是代表老派的说法。另一方面,从社会语言学角度看,一般男性群体比女性群体在语言上更为保守。这从另一个侧面说明,变阴平调应是后起的形式。

13.5　小称与大称

小称(diminution)与大称(augmentation)本属名词表达范畴,用以表达事物的体量的大小。但是在很多语言里,这一对范畴都有意义的引申和功能的扩散。用在名词以外的词类的时候,小称表达带有"讨人喜欢的"意味,大称表达带有"负面的"或"令人不愉快的"含义(参看 Payne,1997;Bussmann,1996)。

北京话里,重叠式"AA""ABB"和"AABB"都有变读阴平的现象,每一类重叠里也都有不变调的。这个语音分歧现象见于不同韵类的字,因而不能从古入声字与非入声字的分别找到线索。另一方面,不变调的也不一定是"文言遗留下来的重叠"形式或者正式语体词汇。

从现象看,首先,有的变调与儿化共现,有的变调排斥儿化。第二,变调、儿化与重叠式词汇意义上是积极意义还是消极意义有密切关联。因此,对变调性质的分析除了语法考量之外,还有必要从表达层面探究。

13.5.1　单音节形容词重叠式

单音节形容词重叠式的第二个 A 一般读阴平调,儿化。《现代汉语八百词》(增订本)里有一个附表(720—722 页),说明单音节形容词的重叠表现,共列举了 133 个单音节形容词"AA""AA 的"和"第二音节儿化变阴平"的分布情况。从书中的归纳看,"第二音节儿化变阴平"占优势。在这 133 个单音节形容词里,没有发生"第二音节儿化变阴平"的(包括本调为阴平的)有下面几种情况。

(一)这个形容词根本就没有 AA 式,但有"AA 的"重叠,如:瘪、纯、蠢、低、毒、灰、湿、酥、秃、歪、弯、直、皱、脏。也就是说,只能变为状态形容词。

(二)这个形容词有 AA 式,但没有"AA 的"重叠,如:单。即不能变为状态形容词。

(三)这个形容词有 AA 式,也有"AA 的"重叠,但是没有"第二音节儿化变阴平"。如:苦、死、微、涨、真。

上面三类除去原本就是阴平的字,只剩下"瘪、纯、蠢、毒、俊、直、皱、苦、死、涨"而这几个词,在所有 133 个单音节形容词里,只占不足 8%。这几个词以重叠式"AA"或"AA 的"做状语,但是不发生儿化和阴平变调。

从上述分布看,单音节形容词重叠式的第二个音节是否变调与其词汇意义有关。不变调有两个影响因素:

第一,很难用来修饰行为,如"纯、皱"。

第二,这些词具有"令人不快的意味",很难表达"小""可爱"或亲昵关系等小称意义,比如"瘪、蠢、毒"。因此,"AA儿"阴平变调可以看作小称变调基础上的功能扩展。

13.5.2　双音节形容词重叠式

双音节形容词有"ABB"和"AABB"两种重叠形式。这两类重叠发生儿化和变调的远不及单音节形容词重叠式普遍,其用法分歧也比

第十三章 儿化词语阴平变调的语法意义

较大。

李小梅(2000)对《现代汉语词典》(修订本)所收的单音节形容词叠音后缀进行了统计,发现大多数单音节形容词的叠音后缀不发生音变,只有少数可以变为55调。[⑨]李莺(2001)统计了《现代汉语八百词》和《现代汉语词典》(修订本)的ABB式,共336个,其中BB的单字调本为阴平的就已经超过60%,而ABB式的BB变读阴平的只有46个[⑪]。不过这些统计并没有区分ABB使用是否与带"的"或"儿",因而不便直接与《现代汉语八百词》的数据进行对比。尽管如此,变调的46个在非阴平的约100个用例里,所占不到一半,远远低于单音节形容词重叠式发生变调的比例。

我们对北京话ABB重叠式BB是否变阴平的情况进行调查,发现在83个ABB重叠式中[⑪],BB可以由非阴平调变成阴平的只有下面13个,约占15%。但是,这些词也可以不儿化,说成本调。如:

孤零零、直挺挺、亮堂堂、慢腾腾、热腾腾、湿淋淋、水淋淋、直瞪瞪、直愣愣、骨碌碌、噗碌碌、文绉绉、硬朗朗

从词汇意义看,ABB重叠式主要有三类:
1) 描摹事物色彩。如:白皑皑、黑黝黝、红艳艳、金灿灿。
2) 描摹事物样态。如:毛茸茸、圆滚滚、松垮垮、油腻腻、黑洞洞。
3) 描述行为样态。如:懒洋洋、笑盈盈、气鼓鼓、直挺挺。

描述行为样态做状语是ABB重叠式的基本表达功能,而其他ABB重叠式多为描摹色彩或事物样态。描摹事物样态又可用作状语的,不是常态搭配,往往对动词的选择性强,因而使用的频率相对较低,如"嫩嫩儿蒸了碗鸡蛋羹"。相对而言,"AA儿"中的形容词(如"好、快、慢")意义较为抽象,可搭配的动词是大量的、可类推的,只要是行为动词都可以被它们修饰,比如"好好儿吃饭、快快儿走、慢慢儿说"。

值得注意的是,具有负面意义的词不能儿化,也不发生变调。

例如:

　　昏沉沉、泪涟涟、乱腾腾、阴沉沉、急喘喘、死板板、懒散散、黑洞洞

从这个角度看,ABB重叠变阴平应是与小称表达有关[12]。这些词汇意义带有负面色彩的词难有小称意义,也就不发生阴平变调。这才能解释ABB重叠式变阴平调在词汇意义上的选择倾向。

　　另外,如上所述,上面可以变调的13个词也并非强制性要求变阴平,但凡是带儿化韵尾的形式"ABB儿"都要变成阴平。而做状态形容词用的时候,无论是否带"的",都可以不变阴平,如:水淋淋(的)、直愣愣(的)。这些词所描摹的状态难以与"小""可爱"或者积极情感相联系。

　　下面来看AABB式重叠的情况。

　　《现代汉语八百词》(增订本)对218个双音节形容词AABB重叠式、BB读阴平和第二个B是否儿化做了列表。其中有些变阴平,但也不是一律变成阴平。《现代汉语八百词》没有说明决定变调与不变调的条件。我们把书中表三所列的有变读阴平的AABB归纳如下。

　　(一) BB变阴平,且第二个B儿化。共50个。如:

　　安静　地道　敦实　伏贴　干净　光溜　厚道　豁亮　机灵
精神　宽敞　凉快

　　(二) BB变阴平,但第二个B不儿化。共26个。如:

　　糊涂　晃荡　毛糙　勉强　磨蹭　啰唆　遮掩　犹豫　枝节

　　(三) BB不变阴平,第二个B也不儿化。共30个。如:

　　破烂　凄凉　曲折　散漫　斯文　堂皇　拖沓　完整　稳重
严密　阴沉　圆满

　　显然,发生儿化的是具有积极意义的词。而具有负面色彩的词,其重叠式即便变阴平,也不发生儿化,如:糊涂、晃荡、勉强。

　　综上所述,从形容词的三类重叠式变阴平调的表现,我们可以归纳

出下面几点:

第一,凡是发生儿化的都变调。带"-儿"的重叠式有主观小量意义,如(一)类词。

第二,只能重叠不能变调的,其重叠式具有"大量"意义,积极意义和消极意义的词都有。如:破破烂烂、凄凄凉凉、曲曲折折、散散漫漫、斯斯文文、堂堂皇皇。

第三,不与儿化共现的阴平变调带有明显的主观大量意味或者负面态度。如:糊糊涂涂、啰啰唆唆、毛毛糙糙、晃晃荡荡。这是以重叠表现主观大量,同时用高调化来突显"过量""令人不快"。这也是语言像似性的表现。

我们认为,与儿化共现的阴平变调是小称变调,是作为小称后缀的叠加形态手段,是副词性标记。排斥儿化的变调是大称变调,用以强化主观大量或突显词汇的负面意义。前辈学者(金受申,1965;俞敏,1999)认为阴平变调有强调的意思,这种"强调"的解读体现了这个高调形式有突显言者主观态度的作用。

13.6 小结

北京话里,儿化作为小称手段,小称意义和功能都已扩展,成为表达主观小量或者言者亲近态度的手段(参看毛修敬,1984;李善熙,2003)。从形式上看,儿化既是构词手段,派生构成名词;又可以是构形手段,将动词转变为名词类。因此,在一个带有小称意味的词用作修饰行为的时候,需要一个不同于名词特征的标记形式。

高调化是汉语方言里普遍存在的一种变调模式。北京话阴平变调这种高调化起先用于单音节重叠式,构成"AA儿"重叠式副词;并通过状语位置的"ABB儿"得到进一步确立,进而类推到其他词类的词语转类变成副词。这种阴平变调叠加在小称后缀之上,是带有小称意义的副词的形式标志,属于构形音变。

排斥儿化的阴平变调,其重叠形式虽然变调,但是并不构成副词性转类。这类词汇具有负面意义和主观大量表达功能。

小称变调与大称变调都是高平调,但语感上两者在时长上略有差别,这还有待于借助实验手段进行分析。

附 录

白皑皑 白晃晃 白茫茫 白蒙蒙 碧油油 沉甸甸 赤裸裸 赤条条 恶狠狠 孤零零 骨碌碌 光灿灿 光闪闪 汗淋淋 黑沉沉 黑洞洞 黑茫茫 黑蒙蒙 黑油油 黑黝黝 红彤彤 红艳艳 黄灿灿 灰沉沉 灰蒙蒙 火辣辣 金灿灿 金煌煌 金晃晃 金闪闪 空荡荡 空洞洞 蓝盈盈 蓝莹莹 懒洋洋 乐陶陶 泪涟涟 亮闪闪 亮堂堂 乱腾腾 乱蓬蓬 绿茸茸 绿莹莹 绿油油 慢腾腾 毛茸茸 闷沉沉 密麻麻 明晃晃 明闪闪 暖融融 暖洋洋 噗碌碌 平展展 气昂昂 气鼓鼓 清泠泠 清凌凌 热辣辣 热腾腾 软绵绵 湿淋淋 湿漉漉 湿渌渌 水淋淋 甜腻腻 文绉绉 雾沉沉 雾茫茫 雾蒙蒙 乌油油 喜洋洋 喜盈盈 香馥馥 笑吟吟 笑盈盈 血淋淋 阴沉沉 圆鼓鼓 圆滚滚 直挺挺 直瞪瞪 直愣愣

附 注

① 感谢洪波教授提出这个问题。"好好儿"只能做状语,做谓语的时候,要说成"好好儿的"。

② 《现代汉语词典》(第 5 版)里对"敞开 chǎngkāi"一词没有标儿化韵尾。其中第二个义项标了副词,"放开,不加限制;尽量:你有什么话就敞开说吧"。这是因为《现汉》毕竟不是北京话词典。北京话里"敞开"做状语是要儿化的。而且"敞开儿"作"完全"义是必须要说成带有儿化韵尾的。这后一个意义《现汉》里没有收。

③ 虽然北京话里有些儿化词语不是名词,但是这些词的儿韵尾来源各异,不可类推,不同于名词后缀的"儿"(参看第十二章)。

④ 从现有的报道看,也有一些方言既有小称后缀又有小称变调,情况比较复杂,尤其是不同手段的功能分布和产生双重手段动因是特别值得探究的。比如

第十三章　儿化词语阴平变调的语法意义

邵慧君、万小梅(2006)讨论了江西乐安县万崇话小称高平和高升两种变调和小称词尾"嘚"的关系。陈丽冰(2012)福建宁德方言小称后缀和小称变调各有分工。

⑤　引自宋孝才、马欣华《北京话词语例释》的例子。

⑥　引自宋孝才、马欣华《北京话词语例释》的例子。

⑦　指老舍短篇小说。

⑧　跨语言看,小称倾向于前高元音(Payne,1997)。北京话小称儿韵尾会将鼻韵尾字的鼻音特征弱化,以致与非鼻韵尾儿化字的语音合流,是符合语言普遍规律的。

⑨　牟晓明(2001)关于ABB式形容词读音的调查,其中对《现代汉语词典》(修订本)和《普通话水平测试大纲》所收的这类形容词进行了统计,并与旧版《现代汉语词典》及其《补编》对比,发现ABB式形容词BB有不变调的趋势。

⑩　它们是:白蒙蒙、碧油油、汗淋淋、黑糊糊、黑油油、红彤彤、金煌煌、蓝盈盈、蓝莹莹、泪涟涟、亮堂堂、绿茸茸、绿莹莹、绿油油、乱蓬蓬、乱腾腾、慢腾腾、毛茸茸、黏糊糊、清凌凌、热腾腾、软绵绵、湿淋淋、水淋淋、水灵灵、乌油油、雾腾腾、喜盈盈、笑吟吟、血糊糊、血淋淋(本调阳平,31个)、白晃晃、干瘪瘪、黑黢黢、金晃晃、明晃晃、沙朗朗、硬朗朗(本调上声,7个)、沉甸甸、骨碌碌、黑洞洞、火辣辣、亮铛铛、热辣辣、湿漉漉、直瞪瞪(本调去声,8个)。

⑪　王洪君教授在审音工作中提供的一个调查问卷《ABB状态词BB声调调查表》,共83个词,见附录。

⑫　据李志江(1998)对北京地区的大中小学生的一次语音调查显示,《现代汉语词典》(修订本)中ABB式重叠形容词BB标注为变调的,大多数被调查者以读本调为主。而且从《现代汉语词典》1978年版和1997年修订本的对照中也可以看出,有不少原先标变调而后来不标变调。如1978年版的《现代汉语词典》中,"白茫茫、孤零零、黑沉沉、空落落、喜洋洋、香馥馥"等BB均注为阴平,而修订本则改注本调,"赤裸裸、赤条条、恶狠狠、空荡荡、直挺挺"等,1978年版注为两读,而修订本改注一读,即注本调。这些词改注本调是符合实际语音的,而且也正是我们所说的具有负面意义或令人不快意味的词。

第五部分　句法成分的语用化

第十四章 连词的话语标记功能

14.0 引言

传统上,汉语篇章连接成分的研究主要侧重点是连词。20 世纪 80 年代以后,篇章连接成分的研究范围涵盖传统上所说的连词,也包括副词和其他具有篇章连贯功能的固定格式(参看廖秋忠,1986)。20 世纪 90 年代以后,对口语中的篇章连接成分的研究渐渐多起来(参看 Biq, 1995;Wang,1998、1999;Tao,1999b)。

在口语会话中,传统上定义为"连词"的篇章连接成分,其用法不限于表达真值条件(truth condition)关系。表现为:

1) 在自然口语中,连词在使用中意义常常发生语义弱化(semantic reduction),不表达真值语义,而被用作组织言谈的话语标记(discourse marker)。

2) 语义弱化的连词主要有两方面的功能:话语组织功能(discourse organizing)和言语行为功能(speech acting)。弱化连词的话语组织功能包括前景化(foregrounding)和话题转换(topic switch)两个主要方面。言语行为功能包括话轮转接(turn taking)和话轮延续(turn holding)两个方面。

3) 用作言谈连贯与衔接的连词语义弱化,虽然不表达真值语义,但使用上也不是任意的,语义弱化呈现出不对称分布。在先事与后事、条件与推断、原因与结果等几对关系当中,只有表示后事、推断、结果的连词具有非真值语义的表达功能。这一现象反映了认知模式对小句承接方式和话语关联形式的影响。

本章的研究材料全部来自 4 个小时共 6 段自由对话(spontaneous conversation)录音材料。①

14.1 连词的语义弱化

传统上,连词的考察分析建立在对它的真值语义表达功能的界定上,对连词的分析主要是说明连词表达的逻辑语义关系和时间顺序关系(比如,因果关系、转折关系、让步关系,同时关系还是先后关系,等等),以及连词出现的位置(比如,用在前一小句还是后一小句;连接小句或是连接段落,等等)。下面以《现代汉语八百词》(1981 年版)中对几个常用连词的解释为例:

所以　[连]　在因果关系的语句中表示结果或结论。
但是　[连]　表示转折,引出同上文相对立的意思,或限制、补充上文的意思。连接小句或句子,也连接词、短语、段落。
因为　[连]　表示原因。1)"因为"用在前一小句;2)"因为"用在后一小句。
可是　[连]　表转折;但是。
那么　[连]　承接上文,引进表示结果或判断的小句。
而且　[连]　表示意思更进一层。
然后　[连]　表示一件事情之后接着又发生另一件事情。
甚至　[连]　1)放在并列的名词、形容词、动词、介词短语、小句的最后一项之前,突出这一项。

14.1 连词的语义弱化

      2)"甚至"用在第二小句,前一小句用"不但……"。
如果　[连]　1)表示假设。
      2)"如果[说]……[的话]",说明一种事实或作出一
       种判断。前一小句衬托后面的小句,加以对比。

  我们对对话材料考察的结果显示,在实际的自然交谈当中,相当一些连词不表达逻辑语义关系和时间顺序关系等真值条件关系,而只用作辅助话语单位的衔接。

  弱化连词的共同点在于,它们都不能和语义上相对应的连词搭配使用。比如在下面例子当中的"所以"不能配"因为","可是"不能配"虽然(虽说)","那么"不能配"要是","而且"不能配"不但","然后"不能配"先"。例如:

(1) A:对。
   有的那个＝啊,
   就是农村的主妇,
   很会做饭。
   她..她那么一小堆稻草,
   你想稻草一点火,
   一把火就灭烧完了,
  B:是啊＝是啊。
  A:一小堆稻草就能做熟一家人的饭,
  B:嗯嗯。
  A:她是很..很讲究这种东西。
  B:啊哈。
  A:那西方就..就是完全相反。
  B:啊..<u>所以</u>..其实其实,
   这很有意思。

>　　我想这个中国人呐..费很多时间把这些菜＝啊,
>　　都切得很细很小,
>　　大概与这个你说的烧火这个有关系。

在上面的例子里,由"所以"引导的小句不表示结果,而是表示结论的小句。"所以"的这类用法与它的本义已经有所不同。在书面语中,典型的用法是"所以"引导一个表示结果的小句,它前面的小句表示原因。这类小句当中的"所以"可以去掉,同时在第一个小句里面添上表示原因的"因为"。以《现代汉语八百词》例句为例:

>　　这里气候凉爽,风景优美,所以夏天游人很多。(《现代汉语八百词》)
>　　→这里因为气候凉爽,风景优美,夏季游人很多。

与表示结果的"所以"相比,表示结论的"所以"引导的小句和与它相邻的前面的小句之间,意义上不一定有直接的因果关系,但是,前后小句之间具有论证关系。② 另有一些用例,其中的"所以"既不引导表示结果的小句,也不引导表示结论的小句。如例(2)。(为节省版面,凡交谈中单个说话人的较长叙述,例子一律接排不分行,下同。)

>　　(2)啊,做饭呢也有意思。城市里就生炉子了,有煤球儿炉子,也有砌的,就是拿砖砌的炉子。啊,现在用煤气的越来越多。在农村呢,它也是,有一个灶。这个灶呢和炕是一回事儿,是通着的。有的地方它是在炕前面修一个…修一个台儿,这＝灶口儿和炕面儿一样高,啊,然后那个烟道呢就在这个炕里面,来回转几个弯儿,从房子后面出去。所以$_1$,冬天农民的房子里都没有特别的取暖的,那个…专门用来取暖烧点儿火啊,他们靠做饭用的这点儿余热。所以$_2$他这个燃料太少,每一点儿都充分利用,不能浪费。他做＝做了饭以后烟在炕里绕半天,都快凉了才出屋子。

这个例子里面的"所以$_1$"和"所以$_2$"既不表示结果,也不表示结论。我

14.1 连词的语义弱化

们认为(2)里面的"所以"在话语中出现另有作用。

下面(3)、(4)、(5)、(6)中的"可是""那么""而且""然后"的用法都难以用《现代汉语八百词》中的解释来概括。

(3) a.A:北方人就是,

很…做饭很粗糙,

很敷衍了事。

一大锅白菜,

一个大肘子,

就完了。

B:是,是是是。

A:南方人就很讲究,

吃饭好几碟儿,

都是少少的一点儿,

但是呢,

做得很精细。

B:是啊。

<u>可是</u>…北方人现在..还吃这个＝熬白菜那种东西吗?

b.看上去不怎么样,<u>可是</u>吃起来不错。(《现代汉语八百词》)

(4) a.这个,

南方..北方人吃＝吃的东西..实在是有的不同,

<u>那么</u>在四川的时候,

四川湖北湖南那地方儿,

就是专门吃辣椒啊,

b.要是咱们小组决定不了,<u>那么</u>就请上级决定。(《现代汉语八百词》)

(5) a.A:农村..北方农村的那个＝

主食的花样儿也是很多的。

B:噢。

A:他们..而且,

农村的人,

很多地方他管吃饭叫"喝粥"。

b.表面柔软而且光滑。(《现代汉语八百词》)

(6) a.在中国就是讲究用黄豆,用大豆做,做各种食品。那主要有两种。一种就是粉条儿一类的,有粉条儿、粉皮儿、粉丝什么,乱七八糟都有。然后另外一种就是豆腐。

b.先讨论一下,然后再作决定。(《现代汉语八百词》)

在我们的录音材料中说话人共使用了30种连词(不同的变体,比如"但是"和"但",分别计算),出现10次以上的连词除了"如果"之外,或多或少地都有语义弱化的现象,不用作真值语义的表达。表1是我们对高频连词语义弱化用例的统计。

表1 高频连词语义弱化倾向

词目	总数	非真值语义表达	比例(%)
所以	93	48	50.1
但是	63	21	33.3
可是	37	12	32.4
不过	10	4	40.0
然后	44	16	36.3
而且	34	6	17.6
那么	24	4	16.7
甚至	11	2	18.2
因为	36	1	2.8
如果	14	0	0

鉴于连词在自然口语里存在语义上实义与弱化两类用法,我们把

连词的作用概括为两个方面：

1) 真值语义表达功能：表达逻辑语义关系、事件关系和时间顺序关系等真值语义。以往《现代汉语八百词》等著述中对连词的描述主要是在这一方面。

2) 非真值语义表达功能：仅用作言谈单位的连贯与衔接，不表达逻辑语义关系、事件关系和时间顺序关系等真值语义。

从表 1 的统计我们也可以看出：

第一，语义弱化不是个别现象，高频连词弱化用法所占的比率是相当高的。

第二，并非所有连词都发生语义弱化，哪些连词语义弱化，除了使用频率因素以外，与这一连词的基本意义有关。意义上相对的连词（如"因为/所以""如果/那么"等）表现出明显的不对称分布。

14.2 弱化连词的话语标记功能

我们认为，语义弱化的连词在对话中虽然不表达真值语义，却是言谈中构架话语单位的重要的衔接与连贯手段，是一种话语标记（discourse marker；参看 Schiffrin, 1987；Bussmann, 1996）。在话语分析理论中，通常把话语标记的作用归纳为下面几个方面：

1) 话轮转接（turn taking）。[3] 比如指示一个新的话轮的起始，像英语里面意义很虚的用在句首位置的 *well*；或者标志一个话轮的结束，像英语里面句尾的 *you know*。还可用作引入下一个谈话人的话轮，像英语里附加问句末尾的 *right*。

2) 话题处理。指把一个谈论对象前景化所采用的语句结构手段，如英语里的左偏置移（left dislocation）。

3) 指示说话人的态度。

4) 指示段落或意群的开始或结束。如英语里的 *first* 和 *then*。

从汉语自然口语对话的材料看,我们认为汉语中语义弱化的连词用作话语标记,在言谈中主要有两方面功能:1)话语组织功能;2)言语行为功能。

所谓话语组织功能体现在话题处理的功能方面,比如话题的前景化、话题的转换。言语行为功能是指服务于话轮处理的功能,包括话轮转接功能和话轮延续功能两个方面。

14.2.1　话语组织功能

这里讨论的话语组织功能不指连词从逻辑语义角度连贯和衔接句子与句子、小句与小句,比如转折、让步等,而是指连词作为一种信息组织手段的功能。廖秋忠(1986)曾经讨论过"转题连接成分"(如"至于、此外、另外")和"题外连接成分"(如"顺便说一句")。我们下面讨论的连词与廖文所述情况的相同点在于,二者都具有信息单位的组织作用;不同点在于,廖文所讨论的连接词语的意义比较实在,甚至其功能也是可以通过字面意义推知的。本章讨论的连词的意义较虚,其话语组织作用只能通过具体的语境才能分析得出。

14.2.1.1　前景化

在叙事语体(narratives)中,前景(foreground)部分构成叙述主线,背景(background)部分提供相关辅助信息。在句子层面,前景小句与背景小句的差别可以通过一系列对立的形态-句法特征得以表现(参看 Hopper,1979)。从信息结构的角度看,语序也可以体现一个叙述对象是否处于叙述的主线或者当前的谈论焦点(参看 Foley and van Valin, 1985;Givón,1987)。在汉语里,当我们说"我没见过老王"与"老王啊我没见过"采取的就是不同的语序手段,其中的"老王"处在两种不同编排方式的语句当中,在信息流中的地位不同,在话语中的连续性不同,后者显然"老王"是当前谈论的话题,而前者未必。

用话语标记把一个话题前景化是指把一个不在当前状态的话题激活、并放到当前状态的处理过程。这里分两种情况:

第一,建立话题;

第二,找回话题。

建立话题是指把认识网络里已经存在的一个谈论对象确立为言谈话题。这个话题虽然在前文当中并没有出现过,但是在人们的知识领域里,它和语境中的已有话题存在某种概念上的连带关系。口语里用作话题建立的话语标记不止一种,下面(7)里面的虚化的副词"就是"的作用就是设立话题。副词"就是"的基本功能是限定范围,这里的作用在于引入一个话题。下面这段对话引自很长的一段关于中国人做饭传统的讨论,上文谈到中国北方农村缺柴火,做饭的燃料是个大问题。

(7) A:对。
　　　有的那个=啊,
　　　就是农村的主妇..很会做饭。
　　　她..她那么一小堆稻草,
　　　你想稻草一点儿火,
　　　一把火就灭..烧完了,
　　B:是啊=是啊。
　　A:一小堆稻草就能做熟一家人的饭,
　　B:嗯嗯。
　　A:她是很..很讲究这种东西。

这个例子里,上文里面没有出现过"农村的主妇",但是在人们的知识当中,"主妇"尤其是"农村的主妇"与"做饭"具有认识上的连带关系。从信息地位上说,它介于新信息和旧信息之间,属于所谓"半新半旧"的信息,处于"半活动状态"(semi-active),具有可及性(accessiblity),其所指对象是听话人可以通过他的知识背景推知的(参看 Chafe,1994;Du Bois and Thompson,1991)。此处"就是"的作用在于,辅助这样一个尚不具备典型话题特征的言谈对象确立其话题地位。

言谈中经常有这样的现象,人们在围绕一个话题讨论的过程中一步一步偏离了原本讨论的对象,这时候,说话人就会借助一些手段把谈话引回到原来的话题上。连词用作话题的前景化往往用于找回话题,把一个上文中讨论的话题重新拉回到当前状态。

"所以"可以用作话题的找回。

  (8) A:还＝还有窝头没有?
    B:有窝头,对。那窝头就是＝黄金塔啊。
    A:哎呀,黄金塔!
    B:是吧,
     这个＝玉..棒子面儿,
     呃＝做成一个呃圆锥形,
    A:是。
    B:底下拿大拇指往里穿一个洞,
     可能是蒸着让它方便一点儿,
     汽从里面透过去,
    A:是。
    B:熟得快。
    A:是。
    B:<u>所以</u>,
     呃＝这..对,
     窝头,
     窝头还有。

上面这一个序列(sequence)以"还有窝头没有"开始,以"窝头还有"结

束。叙述中,"所以"之前与"所以"之后的表述既不是因果关系,也不是论据和结论的关系。再如:

(9) A:主食在北方花样儿就很多。
　　　有这个＝可以做,
　　　你看,
　　　做面条儿,
　　　各种样子的面条。
　　　在山西是很有意思,
　　B:猫耳朵。
　　A:面条一共有好几百种。
　　B:是啊,
　　　好几百种啊!
　　A:然后,
　　　呃＝哎,
　　　那个玩意儿,
　　　刀削面..有意思。
　　B:是。
　　A:我见人家做那个刀削面,
　　　就是往锅里削啊,
　　B:是。
　　A:他们跟我吹,
　　　说这个有的技术高的,
　　　脑袋上顶着那一坨面,
　　　两个手削。
　　B:还有这种削的?
　　A:<u>所以</u>,

北方的这个主食…花样ⅡⅡ很多。

"所以"的这种用法比表示结论的用法进一步虚化。由这类"所以"引导的话轮往往用于结束一个序列,在这一点上与表结论用法有相通之处。

14.2.1.2　话题转换

表示转折和递进关系的连词经常用作话题转换,如"可是""而且"。我们在第一节里面所举的例(3)就是用"可是"转换话题的例子,例(5)是用"而且"转换话题的例子。下面再举一个用"可是"转换话题的例子。

(10) Y:拿＝拿刀切一下ⅡⅡ。

　　　Hu:我就不明白为什么要吃这样的东西。

　　　Y:哎,

　　　　提味ⅡⅡ。

　　　Hu:可是我觉得＝,

　　　　我们一会ⅡⅡ是不是都去洗澡,

　　　　你去洗澡吗?

　　　H:我不去。

　　　Y:我去,

　　　　那谁去吗?

　　　P:去。

　　　Hu:她更应该去了,

　　　　她成天在外面瞎跑。

对话题做前景化处理是把一个不处于前台的谈论对象拿到前台来;而话题转换则是把当前的话题从前台撤出,换上一个新的谈论对象。前景化与话题转换用词不同,如表 2 所示。表示结果或结论的连词不用作话题转换,表示转折的连词不用作前景化。

表 2　前景化与话题转换手段

前景化	所以			
话题转换	可是	但是	而且	不过

用连词做话题处理手段,这里的话题都是语篇话题,不是句话题。这个话题处理过程不涉及小句结构和句内成分的语序。

14.2.2　言语行为功能

语义弱化的连词用作话轮的处理,是说话人为得到讲话的机会、或者为了保持自己讲话的机会不被他人占据而采取的话语手段。无论是作为话轮转接手段还是作为延续话轮的手段,说话人在说出这些词的时候,下面的言谈内容并没有组织好,这些词先说出来,仅仅为了拥有说话的机会。

14.2.2.1　话轮转接

话轮与话轮之间的承接方式大体有三种:一是不同说话人的谈话顺次前后相连;二是后一说话人的谈话承应上一话轮的结束标志;三是后一说话人的谈话始于打断上一话轮。在我们的语料中用作话轮转接的有"而且""可是""不过"。这些词的使用就是争取说话的机会,一般都出现在话轮的起始点。也正是由于说话人说出这些词仅仅是争取说话机会,并没有准备好下面的言谈内容,所以后面往往有停顿。

(11) Y:她们都说我拌得不好吃平时,

什么不淡,

什么没味儿,

什么不好吃,

什么[麻酱太多],

P:　　　[她也说来着]?

第十四章　连词的话语标记功能

　　　　Y:啊＝,
　　　　　调料太足,
　　　　　可是还…没味ɹ。
　　　　H:是这么说的么?
　　　　Y:她们俩,
　　　　　反正给我逼得我,
　　　　　完后给我说得特伤心,
　　　　　那我说那我以后不拌了。
　　　　P:而且,
　　　　　可是你想想姚力,
　　　　　你当初说我拌得不好吃,
　　　　　做东西不好吃[也＝]-
　　　　H:　　　　[也这么]说的。
(12) Han:你把这个送给别人吃了吧!
　　　　Y:〈Q 俺们铺子就没有这规矩 Q〉,
　　　　　我送人吃,
　　　　　我怎么那么大脸盘ɹ啊?
　　　　Hu:可是我觉得我们别送,
　　　　　　你要么就明天早上起来再把它煮了吃。
　　　　Han:明天再吃就不好吃了明天一剩。
　　　　Hu:要么就…要么就
　　　　P:可是,
　　　　　要说就说你要,
　　　　　早知道你不吃我们一开始…头锅送人最好。
　　　　Han:对啊。
　　　　P:你剩的这个…

送人家显得不好啊。

14.2.2.2.2　话轮延续

"然后""所以""而且"可用作话轮延续。与作为话轮转接手段的连词不同,用作话轮延续手段,有的时候在话轮的起首位置,如(13)。但与作为话轮转接手段时的语境不同,谈话的另一方仅仅随声附和,并非同等投入。

(13) A:贴饼子,它..它是拿这个..呃＝玉米面ㄦ,
　　　就是...他们叫棒子面ㄦ了,
　　B:叫棒子面ㄦ。
　　A:棒子面,
　　　他＝农村的锅都很大,
　　　一般一个大锅就＝直径就有两三尺吧。
　　B:是是。
　　A:几乎一米,
　　B:是啊。
　　A:装在这个地＝地灶上面,
　　B:是啊,
　　A:他这锅..锅是圆底ㄦ,
　　　锅底下..有那么[一点ㄦ水],
　　B:[嗯＝[嗯]],
　　A:[然后₁]他就＝底下烧着火,
　　　他就把玉米面磨呃＝和得很稠,
　　　就往这个锅壁上边ㄦ贴,
　　　贴好些。
　　B:[嗯＝嗯],
　　A:[然后₂,]里边ㄦ有一点ㄦ水呢就有点ㄦ蒸的意思,

     可是这个..

     锅壁上又有水,

     它这个面呢就贴到上面。

在上面这个例子里,"然后$_1$"表示时间顺序,"然后$_1$"前后描述的事件发生在时间上确实有先后之别。在做贴饼子的过程当中,放置大锅在先,锅下面烧火在后。"然后$_2$"则不然,"然后$_2$"前后的描述没有时间上的顺序关系,只是说话人对事件进行描述时的心理顺序。"然后$_2$"的作用仅仅在于保持谈话的连续性。

  话轮延续手段不出现在话轮起首位置,如(14)中的"所以"和(15)中的"而且"。

  (14)我记得这个,我这个到了美国来了以后,就常常觉得这个,美国的家庭主妇啊,做饭的时候,常常都是啊,用很多时间。很长时间在那儿煮,啊。比方说是烤鸡啊,炸鸡啊,什么等等,就把那一大块啊,放到锅里头,放到锅里,一大..一大锅油啊,是不是,放两块鸡在里头,用小火儿啊,在那儿慢慢儿,一点儿一点儿一点儿,在那儿,这么炸半个钟头,把鸡炸好了。其实啊,那个也很好吃。可是在中国好像就没有像这样炸法儿的,是不是?老是油烧得很热的,把那东西一放下去,刺啦一声,出来了,是不是?<u>所以所以</u>,我记得这个中国这个,食谱里头啊,有些个食谱就说,每次炒菜的时候儿,油烧得很热,这个菜切得很细好像是,倒上去、倒下去五秒钟还是十秒钟,就得赶快给盛起来。这个有很多的这个美国的家庭主妇想学这个,做中国饭的时候啊,对这件事情好像不可相信。说是怎么,十五秒钟的话,这肉就做熟了,切碎了果然就行了。

  (15) H:哎呀,

     那这个都走了怎么办呀,

     我得在这儿说话吧?

Y:你别走啊!

H:谁在这儿说?

Y:你声音好听。

H:我先拿去啊!

　不能空了屋子里。

Y:对对对,

　<u>而且</u>,

　不能空着声儿。

P:不能空着声儿,

　[光＝]

Y:[我还]买了几个大樱桃呢寻思上车带着,

　〈X 后来 X〉可能也不好了这个。

用作话轮转接与用作话轮延续的词不尽相同,一个明显的区别在于,本义表示转折关系的连词不用作话题的延续,本义表示时间顺序的连词不表示话轮转接,本义表示递进的连词可以用作话轮转接,也可以用作话轮延续。如表 3 所示。

表 3　话轮转换与话轮延续手段

话轮转接	而且	可是	不过
话轮延续	然后	所以	而且

14.3　不对称性分布

14.3.1 语义弱化等级

上两节我们指出,连词在自然对话中的用法存在种种变异,分析了语义上弱化的连词在话语组织方面的作用。从上述种种用法我们可以看到,连词的虚化程度各不相同。那些用作非真值语义表达的连词词汇意义较弱,它的篇章价值高于词汇语义价值,虚化程度较高。

连词用作话语标记、服务于不同话语行为,从表达真值语义到不表达真值语义是词汇意义衰减、篇章功能增强的过程。

以"所以"为例,在口语对话里可以用作如下几种情况:

1) 在因果关系句中表示结果,引导出表示结果的小句。如《现代汉语八百词》中的例子。

2) 用作引导结论。如例(1)。

3) 话语组织功能。如例(8)(9),用作话题的找回。

4) 言语行为功能。如例(2)(14),用作话轮的延续。

如果把词汇意义的实虚程度做一个排列的话,"所以"的四种用法从实到虚可以概括为:

表达结果 > 引导结论 > 话语组织功能 > 言语行为功能

弱化连词的话语功能,与它作为表达真值语义的连词的意义和功能的关系密切相关。如下表所示。

表 4　高频弱化连词的话语功能

	前景化	话题转换	话轮转接	话轮延续
然后				＋
所以	＋			＋
而且		＋	＋	＋
可是/但是/不过		＋	＋	

本义表示转折关系的连词可以用作话题的转换和话轮的转接,但不用于前景化,也不用于话轮的延续。换句话说,本来表示转折关系的连词,在它们意义进一步虚化以后,即便仅作为话语组织手段,也只能

用作一种转向关联,而不用作顺向关联。"所以""然后"本义表示顺向关系,虚化以后仍然只用作顺向关联。本来表示递进关系的"而且",它的真值语义表达往往是提出事物的另一个方面或侧面,从而进一步说明一个道理。"而且"语义弱化之后,可以用作顺向关联(比如用作延续话轮),也可以用作转向关联(比如用作话题转换和话轮转接)。可见,连词虚化以后的用法虽然不表达真值语义,但是原有的真值语义对这些话语标记的连词的功能分配依然有一定的影响。

14.3.2 不对称分布

据 Wang(1998)对台湾"国语"对话中副词性分句的统计,除了表示原因的分句位置相对自由之外,其他各类副词性分句的位置都倾向居于主句之前。与这种分布形成对照的是,连词弱化在语义上呈现出不对称分布,如表 5。

表 5 弱化连词的不对称分布

关系	用作话语标记	表达真值语义
时间	然后	以前/之前;然后
因果	所以	因为;所以
转折	可是/可,但是/但,不过	虽然;可是/,但是/但

这里我们看到,用作言谈连贯与衔接的关联词语虽然脱离了真值语义和事件关系,但使用上也不是任意的。在先事与后事,条件与推断,原因与结果等几对关系当中,只有表示后事、推断、结果的关联词语具有非真值语义的表达功能。从位置角度看,语义弱化的连词都是那些常常用于复句后续小句的连词,而不是那些用于首发的小句中的连词。换句话说,虚化的连词是那些从概念角度看属后,从小句顺序看也属后的连词。

14.4 小结

Tai(1985)提出,汉语语序结构中最普遍的原则是时间顺序原则,句法单位的相对顺序取决于它们在概念领域里的状态的顺序。

比如在下面的例子中,S_1 和 S_2 所描述的事件自然顺序是 S_1 在先,S_2 在后,那么两个小句在句法上的线性顺序是先发生的事件先说出来,条件小句在先。

> 我吃过饭(S_1),你再打电话给我(S_2)。(S_1:事件$_1$,S_2:事件$_2$)
> 你给他钱(S_1),他才给你书(S_2)。(S_1:条件,S_2:结果)

连词虚化的现象表明,概念领域里的顺序不仅仅作用于结构顺序,而且反映到话语标记的词汇选择上。连词语义弱化的不对称分布现象正反映了认知模型对小句承接方式和话语关联形式的影响。

由于小句排列顺序默认作与概念领域的自然顺序相一致,句首连词的语义负载相对比较轻,正是由于这个原因,句首连词常常可以"省略"。以表示原因的小句为例,如果语句的顺序是从原因到结果的自然顺序,含有"因为"的小句在先,"因为"常常可以省略。下面是引自《现代汉语八百词》的例子,单就这些句子而言,省去其中的"因为"并不影响逻辑关系的表达,句法上也同样是可以接受的。

(16) a. 因为天气不好,飞机改在明天起飞。
　　　b. 难道因为前人没做过,我们就不能做吗?
(17) a. 天气不好,飞机改在明天起飞。
　　　b. 难道前人没做过,我们就不能做吗?

但是,当违反"前因后果"的象似性顺序,含有"因为"的表示原因的小句在后的时候,有没有"因为"就不一样。因为"前果后因"的顺序往往是强调原因(参看王维贤,1994),是一种有标记语序,位于后置小句中的"因为"语义负载较重。④

(18) a.飞机改在明天起飞,因为天气不好。

b.昨天我没去找你,因为有别的事。

(19) a.?飞机改在明天起飞,天气不好。

b.?昨天我没去找你,有别的事。

第二,表示结果的连词比表示原因的连词语义负载要轻。当同时出现"因为"和"所以"的时候,省去"所以"比省去"因为"更自然。

(20) a.他的伤因为治疗及时,所以很快就好了。

b.因为治疗及时,所以他的伤很快就好了。

c.他的伤因为治疗及时,很快就好了。

d.因为治疗及时,他的伤很快就好了。

e.?他的伤治疗及时,所以很快就好了。

f.?治疗及时,所以他的伤很快就好了。

相对于"不但、既然"等前项连词(backward conjunction),容易发生语义弱化的连词是用于后一分句的后项连词(forward conjunction),如"所以、而且、但是"等。这类连词具有较强的启后性和语篇上的衔接(cohsion)性。上述事实印证了汉语里默认这样两个概念原则:第一,语序上在先的事件是先发生的事件。第二,原因是有标记的,结果是无标记的。这两个概念原则的共同作用是连词语义弱化、进而衍生为单纯的话语标记的认知基础。

连词语义弱化进而虚化为话语标记的现象反映了认知模型对小句承接方式和话语关联形式的影响。时间顺序原则不仅体现在汉语小句关联的无标记顺序上,从先事到后事、从条件到推断、从原因到结果的自然顺序,而且映射到话语组织标记上,使得表示后事、推断和结果的关联词语真值语义负载较少,更容易虚化为负有语篇组织责任的话语标记,具有相对较强的关联作用。连词语义的弱化和话语标记功能的产生从又一侧面体现了认知上的象似性对言语过程和言语产品的作用。

附 注

① 录音材料中的谈话人均为大学文化程度。其中 60 分钟录音来自作者学生的调查资料,特此致谢。

② 参看廖秋忠(1986)。

③ "话轮"是对话中的基本组成单元,是对话参与者依次交替谈话时一个说话人的一次言谈行为。关于"话轮"有不同视角的定义。从形式角度定义的话轮,体现话轮之间形式方面的界限(比如说以停顿作为话轮的分界线)和它的句法地位(比如说一个话轮应该是一个句法单位)。这里采用功能视角的定义,把话轮看作言谈过程中互动交流中的一个单元。它包含一个举动(move)或一个以上的举动,它的长度和结构由谈话的参与者设计而且受制于言谈互动过程。言语形式的反馈信号(back channel)如应答语"是""没错"之类,在谈话中常常仅仅表示听话人在听对方的谈话,这类形式是否属于一个话轮不同学者的看法不同,我们采用比较宽的定义,把它们也看作一个话轮。

④ 在第十五章我们将讨论到,后置的"因为"小句与前置的"因为"小句表达功能的差异。

第十五章 会话结构与连词的浮现义

15.0 引言

在会话中,毗邻语对(adjacency pair)不仅可以构成"话题-说明"关系,还可以呈现出多种复句关系。由于会话合作原则的作用,相对于前项连词(如"因为、不但"等)而言,话轮起始位置更偏爱后项连词(比如"所以、但是"),呈现出行域、知域、言域、话语标记虚实各类用法。相对于行域和知域而言,言域用法对会话结构的依赖更强,是会话中的浮现义。当话轮起始位置有不止一个连词共现的时候,用作话语标记的连词出现在言域用法的连词之前。影响连词意义和功能的因素除了该连词在话轮中的位置之外,前后话轮之间的话题延续性(topic continuity)也是重要的影响因素。

15.1 连词在毗邻语对的特殊分布

赵元任先生(1968)在分析汉语口语的时候指出,对话里,问和答可以合成一个整句。例如:(吕叔湘译本,50页)

(1) 饭呐？　　都吃完了。

　　饭呐,都吃完了。

　　饭都吃完了。

这是对话里的"问"与"答"毗邻语对(adjacency pair)构成"话题-说明"关系。从对答的角度说,这类现象是言谈参与者双方共同完成一个整句。这种毗邻语对的"问"与"答"相连构成一个"话题-说明"的现象在汉语里普遍存在(沈家煊,1989)。与此相似,毗邻语对的"引发"与"应答"连起来还可以构成一种主从复句关系("你不来(,)我不去")。(吕译本,67—69页)

我们顺着这个思路进一步观察就发现,毗邻语对之间可以构成多种复句关系。这时候,如果单单从答话看,连词的用法就显得很特别。例如:

(2) 甲:今天风很大。

乙:<u>可是</u>不怎么冷。

朱德熙先生在《语法讲义》(17.3)"复句和连词"部分讨论连词位置时分析说,有的连词只能出现在复句的前一个分句(S_1)或者后一个分句(S_2),位置比较固定。但是,有的时候只能出现在 S_2 的连词却可以出现在一句话的开头。并且指出,这种情况下,连词的意义肯定都是越过了句子的界限而跟上文在意义上相联系。朱德熙先生对这一现象的描写提示我们,连词在对话语体里的分布存在特殊性。

可以看出,上面这类例子里前后两个说话人的话语连起来构成了一种转折关系。即:

(2') 今天风很大,<u>可是</u>不怎么冷。

可见,毗邻语对不仅可以构成一个"整句",而且也有可能表现出复句关系。

不过,上述现象与赵元任先生(1968)提出的前后两个"零句"构成一个"整句"的情形略有不同。

首先,例(2)里的毗邻语对的上一句("今天风很大")在句法上具有独立性,不依赖于下一句("可是不怎么冷");但是,下一句("可是不怎

15.1 连词在毗邻语对的特殊分布

么冷")对上一句("今天风很大")在句法上具有依赖性,不能脱离对话语境单说。

其次,例(1)"都吃完了"可用于自述语体,不借助于对话语境也是句法上合格的句子。而例(2)的"可是不怎么冷"脱离对话语境的上一句话,在句法上不能接受。再如:①

(3) 甲:你别说巴西队个人能力蛮强、整体不行。其实就整体来说,我们也没有多大的优势。

乙:<u>甚至</u>没有什么优势。

(3') 你别说巴西队个人能力蛮强、整体不行。其实就整体来说,我们也没有多大的优势,<u>甚至</u>没有什么优势。

(4) 甲:现在手机便宜。

乙:<u>而且</u>非常漂亮。

(4') 现在手机便宜,<u>而且</u>非常漂亮。

例(3)的"甚至没有什么优势"和例(4)的"而且非常漂亮",作为叙述句都不能单说。

这种毗邻语对连起来可以直接构成一个复句关系的现象并非发生在所有复句关系中。我们的调查发现,高频出现的是表示转折、递进、因果这三类关系的连词,如(2)至(4)。在我们的材料中约占85%。

成对的连词,多用后一分句的连词(下文称作"后项连词",forward conjunction),例如"虽然……但是"中的"但是"、"不但……而且"中的"而且"。前项连词(backward conjunction)只发现了"因为"。

在谈话中,有时是后项连词连续使用、由言谈双方共同完成。例如:

(5) 甲:(魏海英)先发的话恐怕在拼抢上会受到影响。

乙:<u>但</u>她的速度比张颖还快,特别启动一下。

甲:<u>而且</u>魏海英的技术相当的好。

我们知道,汉语里连词的位置可以在主语前,也可以在主语后,哪怕前后主语不同[②]。这是就前一分句来说的,如(6)。

(6) 虽然我弹琴弹得不错,但小王终究是专业队的。

我虽然弹琴弹得不错,但小王终究是专业队的。

但是,后项连词位置往往不那么自由,一定要在句首,如(7)。

(7) *虽然我弹琴弹得不错,小王但终究是专业队的。

*我虽然弹琴弹得不错,小王但终究是专业队的。

正是由于这个原因,在毗邻语对构成复句关系的用例中,后续话轮中出现的连词位置也不那么自由,只能出现在主语之前,如"但是、不过、可是、所以"等。例如:

(8) 甲:整个丹麦队的脚法还是比较粗糙。

乙:但是我觉得她们有向这种技术或者配合的这种欲望,今天上半场的比赛;打得并不简单。

对比:*我但是觉得……

(9) 甲:感觉上这不是韩文霞的特长,就是出击。

乙:不过这球呢也有难度,让她带好了以后,一对一啊,也麻烦。

对比:*这个球不过也有难度……[③]

在毗邻语对的起始位置偏爱后项连词,这是会话合作原则的体现。也就是说,谈话的参与者要尽量使自己的言谈内容与对方的谈话内容具有意义上的关联性,或者至少在形式上要做相应的关联性包装。

15.2 连词的浮现义

复句的前后项之间可以呈现出三种不同范畴的关系,一类属于行域,表达事理关系;再一类属于知域,表达说话人的认识;第三类属于言域,用作说话人提示受话人"我说"。行域用法时,主句代表说话人和听话人共同预设的命题;知域用法时,主句是说话人的推断;言域用法时,主句是说话人的言语行为(沈家煊,2003)。④下面主要讨论会话中的知域和言域用法。

(一)事理上的起因→说话人的推断的理由→说话人补充说出的理由

吕叔湘先生早在《中国文法要略》(21.21)里就已经指出:"原因"是个总括的名称,细分起来,至少有:1)事实的原因,如"因为天冷,缸里的水都结了冰";2)行事的理由,如"因为天冷,我把毛线衣穿上了";3)推论的理由,如"天一定很冷,因为缸里的水都结冰了"。

我们知道,在叙述句中,"因为"小句有前置和后置两种自然位置(参看吕叔湘,1943/1982;Li and Thompson,1981;邢福义,2001)。⑤宋作艳、陶红印(2008)的研究认为,前置与后置很不相同,前者主要是提供背景知识,后者的功能主要是解释和说明。

我们发现,"因为"小句在后的时候,往往引出说话人推断的理由(reason),而未必是客观的致因(cause)。这时候,后置甚至是唯一的选择。也就是说,"因为"也可以用作后项连词。例如:

(10)丁聪是漫画家。有人以为漫画家藏书不会多,因为不做学问。此言不确。丁聪家里,最多也最难整理的就是书。

(11)然而,连续12年,榜首的位置被盖茨牢牢占据,于是人们慢慢开始习惯直接从第二名看富豪排行榜,因为盖茨似乎在人们的心目中变成了一个不倒的神话。

上面两例"因为"引导的都不是一种客观真实或者存在客观性的必然联系。这时,都不能把"因为"句放到前面,因为与客观事实/事理相悖。

(10')?丁聪是漫画家。因为不做学问,有人以为漫画家藏书不会多。此言不确。丁聪家里,最多也最难整理的就是书。

(11')* 然而,连续12年,因为盖茨似乎在人们的心目中变成了一个不倒的神话,榜首的位置被盖茨牢牢占据,于是人们慢慢开始习惯直接从第二名看富豪排行榜。

而(11)"人们慢慢开始习惯直接从第二名看富豪排行榜"是"连续12年,榜首的位置被盖茨牢牢占据"的后果,"盖茨似乎在人们的心目中变成了一个不倒的神话"是说话人对"人们慢慢开始习惯直接从第二名看富豪排行榜"的理解。

值得注意的是,对话中后续话轮起始位置也可以出现"因为",但是这种"因为"引出的是说话人的理解和推论,是言者推断的理由,意义表达上相当于叙述句里用作后项连词的"因为"。这种"因为"属于知域的用法。例如:

(12)甲:大概剪了有一个小时吧,然后他睡着了。我就感觉不对劲,因为他头是这样的,不是要扶正才好剪嘛。刚扶正他头"嘣"又下来了,刚扶起来就又下来了,然后就睡着了。

乙:因为她剪得很轻。

上面这个例子里,乙并不知道理发师是如何剪头发的,而是通过甲所叙述的"小孩子睡着了"这个事实推断"理发师剪得很轻"。"睡着"与"剪得很轻"两者之间的因果联系是说话人基于知识而得出的认识。

上述这种知域的"因为"不能删除。一旦删除,这种推论关系就无从显示。另外,这种"因为"也不能换作"是因为"。其原因就是沈家煊先生(2003)所揭示的,行域的因果关系可以通过添加"是"把"因为"变成"是因为",知域和言域用法不可以这样变换。

后续话轮的"因为"还可以引出说话人给对方观点提供的证据,是言域用法。例如:

15.2 连词的浮现义

(13) 甲:从身体角度上来说两个队相差不大,但那个技战成分上来看,那个德国队要优于英格兰队。

乙:<u>因为</u>我们从射门次数上也确实看得出来,德国队仅靠百分之三十九的控球率就获得了四次射门,而英格兰队只有一次射门。

这里,说话人用"因为"提供可以佐证对方观点的事实。这一例的"因为"与(12)同样不能换作"是因为"。但和(12)不同的是,这里的"因为"可以删除。"因为"删除以后,不影响命题表达。我们认为,这其中的原因正是(13)里"因为"是言域用法。也就是,你说德国队要优于英格兰队,我说从射门次数和控球率也看得出来。即,你说/你认为P,我(补充)说Q。

另一个值得注意的现象是,虽然"因为"可以出现在主语前也可以出现在主语后,但是在后续话轮里的位置却是相对固定的,只能用在话轮起始位置。例如:

(12') 甲:大概剪了有一个小时吧,然后他睡着了。我就感觉不对劲,因为他头是这样的,不是要扶正才好剪嘛。刚扶正他头"嘣"又下来了,刚扶起来就又下来了,然后就睡着了。

乙:[?]她<u>因为</u>剪得很轻。

(13') 甲:从身体角度上来说两个队相差不大,但那个技战成分上来看,那个德国队要优于英格兰队。

乙:[?]我们<u>因为</u>从射门次数上也确实看得出来,德国队仅靠百分之三十九的控球率就获得了四次射门,而英格兰队只有一次射门。

毗邻语对的起始位置偏爱后项连词,但是表示因果关系的"因为"似乎是个例外。不过仔细分析,这是因为"因为"小句本来就有前置和后置两种自然的位置(参看吕叔湘,1943/1982;Li and Thompson,1981;邢福义,2001),而且在口语里"因为"句后置是高频用法(Biq,1995;宋作艳、陶红印,2008)。⑥

(二)事理上的后果→说话人推断的结果→说话人告知回应行为

"所以"的行域义是引出一个客观事理上的后果。比如"今年旱情严重,1个月没下雨,所以土壤墒情不好"。在会话里,"所以"还有知域用法,引出说话人推断的结果。例如:

(14)甲:你(教练)老是那个心里嘀嘀咕咕嘀嘀咕咕的,运动员没法儿有信心。

乙:所以来了一个崇尚进攻的教练,至少在这个心气儿方面,自信心方面对国家队有很大提升。

在上面的例子里,说话人乙知道以前的教练不自信导致队员不自信这个事实,这是他得出国家队换帅有助于提高队员自信这个结论的依据。这里的"所以"是知域义,引出言者的推断,如果删除"所以",言者推断的这层意思就无从体现。

下面这个例子里,说话人用"所以"引出对对方请求的回应行为,"所以"是言域用法。

(15)甲:你做的牛肉还有吗?

乙:有。

→ 甲:给我拿点吧。

乙:这牛肉啊,跟别人家做的不一样,

甲:是,味道不一样。

乙:用高压锅炖15分钟,再加各种佐料炖两个小时,是跟猪蹄子一起炖的。

甲:嗯。

乙:用猪蹄子吧就能结成牛肉冻儿。

甲:好吃。

→ 乙:所以,赶紧给你去拿牛肉。

这里,说话人甲提出请求("给我拿点吧"),几个话轮之后,说话人乙使用了"所以"引出对对方请求的回应。而这个含有"所以"的话轮是一个言语行为单位义,"所以"仅仅用来引出说话人对他人请求的一个回应。这个"所以"删除之后,命题意义不会改变。

知域的"所以"可以换作"所以说"。我们认可董秀芳(2003)的观点,"所以说"表示推断。[⑦]

不过值得注意的是,"所以说"有两种可能:知域义的和言域义的。

1 知域义的,表示推断。例如:

(16) 甲:我偏头疼又犯了。

乙:所以说那个药根本不管用。

这里,说话人知道对方在吃某种药,因对方仍旧头疼而推断那药不管用,但是那药并不是导致头疼的起因。

2 言域义的,用作说话人建议做某事。例如:

(17) 甲:我偏头疼又犯了。

乙:所以说,该找大夫还是要找大夫吧,别自己瞎琢磨着吃药了。

这里,对方的头疼病又犯了是说话人提议找大夫看病的理由。同言域义的"因为"(如(13))一样,这个言域义的"所以说"也可以删除而不影响命题表达。

(三)递进→说话人追加信息

"而且"的行域义是表达递进关系,会话里"而且"还有言域用法。

下面例(18)有两个"而且",说话人甲话语里的"而且$_1$"是行域义,表达递进意义。但说话人乙话轮起始位置的"而且$_2$"则不同,相当于说话人说"我还要说",甲乙两个话轮相连不能构成"(不但)……而且"递进关系。

(18) 甲：国美更便宜，而且₁便宜一两百块钱哪，一两百块钱。

乙：而且₂大中它也不做什么活动，你看那个国美，赠什么的，赠椅子的，还有赠还有什么，什么茶具，然后还有赠那个花生油，还有赠那个什么动感地带的号。

这里"而且₂"是言域义。因为一般而言，递进关系的后项应该比前项的范围大。不过这只适用于行域，不适合于言域。言域的复句关系可以不适应事理或一般逻辑关系（参看沈家煊，2003）。

（四）转折→质疑

在对话里，转折连词可以用来追问（如(19)）、质疑事实（如(20)），或反驳观点（如(21)）。例如：

(19) 甲：嗯，对，大概就是两三块钱，就可以看得到电影，在学校里边。

乙：但是那种大片儿什么的你能看得到吗？

(20) 甲：起初我不想见。

乙：但是是谁安排你们见的面呢？

甲：战友们怂恿我去见的面。

(21) 甲：不一定在这种三大报工作嘛。

乙：但是在那种小报工作有多大意思呢？

(19)的"但是"引出对对方所述事实的疑问；(20)的"但是"是说话人乙基于一个已知的相反的事实（说话人甲事实上见过面了）而引出疑问；(21)的"但是"则是引出说话人乙的对立的观点。

这上面三例都属于言域用法，即"虽然你说P，但我不这么说，我说Q"。其中的"但是"都不表达事理上的相对或相反关系，删除"但是"不影响命题意义表达。与知域用法不同，言域用法逻辑语义已经弱化，其功能仅仅是体现言者的语力（illocutionary force）[⑧]。

连词言域义的解读离不开对答语境,是对话语体中产生的浮现义。

15.3 言域用法与话语标记用法

"所以、但是、可是、不过、而且"等连词可以用作话语标记(参看第十四章),那么连词言域用法与话语标记用法有什么区别与联系呢?

首先,言域用法表达的是命题外的内容,既不表达事理关系,也不表达推理关系,这一点与话语标记相同。但是,言域义的连词仅仅体现言者的语力,不参与话轮的组织(如话轮的延续、话轮的转接等)和话题的组织(如话题的延续、话题的转换),这一点有别于话语标记(discourse markers),应属于语用标记(pragmatic markers)。[9]

请看下面两例,说话人用"所以"和"可是"都是要照应到言谈中话题的组织。

(22) 甲:主食在北方花样儿就很多。有这个可以做,你看,做面条儿,各种样子的面条。在山西是很有意思,……

乙:猫耳朵。

甲:面条儿一共有好几百种。

乙:是啊,好几百种啊!

甲:然后,呃,哎,那个玩意儿,削面,有意思。

乙:是。

甲:我见人家做那个刀削面,就是往锅里削啊。

乙:是。

甲:他们跟我吹,说这个有的技术高的,脑袋上顶着那一坨面,两个手削。

乙:还有这种削的!

甲:所以,北方的这个主食花样儿很多。

这里一例中的"所以"与前面谈的内容没有因果关系,说话人用"所以"是照应到前面自己的话题"主食在北方花样儿很多"。下面例(23)里,"可是"用来引出一个新的话题。

(23) 甲:<u>南方人</u>就很讲究,吃饭好几碟儿,都是少少的一点儿,但是呢,做得很精细。

乙:是啊。<u>可是北方人</u>现在还吃这个熬白菜那种东西吗?

第二,话语标记的词汇意义要更加空灵,可以与其他连词连用,并出现于语句最外围。例如:

(24) 甲:她们都说我拌得不好吃平时,什么不淡,什么没味儿,什么不好吃,什么麻酱太多。

乙:她也说来着?

甲:啊,调料太足,可是还没味儿。

丙:是这么说的吗?

甲:她们俩,反正给我逼得,完后给我说得特伤心,那我说那我以后不拌了。

乙:<u>而且</u>,<u>可是</u>你想想姚力,你当初说我拌得不好吃做东西不好吃呢也。

上例中的"而且"用于取得话语权,是话语标记;紧随其后的"可是"是引导受话人去换一个角度想问题,表达"尽管你说P,但我不这么说,我说Q",是言域用法。这里,话语标记用法的"而且"在前,言域的"可是"在后,顺序不能颠倒。

15.4 影响功能解读的篇章因素

在话轮交替的结构中,连词有可能保持其基本的逻辑语义表达功

15.4 影响功能解读的篇章因素

能,也有可能仅仅体现言者语力,还有可能用作话轮的组织或话题的延续和转换。那么,在对话中有哪些因素影响连词的意义和功能理解呢?

我们的考察发现,在对话里,影响连词的意义和功能的因素主要体现在以下两个方面:

1) 话轮起始位置(turn initial)

在话轮起始位置如果连续使用连词的话,用于组织言谈的话语标记用法要先于言域用法的连词。例子见上文(24)。

2) 话题延续性(topic continuity)

前后毗邻语对之间的话题延续性是一个重要的观察角度。当话轮之间话题相同的时候,连词呈现出行域义。如上文 15.1 的(2)至(5)。再如:

(25) 甲:她现在有一点儿发胖了。

乙:但是跟她同龄人相比她身材算是保持得不错的。

(26) 甲:我觉得我还是剥削了他们。

乙:但是也给学生提供了一些勤工俭学的机会。

(27) 甲:那个时候,我一无所有,一没有金钱,二没有试验条件。

乙:但是..有一种朴素的...

甲:所以当时只能是收集一些东西。

上面的例子,前后话轮的主语无论采用的是显性代词还是零形主语,所指都具有同指关系,延续同一个话题。

下面的例子也是具有话题延续性的,前后话轮的主语具有联想回指关系(关于联想回指,参看徐赳赳,2005)。例如:

(28) 甲:(魏海英)先发的话恐怕在拼抢上会受到影响。

乙:但她的速度比张颖快。

甲:而且魏海英的技术相当的好。

(29) 甲：外国品牌它还得现找各方面维修人员啊，各方便协调。

乙：而且我发现，它那个<u>东芝</u>那个上面，那个里面说明书，它很多写的都是说，写的东西特别多的就是说，以下内容他们不负责任。

(30) 甲：<u>我</u>说将来有一天我能是北京大学英语系的教授，不仅我会自豪，我整个这个家里也会自豪。

乙：而且那时候<u>那个年龄段的人</u>，<u>那个时代的人</u>，可能很多人都有这种想法。

上例中，(28)的相邻话轮的主语（魏海英-她的速度-魏海英的技术）之间是联想回指关系；(29)相邻话轮的主语（外国品牌-东芝）之间是整体与部分的关系；(30)相邻话轮的主语（我-那个年龄段的人/那个时代的人）之间也是部分与整体的关系。

可见，当不同话轮之间具有话题延续性，相邻话轮用来叙述同一个事件或者论证同一个命题的时候，连词的意义相对比较实在。

有的情景下（比如采访）言谈参与者的话语权往往是既定的（比如被采访人为主、采访者为辅），谈话中的主要谈话一方无需特别维护自己的话语权，即使相隔一个或几个话轮，话题仍有可能是连续的。例如：

(31) 甲：不，<u>我</u>不能改，就是身份证儿改不了。

乙：噢。

甲：<u>因为</u>有什么学校什么负责人这个名字，很麻烦。

乙：啊。

甲：<u>所以</u>名片啊，什么签字什么都用这个就完了。

这一例中说话人甲是被采访人。虽然表面形式是对话，但是作为被采访者，其角色没有话语权的维护问题，因而谈话前后连贯，相当于独白。其中的连词虽然位于话轮起始位置,仍旧是保留了连词的本义,表达事理关系。

综上所述,一个连词究竟是不是用作话语标记,一方面与话语权的交替相关,另一方面与对话中话题的延续性相关。

15.5 小结

对话中,毗邻语对的"零句"可以构成一个"话题-说明"的"整句",也可能构成一种复句关系。其中用来衔接前后话轮的连词倾向于后项连词,这是会话中"合作原则"的体现,即,言谈参与者尽量在形式上体现出自己的言谈与对方的言谈内容具有意义上的关联性。

在话轮交替的结构中,连词有可能保持其基本的逻辑语义表达功能,也有可能仅仅体现言者语力,还有可能用作话轮的组织或话题的延续和转换。在对话中影响连词意义和功能解读的因素主要有两方面,一是连词的位置,二是话轮间话题的延续性。语用的合作原则是连词的浮现意义和话语标记功能产生的根本动因。

话语标记具有韵律上的独立性。谢心阳、方梅(2016)研究发现,话语标记的韵律独立性,除了以往研究中提到的前后无声段(停顿)之外,其语音形式有可能强化。以相同词汇形式对比,其连词用法(表达逻辑语义关系)与其虚化用法(构建言谈结构)在韵律上具有区别性表现。1)话语标记用法的时长明显长于该词作为连词表达逻辑语义关系时的时长;2)只增强语力,不表达逻辑语义关系、也不用作构建言谈结构时,音高曲拱变化较为明显。语音上伴随强化,这与语法化伴随语音形式的弱化或销蚀(erosion)形成对照。

附 注

① 本章用例中体育解说内容的语料(3)、(5)摘自郭小春《电视足球解说的

语体分析》(中国传媒大学博士论文,2010)。下文(15)语料摘自安娜《基于传媒语言语料库的话语标记研究》(中国传媒大学博士论文,2005)。不过,本文对这些例子的分析与上述两文不同。

② 沈家煊(2003)发现,关联词语相对于主语的位置关系与其意义表达有关,行域的"因为"可以在主语前或主语后,但是知域的"因为"只能在主语前面。

③ 这一例在语感上有分歧,多数人认为"不过"只能放在话轮起始位置不能嵌在句中,但也人认为"这个球不过也有难度"也能说。不过在我们的统计资料里,可成对用的连词的后项没有出现在主语后面的。"甚至"可以用在主语后面,但是它没有成对使用的前项。

④ 在 Sweetser(1990) 里,三域表述为 content、reasoning、speech act。

⑤ 也有人把从属句后置看作将背景变为前景的手段(参看屈承熹,2006)。

⑥ 毕永峨(Biq,1995)发现,原因句后置在汉语口语中占绝对优势(会话:82%),书面语中也是优势顺序(新闻报道:69%)。

⑦ 沈家煊(2003)指出,关联词的言域义可以用于"说",如"如果说",而且有时还必须加"说"。

⑧ "语力"(illocutionary force),言语行为理论术语。也称"行事语力"或"示意语力"。指说话人通过说出的一个话段所实施的行为,如许诺、命令、请求等。《现代语言学词典》(第四版),戴维·克里斯特尔编,沈家煊译,商务印书馆,2011)

⑨ 如上所述,我们对话语标记(discourse marker)的理解是比较窄义的理解。其功能包括话语组织功能(discourse organizing)和言语行为功能(speech acting)。话语组织功能包括前景化(foregrounding)和话题转换(topic switch)两个主要方面。言语行为功能包括话轮转接(turn taking)和话轮延续(turn holding)两个方面。话语标记是语用标记范畴当中的一个子类,虽然两者都不参与命题意义的表达,但是话语标记在言谈当中起组织结构、建立关联的作用。而语用标记不具备此类组织言谈的功能。当一个成分对连贯言谈并无作用而重在表现说话人的态度,这种成分属于"语用标记"(pragmatic marker)。因而言域的用法我们更倾向于看作语用标记。

第十六章 "是不是"从疑问标记到话语标记

16.0 引言

汉语疑问句的系统研究可以说是从20世纪40年代吕叔湘《中国文法要略》开始的。吕先生把疑问句分为两大类，即特指问和是非问句（包括抉择问句）。根据"信-疑"程度，把疑问语气分为"询问、反诘、测度"三个大类；并讨论了反诘问、间接问句以及问句的应用，提出了一系列很有价值的课题，包括疑问点、疑问程度、疑与问的区别与联系、形式与功能的错综关系等，奠定了现代汉语疑问句研究的基础，也是汉语从问与答的互动角度研究"信-疑"关系的较早文献。

此后，关于疑问句类型、疑问焦点与疑问语气词的研究逐渐深入，有关"是不是"的功能分析一般是在两个方面展开的。第一，"是不是"作为疑问点的标记。吕叔湘（1985a）《疑问·否定·肯定》一文里强调，"是不是"位置上的不同直接影响到疑问点的移动。比如：

<u>是不是</u>你明天到车站去买票？
你<u>是不是</u>明天到车站去买票？
你明天<u>是不是</u>到车站去买票？
你明天到车站去<u>是不是</u>买票？
你明天到车站去买票，<u>是不是</u>？（吕叔湘：1985《疑问·否定·

肯定》）

林裕文（1985）《谈疑问句》注意到，"是不是"放在句尾的结构（如"他昨天来过，是不是？"）无所谓疑问点，如果要突出疑问点，除非用句中重音表示。从疑问点看，用"是不是"的句子非常接近是非问。从答问看，和一般正反问也不完全一样。没有疑问点的，回答用"是"或"不是"。有疑问点的，还要回答疑问点。

总体上看，20世纪90年代以前对"是不是"问句的研究，学者不仅注意到"是不是"的位置与疑问点的关系，而且注意到句尾的"是不是"与其他位置"是不是"的区别。90年代以后，有学者进一步提出质疑。陶炼（1998）和丁力（1999）认为应该把"是不是"问句从正反问中分离出来，提出了"独立疑问句"的说法。首先，陶文通过与正反问的对比分析表明，作为"是不是"问句语法标志的"是不是"，其自身构成和语法功能都不同于正反问句中的肯定否定重叠结构。"是不是"问句的句法结构和语用表达方面也不同于正反问句，它与其他疑问句的差别更不待言。因此，陶文认为"是不是"问句值得作为一类独立的疑问句提出来，与是非、特指、正反、选择四类问句并列，它还是表达祈使语气的一种重要句式。丁力（1999）同意陶炼（1998）的看法。鉴于由"是不是"构成的正反问在句法结构中的位置比较自由，邵敬敏（1996）把它们归纳为七种类型，并且提出了"附加问"的概念。如：

NP_1 是 NP_2，是不是？：这整容，也是艺术，是不是？

NPVP，是不是？：花样多极了，是不是？

邵敬敏（1996）认为，附加问是针对上文陈述的内容征求对方的看法，或希望对方予以证实，前面可能是一个陈述句、祈使句或者感叹句，但不能是疑问形式。

综上所述，尽管对包含"是不是"结构形式的问句有不同的称说，但是，第一，无论看成正反问、附加问、追问，或者是独立的另外一种问句，但是都承认这类句子是问句,"是不是"结构形式是疑问标记。第二,大家都注意到,"是不是"出现在句末,或者同时以独立的形式存在,疑问的功能有所减弱。但是,还没有进一步说明,这种疑问用法与非疑问用法、强疑问语气与弱疑问语气之间的区别和联系。

下文的讨论首先考察"是不是"在互动过程中的功能,然后考察这些不同功能与"疑问"之间的语义和功能联系。

16.1 在对话中的主要用法

16.1.1 焦点疑问

A. 是不是+VP?

1) 针对命题内某个成分提问,要求对方就疑问焦点做出肯定或否定的回答。

2) "是不是"与疑问焦点相关,线性位置紧邻疑问焦点。

3) 疑问焦点有重音作为标记(用^表示)。

 (1) A:是不是^他们去法国开会啊?/他们是不是^去法国开会啊?/

  B_1:是/不是(老王)。 是/不是(法国)。

  B_2:说不好(是谁/哪里)。/好像是(老王/法国)。

  B_3:*去就去吧,反正经费自己掏。

 (2) A:那是不是也-也可以当编辑啊。

  B:可以,如果他那个..就是=..那叫什么..媒体,那个=那些..要的话,就可以。

16.1.2 命题疑问

B. 是不是＋VP？

1）"是不是"不针对某个特定的疑问焦点,而与整个命题相关。

2）"是不是"的线性位置相对灵活,位置的变化不构成疑问焦点变化。

3）无论"是不是"位于何处,语句重音总在谓语上。"是不是"语音上弱化,经常说成 shì bu sh。

(3) A₁:这人你以前<u>是不是</u>^见过？

A₂:这人你<u>是不是</u>以前^见过？

A₃:这人<u>是不是</u>你以前^见过？

B:见过。/没有(见过)。

"是不是＋VP？"分两个小类：

a.VP 为现实情态,"是不是"句用作确认相关命题的真实性。

(4) A:今天你<u>是不是</u>那个..那个两个菜都盛了？

B:嗯。

A:我我没盛,我盛了一个,..土豆,土豆丝ㄦ,……

b.VP 为非现实情态时,"是不是"句用作征询对方对整个命题的态度。

当施事为言者,表示言者征询对方对整个命题的态度,如(5a)。如果施事缺省,默认作言者主语,如(5b)。

(5) a.我<u>是不是</u>可以走了？

b.<u>是不是</u>可以走了？

当施事为第二人称,所构成的问句表示言者对听者的委婉使令。无论"是不是"在主语前还是主语后。例如：

(6) a.<u>是不是</u>你先回避一下？

b.你是不是先回避一下？

16.1.3　交际疑问

C. VP+是不是？

"是不是+VP？"确认自己的认识或征询对方的态度。不对命题的真实性提问。

1)"是不是"的线性位置为命题表述结构之外。

2)"是不是"总是在句末，但是不构成独立的语调单位。

(7) A：老王去法国了是不是？

B₁：*是/不是（老王）。　　*是/不是（法国）。

B₂：说不好。／ 好像是。

(8) A：啊……等于说在孩子青春期这一段，你要特别有智慧是不是啊？

B：特别有智慧。

A：那..那你觉得跟孩子们的交往除了要斗智斗勇以外哈，还有心态上有没有什么不同？

(9) A：皮儿好像有点儿厚是不是？

B：不厚啊！皮儿我觉得挺好的，太薄了反倒不好吃。

(10) A：什么意思，你怎么知道没男朋友。

B：啊，你有啊=，那就说现在还不够好是不是？

A：没有没有，开玩笑的。

16.1.4　语用标记

D. VP，是不是。

这类表达式并非有疑而问。VP 陈述内容对言者来说是已知的，或无须回答的。"是不是"句表示言者对听话人的肯定，或者与言者态度一致的一种期待。

1)"是不是"的线性位置为命题表述结构之外。

2)"是不是"总是自成独立的语调单位。

这类"VP,是不是"分两个小类:

a."是不是"位于话轮交替处,预示本次话轮就此结束,是邀请下一个话轮的邀请信号,指派受话人接续谈话。这类"是不是"带有重音。

(11) A:咱是干什么的啊,咱就是听您吆喝的,领导让干嘛咱就干嘛,‸<u>是不是</u>。

B:你这嘴要是不这么贫啊,你早当官儿了你。

这类"是不是"的另一个特点是,可以与呼语共现。

(12) 是指奖金吗? 我们可不是为那俩钱儿,我们就是为了主持正义,‸<u>是不是</u>,戈玲?(《编辑部的故事·谁是谁非(下)》)

(13) 嗯,牛大姐这话我爱听,没有前人的牺牲,哪儿有后人的幸福。我觉得咱们也得向前辈学习,在工作中建立起纯洁的爱情,你说‸<u>是不是</u>,戈玲儿?(《编辑部的故事·谁是谁非(下)》)

b. 用作提示听者在谈话中与自己保持同步。

(14) B:我觉得这个=这个也是一面之词,

要不然咱们把他的爱人请到现场来给大家做一个..

解说,怎么样?

A:她不可能来到现场…她不可能。

B:不过我们可以听听她的声音,<u>是不是</u>。

现在我们通讯这么发达,我们可以给他的爱人打电话。

(15) A:哎=,是你朋友,<u>是不是</u>。

B:嗨。

A:所以说你必须出力。

(16) A:我怎么一买回来就被你看到了？

　　　B:因为你是买给我吃的呗,<u>是不是</u>。

　　　　说实话,是不是买给我吃的?

　　　A:我帮你减肥吧,以后每天只吃一个蛋。

E."是不是"用作反馈信号

这类"是不是"一般出现在回应话轮里,表示认同(同意对方的观点、与对方有同感等),或者仅仅表示听话人在听取对方的谈话,作为反馈信号。

(17) A:然后＝..当时吃完药之后还是吐。

　　　B:<u>是不是</u>啊。

　　　A:嗯,不太好。

"是不是"不直接与命题发生结构联系,语义上也与不与命题直接相关,只具有互动交际功能。这类"是不是"后面常带语气词"啊"。

16.2　线性位置与信疑程度

16.2.1　毗邻语对的语义关联类型

"是不是"在命题成分之后,表明说话人的确知程度高。表现为,"是不是VP"对听话人回应具有强制性要求,它的毗邻话轮应就疑问焦点成分作答,如(18);或者针对整个命题做出回答,如(19)。即便说话人感到不便回答,也要用比较婉转的方式予以回应。而"VP是不是"句要求有回应,但是,回应是针对整个命题表态,而不针对疑问焦点,如(20)、(21)。"VP,是不是"不要求听话人就信息内容给予相关应答。"是不是"本身可以自成话轮,作为独立运用的反馈信号,如(17)。

回应句可针对问句的预设,如(22),也可避免表态,转换谈话方向,如(23)。

(18) 针对疑问焦点

　　A:你们学生是不是挺忙的?

　　B:还行吧＝,

　　　反正＝我觉得呀..只要搞语言啊＝文学啊＝那些方面的好像都不是＝特别忙。

(19) 针对整个命题

　　A₁:是不是咱们另找个大夫看看?

　　A₂:咱们是不是另找个大夫看看?

　　B:嗯,可以考虑。

(20) 针对整个命题

　　A:我没说..别的呀,嗯＝,对吧。

　　B:[对]。

　　A:[我]也没-没说过她不是美女[是不是]。

　　B:　　　　　　　　　　　[是＝是是]。

(21) 针对整个命题

　　女儿:我们学校今ㄦ有事ㄦ。

　　爸爸:玩ㄦ电脑去了吧?

　　女儿:^没有,[@真有事ㄦ@]。

　　妈妈:谁跟你一块ㄦ办事ㄦ? 男生女生啊?

　　女儿:一男生,就是一块ㄦ出板报。

　　妈妈:那男生跟你办过五次事ㄦ了吧?

　　女儿:唉＝不能^这么说,是不是。

　　妈妈:那怎么说!

(22) 针对预设

A:天啊,好奢侈哦!

B:然后……

A:他们是不是[用公费啊?]

C:　　　　　[他们有钱,他们有钱。]

B:肯定的=。他们那里发钱。

(23) 转移谈话方向

A:咱们抓紧剩下的几分钟=再说点ㄦ。

B:不是,这玩意ㄦ停了咱再聊一小时。

A:@@@@

B:不想跟我聊了是吧。[是不是,对不对]。

A:　　　　　　　　[那个=那个=],

咱们考虑一下那个=..下边ㄦ那小时=..薪金的问题。你你=准备付多少。

总体来说,"是不是"居后的话轮都不是用作寻求未知信息,而是协调态度。

表1 "是不是"句与回应句的语义关联类型

	是不是 VP		VP 是不是		VP,是不是		是不是	
	用例	%	用例	%	用例	%	用例	%
回答疑问焦点	3	4.3						
针对整个命题	39	54.9	13	18.3	2	2.8		
针对预设	2	2.8						
转移谈话方向					2	2.8	2	2.8
无应答句							8	11.3

16.2.2 "是不是"句在叙事语体中的功能

"是不是"用在叙事语体中,一般自成一个语调单位,表现为"VP,

是不是"。主要功能有三个:

1) 激活共有知识

这种"是不是(啊)",它前面的言谈内容是说话人认为听话人已知的或共同享有的信息内容。例如:

(24) 现在一般的人来讲,那条件都好了嘛,<u>是不是</u>啊,都要讲吃比较好一点儿的,<u>是不是</u>啊。(北京话口语调查材料—1208)

(25) 譬如说,猪肉,他不叫猪肉,他叫黑肉,黑牲口肉,因为他避讳说"猪"字,回民不是不吃猪肉吗?<u>是不是</u>啊?(北京话口语调查材料—1102)

上述两例使用"是不是",作用在于确认双方的共有知识,把背景知识调动到当前言谈的状态。

如果说话人对听话人是否具备相关知识还不够确定,"是不是"之后会有一个解释性的表述,对共有知识的内涵进行确认,如:

(26)(谈回民的丧葬习俗)回民的坟头儿啊,是方的,长方的,汉民是圆的,<u>是不是</u>,馒头型儿的。(北京话口语调查材料—1102)

(27) 那时候儿呢,你像有好多是满语来的,译成汉字的。我们随便举几个例子。"萨其玛",来源呢,这,大伙儿知道的,<u>是不是</u>,那就是满语来源。(北京话口语调查材料—1408)(确认共有知识)

从命题表达角度看,这两例的"是不是"都可以删除。"是不是"的作用在于提示共有知识。(26)的"是不是"前先说了"圆的",然后说"馒头型儿的";(27)的"是不是"前先说了"大伙儿知道的",然后说"那就是满语来源"。言者使用"是不是"都是在确认共有知识。

2) 凸显结论

用"是不是"提示言谈的重点,唤起听话人的注意。例如:

(28) 我小时我就是个在那生活跟我祖母生活着长大的,我祖

16.2 线性位置与信疑程度

母死了以后,又我十几岁我父亲死的,我母亲死得晚,我母亲,我都二十多岁了,才死。到我母亲那时候儿就差多了,那个家庭的那个就差多了,那民国了,是不是,那就差多了。(北京话口语调查材料—1207)(凸显结论)

3) 延续谈话

这类"是不是"的特点是,用在介绍新知识的语境当中。这一点区别于上面两类用法。例如:

(29) 回教呢,就是完全都是白的,连鞋也蒙上,你本来黑鞋嘛,拿白布蒙上,是不是,外边儿穿了一个大白袍,这儿系上孝带子。(北京话口语调查材料—1405)

(30) "占"完了"折拿子"以后,就那个,你给这个对个阿訇,你请来的,按现在来说呢,你要给他钱,他也要。你也给他,他也,他也要,是不是。那个包的那个钱呢,叫"乜帖","乜帖"。你甭管一块也好,五块也好,十块也好。你不给钱也没关系,就是,给点儿乜帖。(北京话口语调查材料—1405)

"是不是"还有一种用法,用作连接小句,相当于书面语的"是否"。例如:

(31) 我还是没明白他的意思。我就是想知道=是不是我得做饭。

这种用法可以说是"是不是"语法功能转移的一种表现。同时也从另一个角度说明本章上一节提出的观点:比较而言,处于后位的"是不是"(如"VP 是不是")比"是不是"在前的形式(如"是不是 VP")疑问程度要低得多。总体上看,"是不是"用于叙事语体中的主要功能是"凸显",如下表所示。

表 2　叙事语体中"是不是"的功能分布

	连接小句	确认共有知识	凸显共有知识	凸显结论	延续谈话
用例	2	7	6	8	3
%	7.7	27.0	23.0	30.8	11.5

16.3　疑问标记的互动功能及其虚化

16.3.1　共时表现

从听-说双方互动的角度看,"是不是"的表达功能有五类：

a.寻求未知：言者从对方(听者)获取未知信息。如：

(32) 他们是不是已经走了？

b.确立共识：言者确认自己不确知的信息。如：

(33) A：皮儿好像有点儿厚是不是？

B：不厚啊！皮儿我觉得挺好的,太薄了反倒不好吃。

c.建立互动：言者提示双方共有知识。如：

(34) 譬如说,猪肉,他不叫猪肉,他叫黑肉,黑牲口肉,因为他避讳说"猪"字,回民不是不吃猪肉吗？是不是啊？

d.邀请信号：邀请开始下一个话轮。如：

(35) A：咱是干什么的啊,咱就是听领导吆喝的,^是不是。

B：你这嘴要是不这么贫啊,你早当官儿了你。

e.反馈信号(back channel)：满足互动交际进程的需要。如：

(36) A：然后＝..当时吃完药之后还是吐。

B：是不是啊。

A：嗯,不太好

16.1 节所述 A、B、C、D 式一般都出现在发话者话轮的位置上,从言语行为的角度看,都构成一个邀请行为。E式只能出现在听话者话轮的位置上,不构成邀请行为。几种形式的虚化程度为:(">"左侧具有较多的疑问功能,">"右侧疑问功能相对较弱）

功能:焦点疑问 ＞ 命题疑问 ＞ 交际疑问 ＞ 话语-语用标记（邀请信号 ＞ 反馈信号）

分布:焦点定位 ＞ 小句内定位 ＞ 话轮内定位 ＞ 独立成分

16.3.2 历时层面

邵敬敏、朱彦(2002)通过考察《金瓶梅》、《红楼梦》、《儿女英雄传》、《骆驼祥子》、老舍话剧和王朔小说,发现"是 VP 不是"逐渐减少,"是不是 VP"从无到有,逐渐增多。"VP,是不是"从无到有,又从多到少。这是一个很有价值的观察。但是,对邵和朱文的历时推论,似有可商之处。

邵和朱文认为,现代的"是不是 VP"有两个来源:1)"是 VP 不是"(《红楼梦》、《儿女英雄传》、《骆驼祥子》有用例)受南方方言的影响,经过压缩,变为现代北京话的"是不是 VP"。2)"是不是,VP"(《红楼梦》、《儿女英雄传》、《骆驼祥子》有用例)经移位,变为现代北京话的"是不是 VP"。

我们认为:

1)"是不是 VP"的前身是"是 VP 不是",可信。邵和朱的调查表明,同一时期材料中,两种格式不同现。其次,在现代北京话,老派用"是 VP 不是",新派用"是不是 VP"。

2)"VP,是不是"不是"是不是 VP"移位的结果。自清代至今,"VP,是不是"的功能有别于"是不是 VP"。表现为:

第一,"是不是 VP"句要求听话人做出肯定或否定的回答,"VP,是不是"不具备上述强制性要求。两种格式所体现的信疑程度不同,功能也不同。"VP,是不是"与清代小说对话当中的用法基本一致。句末的"是不是"仅表示对听话人的肯定性期待或认可。

第二,"VP,是不是"本身的询问功能也有一个逐步弱化的过程。清代的材料里,"VP,是不是"只用于真正的求同征询,说话人希望得到听话人的认可。如:

(37) 大奶奶从前的行经的日子问一问,断不是常缩,必是常长的。是不是?(《红楼梦》引自邵和朱文)

但是在现代北京话里,"VP,是不是"还有一种用法,不用作征询,仅仅表现说话人对听话人的不满情绪,总是与负面评价共现。如:

(38) "受苦的命!"她笑了一声。"一天不拉车,身上就痒痒,是不是?……"(《骆驼祥子》,引自邵和朱文)

(39) 活腻味了,是不是?这才刚过了几天舒服日子啊,又折腾上了。

(40) 成心找茬儿,是不是?

邵和朱文讨论了这类例子,但是没有把两类情形区别开来。例(37)属于**求同征询**,在谈话中要求听话人给予一致意见。但是,(38)至(40)的"是不是"功能在于表达说话人的否定性评价和负面态度,并不要求对方同意自己的意见。

16.4 小结

本章的基本结论如下:

第一,"是不是"在话语中主要有五方面功能:a.寻求未知:言者从对方(听者)获取未知信息。b.确立共识:言者确认自己不确知的信息。c.建立互动:言者提示双方共有知识。d.邀请信号:邀请开始下一个话轮。e.反馈信号:满足互动交际进程的需要。

16.4 小结

第二,"是不是"在共时系统中的功能差异,体现了虚化过程中不同阶段:

焦点疑问 ＞ 命题疑问 ＞ 交际疑问 ＞ 话语-语用标记

焦点定位 ＞ 小句内定位 ＞ 话轮内定位 ＞ 独立成分

"是不是"在共时系统中的用法差异体现了交互主观化(intersubjectivition)所涉及的语义-语用互相关联的单向性路径中的各个层面:

内容的 ＞ 内容的+程序的 ＞ 程序的

非主观性的 ＞ 主观性的+交互主观性的 ＞ 交互主观性的

以命题内成分为辖域的 ＞ 以命题为辖域的 ＞ 以话语为辖域的

第六部分　语体特征与语法特征

第十七章　语气词变异形式的互动功能

17.0　引言

关于语气词语音变异形式讨论最多的当属北京话"呀""啦""哪"。我们考察发现,有大量的用例不能如以往论著所述从语流音变、形态音变或者合音得到解释。这些被视为变异形式的语气词,在使用上具有语气类型、语体分布和言语行为类别方面的偏好,从言语行为角度看,其功能在于将述谓句(constative utterance)变成施为句(performative utterance),用以显示语句的行事性意义(illocutionary meaning)。其句法结果是,不同语义类别的动词在与这些变异形式共现的时候,具有句类分布限制或者体现为不同的语气类型。

这种将述谓句变成施为句的功能使得这些不符合音变规律的"呀""啦""哪"具有独立的价值,这种使用格局从清末民初的时候已经大致定型。

17.1　现有关于语气词语音变异形式的分析

现有关于语气词语音变异形式的分析主要有三个代表性观点,即:三分说、两分说、变韵说。

17.1.1 三分说

赵元任先生在他的《汉语口语语法》里把语气词(赵著称为助词)分为三类情形(参看赵元任,1968/1979:358):1)语流音变;2)形态音变;3)语气词连用合音。比如:

啊～呀

赵先生说,"啊"这个助词的语音形式相当复杂。跟别的用元音起头的助词一样,它跟前边的辅音或元音连读,跟实词的拒绝连读不同。这样就形成了一系列表面上的变体:

来呀 lái(i)a　　　好哇 hǎo(u)a　　人哪 rén(n)a
娘□ niáng(ng)a　　吃□ chī(r)a　　字□ zì(z)a

赵先生说,实际上真正的变体只有两个,"啊"和"呀"。即:"啊"在开元音音节(a、e、o)后面,变成"呀"。"啊"变"呀"是自动连读,这里是真正的形态音素交替(morphophonemic alternation)。

而两个助词(语气词)连用时,如果第二个助词是元音起头,两个助词就变成一个音节,虽然各自的功能不变。即:

的 ＋ 啊　→　哋
了 ＋ 啊　→　啦
呐/呢 ＋ 啊 →　哪

按照赵先生三分格局的分析,可以推论:
"呀"有 2 种可能的来源:
1) 前一词是 i 韵或-i 韵尾　(语流音变)
2) 前一词是 a/e/o 韵　　　(形态音变)
"哪"有 2 种可能的来源:
1) 前一词是-n 韵尾　　　(语流音变)
2) 呢 ＋ 啊　　　　　　(语气词连用合音)

"啦"有 1 种可能：

了 ＋ 啊　　　　　　　　（语气词连用合音）

17.1.2　两分说

目前,多数现代汉语语法研究著述持此说。即：

1) 语流音变；

2) 语气词连用合音。

以朱德熙先生《语法讲义》为例。语气词"啊、呕、诶"在使用中受前一词语的影响而发生音变,形成不同的变异形式(参看朱德熙,1982：207—208)。

17.1.3　"变韵"说

"变韵"说强调,语气词开口度大小的差异对应于语气表达的强弱(参看郭小武,2000)。文章的主要观点是：语气词开口度大的 a 韵词对应于强语气,开口度小的 e 韵词不体现强语气。例如：

A.进球啦　　真哒　　你磨蹭什么哪　　去吧

B.进球了　　真的　　你找什么呢　　　去呗

按照变韵解释,上面两组例,A 组比 B 组语气强。

17.1.4　问题

音变说,无论把变异形式看作"啊"的语流音变还是形态音变,都不涉及基本形式"啊"与变异形式的意义和功能异同,变异是单纯的语音现象。

连用合音说具有较强的解释力,但只涉及"哪、啦、喽、啵"等几个词,且前提是该语境里确实有可能存在两个连用的语气词。如果承认合音,接下来的问题是,两个语气词连用合音后的整体语气是什么,是不是前后两个语气词功能的简单加和?

变韵说注意到了变异形式的独立价值及其共性,解释了形式差异与表达差异之间的象似性联系。但是,"强语气"是否意味着句子在原有语气上的强化或叠加呢? 如果是,那么所述差异似乎仍然可以看作语气词"啊"(感叹)对句子语气表达的贡献。

我们对北京话的考察发现,语气词这些变异形式确有其独立表达功能。

(一) 有大量的用例并不能从语流或形态音变得到解释。

(二) 变异形式的使用具有分布上的偏好。

(三) 不同语义类别的动词在与这些变异形式共现的时候,具有句类分布限制,或者体现不同的语气。

17.2 不能从语流音变得到解释的用例

"啊"变异系列,完全支持语流音变分析的似乎只有"哇",翟燕(2011)和陈颖(2015)的调查也支持这个观点。例如:

(1) 这个秃小子,够多们有玩意儿,赶明儿个必有点儿福气。大哥的造化是真不小哇。(《小额》)

(2) 冯先生说:"给他托官司,让他出来呀。"胎里坏说:"嘿,这个官司谁弄的了哇?"(《小额》)

(3) 没有哇!(《我爱我家》)

(4) 吃他这个"炮"哇!(《我爱我家》)

不能从语流音变得到解释的用例,不仅存在于当代北京口语,如北京话电视剧《我爱我家》;清末以来的反映北京口语的材料里一直能看到,从《儿女英雄传》(1878年)、《春阿氏谋夫案》(1900年,下称"春阿氏")、《小额》(1908年),到老舍的《老张的哲学》(1929年)。

17.2.1 无法用语流音变或形态音变解释的"呀"

"呀"可以出现在-n韵尾词后面,如下面例(6)(9)(10)(11);或者在-ng韵尾后面,如,例(5)(7)(8)。

(5) 你肚子疼呀?(《儿女英雄传》)

(6) 大热的天气,奶奶要气坏了,谁来疼我们呀。(《春阿氏》)

(7) 我也犯不上跑。请问阁下贵姓呀?(《小额》)

(8) 嗳呀呀,您这个病可不轻呀。(《小额》)

(9) 咱们祖宗的名声可要紧呀。(《老张的哲学》)

(10) 爸,您说句话,您不能看着国家财产毁于一旦呀!(《我爱我家》)

(11) 傅老:不不不,作为家庭主要负责人……

志新:什么什么?您还想当负责人呀?(《我爱我家》)

钟兆华(1997)《语气助词"呀"的形成及其历史渊源》一文以宋元音变为立论的依据,对语气助词"呀"进行了探讨。钟文认为,[ia]是个历史久远的语气助词。元代以前用以体现[ia]这个语气的,是《广韵》"麻"韵系的"也"及"耶""邪"。宋元音变的结果,"也"的音读演变为《中原音韵》的"车遮"韵。为适应这种音变的需要,原是象声词、感叹词的"呀",被人们拿用来取代"也",从而获得语气助词的职能。从历时的角度看,说"呀"是"啊"的音变是不恰当的。

钟文认为,就语气助词"呀"这个形体而言,它较早的用例见于元代。下例"呀"在句末表示陈述语气(引自钟文)。

(12) 小生正在攻书,忽听母亲呼唤,不知有甚事,须索走一遭去呀。(《王粲登楼》楔子)

钟文认为,下面(13)(14)分别表示疑问、诘问语气,例(15)表示祈使语气,例(16)表示惊叹语气,例(17)的"呀"表示提顿语气,此例见于曲词,在元曲中极为少见。

(13) 俺父母斋食,怎是好**呀**?(《来生债》四折)

(14) 陈琳,你怎么不打**呀**?(《抱妆盒》二折)

(15) 这女子巧言令色,不打不招。左右,与我打**呀**!(《留鞋记》三折)

(16) 好**呀**!这只绣鞋儿不打紧,干连着一个人的生命。(《留鞋记》三折)

(17) 怎的教酪子里题名单骂,脑背着武士金瓜。教几个卤莽的宫娥监押,休将那软款的娘娘惊?你**呀**,见他问咱,可怜见唐朝天下。(《梧桐雨》三折)

不过,如果仔细观察这些用例,并不能确认疑问、反问和祈使语气由例中的"呀"获得,例中都有相应的其他词汇形式来反映不同语气,如(13)的"怎是"、(14)的"怎么不"、(15)的"与我"。只有例(17)的"呀"表示提顿语气是可以肯定的。从音变的角度看,这些例子"呀"的前字都是开音节,除了(13)(16)按照"呀"的前字是"好"音变应变为"哇"之外,其他的用例还不能完全说明"呀"可以不受音变条件限制。

任晓彤(2010)通过对元明一些重要的白话文献的考察和分析,认为"呀"应是明代才出现的书面形式。任晓彤(2010)所列举的用例,只有一例是不符合音变条件的,任晓彤(2010)所举的《元曲选》"呀"作为语气词的用法如下:

1) 用于祈使句末尾,加强祈使语气。如:

你看这厮胡说。左右,拿下去打**呀**。(《举案齐眉》4)

2) 用于疑问句末尾,加强疑问语气。如:

陈琳,你怎么不打**呀**?(《抱妆盒》3)

3) 用于独立语后,加重语气。如:

好**呀**,前日谋死蔡婆婆的不是你来,你说我不认的你哩。

(《窦娥冤》2)

4）用于假设复句的分句间，表示语气的提顿。如：

　　小姐，你当初嫁了俺呀，可不好那。(《举案齐眉》3)

5）用于呼叫的句子后，拖长语气。如：

　　有贼。地方快起来拿贼呀！(《冤家债主》楔子)

很可惜，任晓彤(2010)并未关注"呀"与前音节韵尾的关系。尽管如此，"你当初嫁了俺呀"这一例"呀"在闭口韵尾字"俺"之后，以及"好呀"的"呀"在"好"之后，至少说明，在元曲里"呀"的用法不完全符合音变条件（近代汉语中的用法讨论，另可参看刘坚等，1992；曹广顺，1995）。

翟燕(2011)以《聊斋俚曲》为例，讨论了近代汉语后期语气词"啊"与"呀""哇""哪"的关系。翟文认为，在近代汉语中，"呀""哪"在成为"啊"的变体前，均为独立的语气词，在被纳入"啊"的音变轨道过程中，它们仍保持着某种程度的独立性。"呀、哇、哪"成为"啊"语音变体清末大致完成。《金瓶梅词话》中"呀"符合"啊"音变的仅占21.05%，《醒世姻缘传》中占8.33%，《聊斋俚曲》中占46.31%，《歧路灯》中占39.16%，《儿女英雄传》中占74.58%，《官话指南》中占96.30%。在明末清初以前，绝大多数的"呀"并不受前面音节末尾音素的影响，可以自由地用于"u、n"等音素后，而不必写成"哇""哪"等字形。翟文的观察基本支持钟兆华(1997)的观点，也为我们讨论现代北京话中的现象提供了历史依据。

通过考察清末以来的反映北京口语的材料，包括《儿女英雄传》(1878年)、《春阿氏》(1900年)、《小额》(1908年)，老舍的《老张的哲学》(1929年)，以及当代的北京话(《我爱我家》)，可以确认，清末民初的北京话句末语气词"呀"的使用情况基本沿袭了元明时期的格局，这个格局在现代北京话里也保留了下来。现代北京话的"呀"其实是两种来源,一是对音变形式的记录,而另一个则有自身的发展脉络,是从元明以后延续下来的具有独立功能的语气词。"呀"用于多种语气类型的句子,如:疑问句、祈使句、反问句、陈述句。"呀"在互动交际中提示说话人关注,使用上可以不受音变条件约束。

17.2.2　无法用音变解释的"啦"

另有些用例,其句法位置也无法用语气词连用解释。比如在实际使用中存在"啦吗"共现的用例。例如:

(18) 善全走<u>啦吗</u>?这_儿来,我跟你有话。(《小额》)

一般来说,"啊"在句子最外层,不会在另一语气词前。因此,上述用例的"啦"难以分析成"了+啊"合音所致,有必要寻求其他解释。

17.2.3　无法用音变解释的"哪"

(19) 李大兄弟,老爷在家里<u>哪吗</u>?(《小额》)

(20) 和平:嘘!轻点都!

　　　志国:怎么了?

　　　和平:没看见咱爸正练功<u>哪吗</u>?(《我爱我家》)

与前文(18)相似,"啊"在句子最外层,不会在另一语气词前。因此,上述用例的"哪"难以分析成"了+啊"合音所致。

下文主要讨论两对语气词,即"哪"与"呢"、"啦"与"了"。

17.3　分布差异

17.3.1　"哪"与"呢"的差异

朱德熙先生在《语法讲义》里把"呢"分为三个:

呢₁:表示时态。例如:下雨呢。

呢₂:表示疑问。其分布为:

是非问	特指问	选择问	反复问
−	＋	＋	＋

呢₃:表示说话人的态度和情感,夸张语气,把事情往大里说。例如:他会开飞机呢!

陆俭明(1984)证明,语气词"呢"用在陈述句句尾。在"非疑问形式＋呢"构成的疑问句当中,"呢"是疑问语气词。

胡明扬(1981)认为,"呢"的作用在于"提请对方特别注意自己说话内容的某一点",含有"呢"的疑问句中的疑问语气是由语调决定的,与"呢"无关。

邵敬敏(1996)认为,"呢"不是疑问语气词。"呢"的语法意义是在陈述句中表示"提醒",在非是非问句中进一步表示"提醒"兼"深究"。"名词＋呢"有提出新话题的作用。

目前学界对现代汉语疑问语气词的认识大致一致,即"吧、啊"都不是疑问语气词,真正的疑问语气词只有"吗",含"呢"句表疑问是有条件的,算半个。

我们也同意"呢"不是疑问语气词,含有"呢"的疑问句中的疑问语气是由语调决定的,与"呢"无关。正因为"呢"不是表疑问的语气词,它才有可能既出现在疑问又出现在非疑问的句法结构里。

我们感兴趣的是,既然"哪"不全是音变的结果,它的功能究竟是什么。

"呢"可以用于三类疑问结构。单从句法组合的角度看,"哪"的分布与"呢"似乎相同。但是,用"哪"与用"呢"的不同在于,句末用"哪"的时候,即使它前面是疑问结构,全句也不是构成疑问语气,而是反诘语气。换句话说,不是用作寻求信息,而是表达言者的态度。下面逐一讨论("↘"表示下降语调)。

1) 特指问句结构

(21) a.你吃什么↘　　　　　"什么"是疑问焦点
　　 b.你吃什么呢↘　　　　"什么"是疑问焦点
　　 c.你吃什么哪↘　　　　"什么"不是疑问焦点

同样是下降的语调,用"呢"是问句,用于寻求未知信息;而用"哪"的"你吃什么哪"意思是"你不应该吃",是言者认为对方行为不当,表达的是言者的负面评价。"你吃什么呢"用上扬的语调是疑问句。但如果是非意志性动词,如"做梦",用上扬语调不能构成疑问句。如:"*你做什么梦呢?"但是可以用下降的语调说成"你做什么梦哪?",构成反问句,意思是你不应该心存妄想。同样,"什么"不是疑问焦点。

2) 选择问句结构

有些用例似乎显示"哪"可用于反复问句"VP 不/没 VP"结构和选择问句"VP_1 还是 VP_2"结构,但实际这个"哪"是语流音变的结果。

请看下面例子的 b 句与 c 句的对比:

(22) a.打篮球还是打排球呢?
　　 b.吃饺子还是吃面哪?
　　 c.*打篮球还是打排球哪?

单看 b 句,似乎"哪"可以用在疑问句。但是对比前字为开音节词的情形,如 c 句,就会发现是个误会。也就是说,"吃饺子还是吃面哪?"从句法上是"吃饺子还是吃面啊?"句末的"哪"是单纯的语流音变现象。"啊"受前字"面"的-n 韵尾影响发生语流音变。如果没有音变环境,就不能用"哪"了。

3) 反复问句结构

反复问句与选择问句情况相似,看似可以用"哪"的疑问句,实为语流音变的结果。例如:

(23) a.明天上课不上课呢？

　　　b.喜欢不喜欢哪？

　　　c.*明天上课不上课哪？

单看 b 句，似乎"哪"可以用在疑问句中。但是，当语气词的前字不是闭口韵尾-n 或者-ng，就不会说成"哪"了。也就是说，b 句跟在"喜欢不喜欢"后面的语气词实际是"啊"。

综上所述，被记录作"哪"两种情况，一为"啊"受前字韵尾影响发生语流音变而来的，其分布与"啊"的分布相同；另一类"哪"具有独立表达功能。这后一类"哪"分布上不同于"呢"，它排斥"VP 不/没 VP"和"VP 还是 VP"句法形式，用于特指疑问结构之后构成反问句。

我们把"呢"与"哪"的分布对比概括如下：

疑问结构类型	呢	哪
是非问	你打球呢？	你打球哪！
特指问	你吃什么呢？	你吃什么哪！
选择问	你打篮球还是排球呢？	*
反复问	你打不打篮球呢？	*

右栏"你打球哪！"有两种可能的语境：

1) 后接"哪有你这样打球的"的时候，表达的是反诘语气，意为"不应该如此"。从行为角度看，是说话人指责对方。

2) 当后接"我一会再打电话过来"的时候，表达的是"抱歉我才知道你在打球"，这句话实际是招呼语。

综上，在句末记录作"哪"的形式有两种情况：一为单纯的音变形式；一为具有独立功能的语气词，而后者不是用作寻求信息的。

如果从交际功能上看，句法上的疑问形式可以分为两个大的类别，一是寻求信息，这是疑问句的基本用法；二是行使言语行为功能，并非寻求未知信息。举例来说：

1) 引起关注。设问句即属于此类。如：人的正确思想是从哪里来的？是从天上掉下来的吗？不是。是自己头脑里固有的吗？不是。人的正确思想，只能从社会实践中来。

2) 表达请求。例如：能把门关上吗？

3) 确认共有知识。典型的用作确认共有知识的结构是附加问句。例如：学生就要好好学习，是不是？你凭什么搞特殊。

4) 立场设定。典型的用于立场设定的疑问形式是反问句。例如：谁年青时候还没犯过点儿错呀？

引起关注、表达请求、确认共有知识以及立场设定，这些都是言谈中的交际意图。换句话说，如果从言语行为的角度看，句法形式与交际功能并不是一一对应的。反观"哪"与"呢"的分工，我们认为，用"哪"恰恰是可以帮助听者更明确地理解说话人的意图。

17.3.2 "啦"与"了"

"啦"一直被看作"了"与"啊"的合音，要说清"啦"，还得从句末的"了$_2$"说起。

关于句末的"了$_2$"的语气已有很多文献（如赵元任，1968；Li et al.，1982；刘勋宁，1985、1988、1990；陈前瑞，2005；王洪君等，2009；等等）。关于"了$_2$"的功能解释主要有几个主要方面：

1) "当前相关状态"说。Li et al.(1982)认为，"了$_2$"的特点是所表示的事态跟参照时（一般是说话时）的说话人、听话人和言语情景相关，许多句子加或不加"了$_2$"都是"与当前相关"或"不与当前相关"的不同。另外，"了$_2$"不出现在新闻报道、学术论文、说明文等文体中，因为这些文体不能提供"了$_2$"所需的参照时间。

2) 申明语气说。刘勋宁(1990)指出，"了$_2$"表示的语气与融入其中的中古语气词"也"相同，用于陈述句表示"申明新事态、新情况"（不是上古"也"所表达的"判断"语气),而申明的事实可以是肯定性的也可以是否定性的。

3) 焦点说。刘勋宁(1999)指出,随着句子中单个谓语动词扩展为多个谓语动词,词尾"了$_1$"的位置会不断后移,移到全句表示新信息的焦点动词上。如"系里开了会→系里开会表扬了老王→系里开会表扬老王去了现场→系里开会表扬老王去现场开了会→……",这一现象其实也适用于"了$_2$",在由多小句组成的连动式复句中,"了$_2$"一般只出现在最后一个小句上。这个解释大致可以归入"表肯定语气"和"成句作用"说。

4) 篇章和视角解释。"了$_2$"表示动态语篇中话主调整听说双方大脑共同接收模式的标记,用于标注一系列事件中的高峰事件。这是 M. van den Berg 和 Wu Guo(武果) 2006 年的《汉语语气词"了":汉语语篇构造和语用标记》一书提出的。

王洪君(2009)进一步指出,从语法角度解释"了$_2$"的功能仍然有问题。一方面符合上述语法解释的环境不一定能用"了$_2$";另一方面,"了$_2$"的出现又有显著的语体偏好。"了$_2$"的使用在很大程度上体现的是讲述者与受众同在"讲述时空",营造与受众面对面讲述的气氛。

5) 行、知、言三域。肖治野、沈家煊(2009)一文通过"行、知、言"三域分析,将"了$_1$"的表达功能归入"行"域;"了$_2$"的功能则分为三类:1) 表示"新行态的出现";2) 表示"新知态的出现";3) 表示"新言态的出现"。其中表示"新言态的出现"是"了$_2$"的言域用法。

以下两例是肖治野、沈家煊(2009)文章里关于言域的"了$_2$"的例子:

(24) a. 主席:现在开会了。

b. 教师:现在上课了。

c. 经理:你被录用了。

第十七章 语气词变异形式的互动功能

　　　　d.拍卖师:这件拍卖品归你了。

肖治野、沈家煊(2009)认为,言域用法实际是宣告新言态提供给听话人,都含着一个元语成分,即:"我说【P】了"。再如:

　　(25) a.帮帮我了!

　　　　b.给碗粥喝了。

肖治野、沈家煊(2009)认为,(25)这类用法实际是把请求这个行为作为一个新言态提供给说话人,即:"我请求【P】了"。

　　上述王洪君等(2009)和肖治野、沈家煊(2009)的对"了$_2$"解释都触及句末语气词的互动功能,虽然他们文中并没有明确说明。王洪君等(2009)虽然没有用"言域"这个概念,但是说到了"了$_2$"的功能是话主显身的(即显示说话人),用以构筑互动的话语空间。肖治野、沈家煊(2009)指出"了$_2$"具有"我说【P】了"这种表达功能,其实就是"了$_2$"的互动性。上述解释与刘勋宁(1985)的观点具有相通之处,刘文指出,现代汉语的"了$_2$"功能上相当于《祖堂集》中的"了$_1$＋也",而其中包含的"也"是表示"申明"语气的。刘文所说的"申明",自然是体现言谈主体的。

　　我们发现,上述"了$_2$"的言域用法,在北京话里实际是可以说成"啦"的。与用"了"相比较,用"啦"是行使"宣告"行为。

　　这种特点早期体现在对话与叙述句的选择使用(见下节),而在当今网络媒体中已经成为颇为常见的用法。"啦"的使用模拟了面对面的互动情景,甚至可以用作宣告一个未然事件。例如下面的广告语,如果把"啦"换成"了",就成为叙述已经发生的事情,而不是在宣告即将开始的活动了。

　　(26) 双11来啦! 买国内热卖的,买国外热卖的。

　　(27) 雪佛兰免费体检行动开始啦——让冬季出行更安心!

　　如果是真正寻求信息的疑问句,现代北京话用"了"不用"啦"。

例如:

(28) 和平:嘘! 轻点都!

　　志国:怎么了?

　　和平:没看见咱爸正练功哪吗?(《我爱我家》)

说"怎么了?"是问发生了什么,而说"怎么啦?"并非真正询问发生了什么事情。例如:

(29) 志国:爸! 您主持工作一个星期,都开三次会了。您开会开出瘾啦?

　　傅老:怎么啦?(《我爱我家》)

(29)对话里有两个反问句。第一句"您开会开出瘾啦?"是反讽,不是有疑而问;第二句"怎么啦?"是质疑,意为"难道不应该吗?",表达否定态度。

不带语调说下面的句子,会看到如下对比:

语气	用例	语气	用例
陈述	走了	祈使	走啦,走啦
疑问	看什么呢	反问	看什么哪

综上所述,语流音变不相关的语气词,其使用总是与某些言语行为(speech act)密切相关,如问候、请求、命令、批评等。"啦""哪"使用的动因是言谈互动需求。

17.4　清末民初的北京话

"呢"与"哪"、"了"与"啦"的功能分布在清末民初的北京话里已经初露端倪。

17.4.1　"哪"

句末用"哪"的问句不是真正寻求信息的疑问句,寻求信息的问句用"呢"。

17.4.1.1　用于疑问结构里构成反问句,意在责备、批评,或者是表达说话人的对立态度。即"我说,【P】不对/不应该"。例如:

(30) 范氏怒叱道:"说你是好话,腆着脸还哭哪! 趁着太阳还不马力洗去,难道说还等着黑哪?《春阿氏》

(31) 我知道什么,你不用费话了,放着踏实不踏实。照这么说起来,那还有完哪? 她在背地里,没说过你的不字……(《春阿氏》)

上面两例的"哪"不能分析为"啊"语流音变,因为前字不是以-n结尾的音节。也不能分析为"呢+啊",这两句的语气与"呢"的三种主要功能都不相配。语感上所谓用"哪"比用"呢"的语气强烈,正是因为这类句子都是用作表达责备或者批评。

如果动词是"说",构成反问语气构式"怎么说"或者"哪儿说去"等,整体上表达说话人的负面态度。例如:

(32) 我们老头儿说,那对瓷罐儿,跟那副核桃,都是一年买的。两样儿东西,光景是五两多哪。"那人亦赞道:"嘿,可惜,这是怎么说哪。(《儿女英雄传》)

(33) 记得前年夏天,我碰过阿大姐的钉子,那时有挺好的人家,她不肯吐口话儿,她说跟西院玉吉,已经有人说着呢。此时又急着说婆家,叫我可哪儿说去哪。(《春阿氏》)

17.4.1.2　用于非疑问结构,意在宣告,即"我告诉你,【P】"。例如:

(34) 你要觉着热,我们那水缸底下冰着两个香瓜儿哪,吃完了你躺一会儿酒也就过去啦。(《春阿氏》)

(35) 太太请你有话说哪。(《小额》)

(36) 皂隶威喝道:"胡说! 大人在这儿哪,还敢这样撒野。"(《小额》)

(37) 嘿,你不用瞎摸。这个文范氏的根底儿,都在我肚子里哪。(《儿女英雄传》)

上面例(34)(35)(37)是告诉听话人一个对方不知道的事情。例(36)"大人在这儿"是眼前的事实,属于共有知识。宣告一个双方共知的事实,则意在警告。

如果不是宣告行为,则用"呢"。例如:

(38) 二弟什么时候来的? 不是天儿热,我还要找你去呢。(《春阿氏》)

(39) 额大奶奶赶紧问李顺说:"六老太爷呢?"李顺说:"在书房里哪。"(《小额》)

例(38)"不是天儿热,我还要找你去呢。"前后两个小句之间是因果关系,后一小句的"呢"不能换成"哪"。例(39)的"呢"与"哪"用法的对比更为清楚,"呢"用在寻求信息的疑问句,"哪"用在答句。我们在文献里没有看到相反的格局。在现代北京话里,这种前后一问一答的"呢"与"哪"的格局也不能互换。

17.4.1.3 用于打招呼、寒暄

这种用法往往是言者说出当前对方的状态。例如:

(40) 老大,你在家哪? 好极啦,咱们爷俩说说吧。(《小额》)

这种用法要是把"哪"换成"呢"就变成了疑问句,意思大变,也就不能用于相同的语境了。

下一例是为数极少的"哪"用在疑问语气词前的例子:

(41) 善二爷说:"那不是在果盘里哪吗? 刚才你搁的。"(《小额》)

"不是……吗"是个反问句格式,说话人是提出一个在他看来听话人本该知道的事实——"在果盘里呢"。这一例与上文(28)"没看见咱爸正练功哪吗?"同为反问句,用"哪"而没用"呢",都是宣告共知的事实。这

种用法与例(36)"大人在这儿哪"里"哪"的作用是一致的。

17.4.2 "啦"

"了"与"啦"的使用在文本中有分工。"了"用于叙述事件,"啦"用于对话中的三类言语行为。"啦"在对话里的语气分布主要有下面几类。

17.4.2.1 宣告事态

(42) 嘿,你猜怎么着,敢则凉州土,也涨了价儿啦。(《春阿氏》)

(43) 我们大人等你好半天啦。快,你请罢!(《春阿氏》)

正因为"啦"的用在"宣告"事态,其述谓部分可以是已然事件,如(44);可以是未然事件,如(45);还可以是当下事件,如(46)和(47)。

(44) 您不知道吗?您侄儿上南苑啦。(《小额》)

(45) 你们几位干你们的吧,这差使我是不当啦。(《小额》)

(46) 老大爷,没气着您哪?我给您请安啦。(《小额》)

(47) "怎么着?二位回去吗?喳,我们也不远送啦。"(《春阿氏》)

上面的例子,例(44)是说话人告诉受话人"侄儿上南苑"这个已经发生的事情。与用"了"相比较,用"啦"意在"宣告"。例(45)是说话人宣告自己的决定,"这差使我不当"是即将发生的事情。例(46)的"请安"和(47)"不远送"都是说话人当下正在做的事情,是典型的以言行事(doing things with words; Austin, 1962),属于施为句。

17.4.2.2 请求。例如:

(48) "您不用管啦。"(《小额》)

(49) 嘿,别说啦。这会儿说了也不中用。(《春阿氏》)

(50) "这又叫二弟费心,我们家的事,都累恳您啦。"(《春阿

(51) 大哥,您也别生气啦。姓额的这小子,您交过我啦。我有法子治他。(《小额》)

(52) "得啦,老大爷,都瞧我啦,只当是小孩子跟您撒个娇儿完啦。明儿个我们哥儿几个必带他到您府上给您请安去。钱粮明儿个再说吧。老大爷您别生气啦。"(《小额》)

上边讨论的"啦"的用例,无论述谓部分的情状类型是什么,用"啦"都是表示"我说,【P】"。

在小说文本里,叙述部分用"了",人物的对话用"啦"。例如:

(53) 摆斜荣跟小脑袋儿春子又给大家伙儿请了个罗圈儿安说:"老哥儿们多分心啦,我们走啦,一半天见。"说完了,摇头晃脑的去了。(《小额》)

(54) 赵华臣说:"这们着吧。三义家那笔钱,不是应下六月归吗?由那笔钱上扣得啦。"额大奶奶说:"就是那们着啦。您多分心吧。"婆媳又这们一请安,赵华臣抱拳陪笑说:"大奶奶跟少奶奶,何必如此的多礼。"说罢就告辞去了。(《小额》)

上面两个的例子里,对话部分用的是"啦",或提出一个请求(如:老哥儿们多分心啦),或宣告言者当下的行为(如:我们走啦),或者做出决定(就是那们着啦)。而在旁白叙述的部分则用了"了"。语句中的请求或者祈命的解读来源于"啦",换做"了"就成了对事件的叙述。用"了"是述谓句,用"啦"是施为句。

说话人在当中叙述一个故事的时候,也会用"啦",例如:

(55) 我往床底下一瞧,好,人敢情死啦。我拉出来一瞧,早就没气儿啦,你们老爷们说说,这不是谋害亲夫,那么是什么?(《春阿氏》)

这个例子有意思的地方在于,有"我往床底下一瞧"。也就是说,虽然说话人是在讲故事,但是却是以参与者的身份在叙述,事件的叙述者同时也是事件的参与者,实际是言者作为事件参与者身份宣告一个事实,这里用了"啦"也就不奇怪了。

17.4.2.3　质疑

"啦"用于疑问结构,具有反讽语气,提出质疑,体现言者对立立场。例如:

(56) 文光叱二正道:"这ᵣ说你嫂子。碍着你什么<u>啦</u>?"(《春阿氏》)

(57) 我怎么叫您操心<u>啦</u>。像她这么混账,难道也不许我说说。(《春阿氏》)

与上文例(29)的"怎么啦?"相似,如果把"啦"换成"了"就不是吵架了。

综上所述,带有"哪""啦"的句子具有显著的语气类型偏好。用于疑问句,改变了疑问句寻求信息的功能,成为反问句,用来提出质疑。用在叙述句里,则将表述性言语行为(locutionary act)变成宣告、请求、质疑等行事性言语行为(illocutionary act)。

17.5　施为性及其句法效应

17.5.1　施为性

在互动交际中,说出一个句子,其交际动因是不同的。为了传递信息,人们需要使用话语,但话语并非都是为了传递字面意义或表达话语本身的语义信息,在很多时候说话人都是在"以言行事"。言语行为理论(Speech Act Theory;Searle,1969)是根据说话者和听话者在交际行为中的关系来分析话语的作用。在一定的语境条件下通过话语实施的行为,被称为"言语行为"(speech act)。言语行为可分为三个层次:表述性言语行为(locutionary act),行事性言语行为(illocutionary act)和成事性言语行为(perlocutionary act)。表述性言语行为是表达言语的字面含义,施为性言语行为(言外之意)体现说话人的交际意图(communicative intention),而成事性言语行为(语后行为)则是对前两种行为的接受或否决。言语行为理论的研究重点是施为性言语行为。其中最为重要的是关于施为句的研究。施为句是说话者在说话的同时也在做某一件事情(the uttering of sentences is , or is a part of the doing of an action)。比如,*I apologize*,说话者在说出这句话的时候同时也在完成一个道歉的行为。相对而言的是述谓句,述谓句是说话者说话时只是在描述一件事情,并不涉及做的行为。比如,*I pour some liquid into the tube*,说话者只是在描述他做的这件事情,不可能单单通过说出这句话就完成把液体倒入试管中的行为。

施为句分为显性施为句和隐性施为句。显性施为句中往往包含一个施为动词,而且主语常常是第一人称单数,动词时态为一般现在时,如例(58a)。而隐性施为句中没有一个表示要实施的言语行为的动词,如例(58b)。

(58) a. I order you to turn on the TV.
　　　 b. Turn on the TV!

例(58a)和(58b)都是发出指令,但是编码方式不同。换句话说,当我们使用语言达到某种交际目的的时候,言语行为的意图有些以使用施为动词的方式直接体现,有些则不是。

如果我们从言语行为角度看,那些无法单纯从语音角度解释的语气词,其核心功能在于显示语句的行事性意义(illocutionary meaning)。正如上文所述,"啦""哪"这类语气词的使用可以将述谓句变成施为句。例如:

(59) 嗨嗨唉唉,您说了半天您说什么<u>哪</u>? 您要承认错误就痛痛快快儿的……(《我爱我家》)

(60) 志新:还在衣服摊儿上混<u>哪</u>。

燕红:什么叫混? 我把猴七那家门脸儿盘过来了,改办"咖啡屋"了知道么?(《我爱我家》)

例(59)"哪"用于疑问结构,构成反问句。例(60),"哪"用于述谓结构,"还在衣服摊儿上混哪"是说话人认为对方混得不好。如果"哪"换成"呢",是陈述句,仅仅说明当前状态。

17.5.2 句法后果

正是由于上述施为性差异,在与"哪""啦"共现的时候,不同意义类别的动词,比如意志性动词与非意志性动词,具有句类分布限制,或者体现不同的语气。如下所示("↘"代表下降语调,"↗"代表上扬语调):

意志性

了:上课了↘ (叙述)　　　上课了↗ (疑问)

啦:上课啦↘ (宣告)　　　上课啦↗ (回声问/寻求确认)

呢:上课呢↘ (叙述)　　　上课呢↗ (话题)

哪:上课哪↘ (宣告、质疑)　上课哪↗ (寻求确认)

非意志性、瞬时性

了:死了↘ (叙述)　　　　死了↗ (疑问)

啦:死啦↘ (宣告)　　　　死啦↗ (回声问/寻求确认)

呢:*死呢↘　　　　　　　死呢↗ (话题)

哪:*死哪↘　　　　　　　*死哪↗

"死呢↗"这类用法实际是提出话题,比如"问:死呢↗ 答:我早就想好了,坚决不火葬。"

非意志性、非瞬时性

了:下雨了↘ （叙述）　　下雨了↗ （疑问）

啦:下雨啦↘ （宣告）　　下雨啦↗ （回声问/寻求确认）

呢:下雨呢↘ （叙述）　　下雨呢↗ （话题）

哪:下雨哪↘ （宣告）　　下雨哪↗ （寻求确认）

我们认为,不同语义类别的动词之所以会产生上述搭配格局,正是"啦""哪"具有显示语句施为性意义的功能。

17.6　小结

综上所述,从共时和历时的对比材料看,这些语气词的变异形式早期确实是对语流音变或语气词连用合音的真实记录。但是,至少从 19 世纪开始,逐渐发生变化。在现代北京口语里,语气词的一部分变异形式已经具有独立的功能和显著的互动性特征。或者说,变异形式已经成为规约化(conventionalization)的表达施为句的语法手段。

第十八章 语体特征对句法的塑造

18.0 引言

定义"语体"有不同角度(参看 0.2.6)。文献中有关语体的讨论有文体角度(如陈望道,1979)、风格角度(如林裕文,1957)、言语行为角度(如刘大为,1994)以及文本功能角度(如袁晖、李熙宗,2005)等。

陶红印(1999)的分析基于英国语言学家 McCarthy 和 Carter (1994)的思想,将"传媒"和"方式"作为两个基本纬度,用来考察各类语体。

所谓传媒指信息传递所凭借的媒介或者工具。因传媒的有无,可以将交际形式区分为直接和间接两类。直接交际是交际双方直接的交流,口耳相传,没有媒体介入。直接交际对言谈现场提供的信息以及非语言信息(如肢体语言、眼神、表情等)依赖较强。间接交际是交际双方间接的交流,有媒体介入。媒介不同(如:文字、影像等),语篇也会呈现出不同的特点。书面语有媒体介入,是通过书写和阅读的间接交际。

从方式角度,即时性和交互性是两个重要的维度。即时交际对现场信息及参与者共有知识的依赖性强,非即时对现场信息及参与者共有知识的依赖性弱。交互式交际对交际参与者的反馈具有依赖性,非交互式对交际参与者的反馈较少或不具有依赖性。

但是并非说出来的话就都是口语,相同的媒介有可能因方式不同,呈现出不同的语篇面貌。在正式的场合(比如演讲)说出来的话更接近书面语,而书面阅读的文本也有差别,有些以书面为媒介的语篇,其表达方式是接近日常生活的(如报纸的某些事件报道)。

此外,"方式"也表现为计划程度的差异,有准备的言谈与无准备的言谈在语句面貌上差异也很大。无准备言谈更多地体现在线生成(on line processing)的特点。比如,有准备的言谈中,话语组织的功能词(如话语标记)使用相对较少,而无准备的言谈中会大量使用话语标记。

陈建民(1984:1)在《汉语口语》中,把"口头形式出现的话"分为七类:(1)日常会话(包括问答、对话);(2)在动作或事件中做出反应的偶发的话;(3)夹杂动作的话;(4)毫无准备地说出一段连贯的话;(5)有提纲的即兴发言;(6)离不开讲稿的讲话;(7)念稿子。上述第一类是具有交互性的;(2)和(3)的交互性不确定;(2)—(7)主要体现为计划性差异。但是上述七个方面,都不涉及功能类型差异。

我们认为,从对编码方式的影响和制约的角度看,交互性与非交互性的对立所产生的不同语篇类型(discourse types),即会话语篇(conversational discourse)与非会话语篇的差异是更为基本的影响因素。另一方面,会话语篇与非会话语篇都有可能呈现为不同的社会功能类型,如法律体、事务、科技、政论、文艺、新闻类等。

语体的差异可以从不同角度去分析。从语法研究的角度,我们关注的是两个层面的问题。

1) 语体差异与语句结构和语篇结构的关系;

2) 不同功能类型的语篇所体现的交际功能需求对语法表达形式的影响。

前者主要与在线生成的特点密切相关,后者的差异,其核心问题是事件性的强弱。

18.1 在线生成的编码特点

18.1.1 弱整合性

Brazil(1995)提出"线性语法"(linear grammar)的概念,指出话语中的句子是在真实时间内经成分的逐步递加(increment-by-increment)而构成的。"进行中的句子"所描述的是话语中句子在时间轴上逐步产生的过程。(Lerner,1991)

在线生成的编码首先表现为短语结构不如书面语复杂,小句结构相对简单。造成这个特点的主要原因是,自然言谈参与者都受到短时记忆的限制。Chafe(1987)在讨论信息流的特点时就指出,一般说来,一个语调单位(intonation unit),多数为5—6个词。语调单位之间一般有2毫秒左右的停顿时间。这种韵律特点,无不受制于短时记忆的限制。在一个语调单位内,一般只传递一个新信息,即受制于单一新信息限制。这也使得一个韵律单位未必与句法上的"小句"完全对应,名词、介词短语等都有可能成为一个语调单位。下面是对Tao(1996)中的两个统计表的归纳,基本可以反映汉语语调单位与句法结构类型的关系。

语调单位	百分比	例子
单个小句	47%	车子倒了/他在摘水果/走过去
并列小句	3.2%	我想他心里在担心吧
名词性结构	27%	忙着工作的时候/据我想
其他语法结构	19%	介词、副词、篇章连接成分
非语法单位	2.5%	笑声等

因此,对于非正式的口语来说,"句子"(sentence)不是一个有用的分析单位。

在线生成的编码,还体现在句法上的非整合性语段常见,等立小句或简单句并置较多。汉语中,这一特点集中体现在,未经筹划的语句以主语或谓语不全的"零句"为优势表达。赵元任(1968/1979:41—42)指出,句子从结构上可以分为整句和零句,整句有主语、谓语两部分,是连续话语中最常见的句型。零句没有主语-谓语形式。它最常见于对话以及说话和行动掺杂的场合。大多数零句是动词性词语或名词性词语。叹词是最地道的零句。赵元任先生说(1968/1979:51),一个整句是一个由两个零句组成的复杂句,零句是根本,整句只是在连续的有意经营的话语中才是主要的句型。例如:

(1) 饭呢? 都吃完了。(一问一答)

　　饭呢,都吃完了。(自问自答)

　　饭都吃完了。(整句,中间没有停顿)

另一方面,小句之间的意义联系未必要通过关联词语体现,句法上表现为"流水句"特别多(关于汉语的流水句,参看吕叔湘,1979;胡明扬,1989;沈家煊,2012)。

18.1.2　信息结构

第一,成分的结构模式,以及修饰语与核心名词之间的安排并不总是与句法模式相一致。比如,我们在第三章讨论的口语中修饰小句后置的案例。虽然从短语结构模式来说,汉语的名词和形容词修饰都是位于核心名词之前的,但是,当修饰小句结构足够复杂的时候,后置成为唯一的选择。

第二,由于自然言谈是在真实时间中产生的,编码-产出过程一方面承受时间压力,使得交际参与者在互动过程中,要遵从重要的事情先说的原则。重要的信息先说,使得对话中短句占优势,这些短句的信息流(information flow)未必遵循"从旧到新"的流向(参看张伯江、方梅,1996/2014)。

另一方面,在线生成是一个动态过程,句法表达表现为随着时间的推进新信息内容不断追加的动态过程。不断追加信息的动态过程,使我们能够看到,有大量的"易位句"(如,"吃了吗您?",详见陆俭明,1980)不能回到"原位",甚至找不到"原位"(参看张伯江、方梅,1996/2014;陆镜光,2000、2004),甚至发生成分的前后重复。例如:

(2) <u>晒得</u>跟黑人似的<u>晒得</u>。(完全重复)

这也就是赵先生(1968)反复采用"追补"(afterthoughts)一词,以及多次把"追补"跟"未经筹划的句子"(unplanned sentences)一起讨论的道理。陈建民(1984)和史有为(1985/1992)提出用"追加"和"追补"的概念来统一处理"倒装""易位""重复"等现象。陆镜光(2000、2004)提出用行进中的句子来说明这类现象。

18.1.3 言外语境

自然言谈是在特定语境中产生的。言谈现场中言外语境提供的信息也会对言者的编码方式产生影响。言外语境包含三个方面的信息:1)言谈发生现场的信息;2)言谈关涉现场;3)言谈参与者的共有知识。

话语中,指示词的所指对象可以是话语语境中的某个对象,即指向言内语境,这种情形的指示词是回指性的(anaphoric),属于指示词的内指(endophoric)用法。在现场性言谈中,指示词还可以指向所言场景中的实体,即言外语境中的对象,属于指示词的外指(exophora)用法。这些用法我们在本书第七章和第八章已经讨论到。

(3) 指向言内语境

那时虽远在五四运动以前,但我们那里的中学却常有打进戏园看白戏的事。中学生能白看戏,小学生为什么不能白吃桃子呢? 我们都这样想,便由那提议人纠合了十几个同学,浩浩荡荡地向城外而去。(朱自清《看花》)

这一例中,"这样"用来替代前面整句表述的命题,即"中学生能白看戏,小学生为什么不能白吃桃子呢"。

(4)指示词指向言外语境

画面	解说
考试中的陈小梅	江津嘉乐乡中学共有十七名初中毕业生前来参加这场考试,女生只有两名,这就是其中的一名。她叫陈小梅。(《陈小梅》)("这"指人)
舟舟推门进入排练场	十几年了都这样,一早上舟舟又来上班了。(《舟舟的世界》)(替代的对象在言外语境)
集市	每一个县城甚至没一个乡镇都有这样的市场,当地人称为柴禾巴扎。(《红柳的故事》)
小姑娘在游戏、唱民歌	瑶族没有自己的文字,他们民族的许多传说、故事就是这样一代一代传了下去。(《龙脊》)

(此例引自崔丽,2006)

上面是电视片解说词的例子,指示词的所指对象是画面中同时出现的事物。指示词的这种用法接近于说话人与受话人共处同一交际空间的用法,从传播效果上说,相当于言谈参与者的现场交际。

例(4)中的四例,指示词的使用依赖电视片画面所提供的信息。不同于指向言内语境的指示词,也不同于指向言谈现场的指示词,这里所呈现的是话语与画面之间的照应关系。

18.1.4 互动性

首先,自述与对话在表达上具有显著的差异,口语对话更多体现交际参与者的合作。比如,毗邻语对(adjacency pair)可以构成复句关系,例如:

(5) a.甲:今天风很大。

乙:可是不怎么冷。

b.甲:现在手机便宜。

乙:而且非常漂亮。

c.甲:你别说巴西队个人能力蛮强、整体不行。其实就整体来说,我们也没有多大的优势。

乙:甚至没有什么优势。

更细致的用法分析见本书第十四章和十五章的讨论。

第二,交互性话语中,更多地体现言者对受话人的关注。本书第九章讨论到的人称代词的活用,人称代词的功能扩展中,大部分用法都是出于言者对受话人的关注,即体现交互主观性(intersubjectivity)。比如,言者自称表自谦时用第一人称复数"我们",言者用包括式代词"咱、咱们"指称受话人以体现亲近。此外,第四章讨论到的"我觉得"的后置现象,也是言者评价表达的手段。

第三,交互性与非交互性对表达方式带来根本性的影响。面对面的交互性谈话更多地依赖韵律,以及手势、眼神、表情等副语言传达信息。

通过音长延长,将疑问结构变为表达话语否定形式,例如:

(6) 什=么呀,否定性应答,表示对方所述(事实)有误。

志国:哎哟你可回来了,哎哟还是让人给送回来的吧,赶紧谢谢警察叔叔……

和平：什＝么呀，这是咱片儿警小许，看我拿东西忒多，在胡同口儿他帮我提回来。(《我爱我家》)

（7）谁＝呀，表示对方所述（事实）有误。就事实作出澄清，且只针对指人成分。

A：听说你叫人给揍怕了，躲起来了。

B：谁＝呀，我是走亲戚参加我妹婚礼去了，躲什么躲啊。

18.2　功能类型

如果关注语篇的语法面貌，与"传媒"和"方式"具有同等重要地位的因素是"功能类型"。基于"传媒""方式"和"功能类型"可以大致区分语句面貌相异的语篇。如果进一步考察不同类型语篇的句法特征，则涉及一些基本的概念表达范畴。

Longacre(1983)在《篇章的语法》一书中根据有无时间连续性(temporal succession)和是否关注动作主体(agent orientation)这两个标准把语体分为叙事(narrative discourse)、操作指南(procedural discourse)、行为言谈(behavioral discourse)、说明(expository discourse)四类。

	时间连续性	关注动作主体
叙事	＋	＋
操作指南	＋	－
行为言谈	－	＋
说明	－	－

典型的叙事语体具有时间连续性，关注动作的主体；操作语体具有时间连续性，但是不关注动作的主体；行为言谈不具有时间连续性，但是关

注动作的主体；而说明语体既不具有时间连续性，也不关注动作的主体。

我们认为，从"时间连续性"和"动作主体"这两个角度有助于观察不同语体的句法特征，有助于对一些语法现象的动因做出合理的解释。

着眼于功能类型，叙事语篇与非叙事语篇的差异是基本的差异。叙事语篇的宏观结构依靠时间顺序来支撑，无论是否出现时间词语。例如：

(8) 扎蝴蝶结的小姑娘找到了目标，把手绢轻轻地放在一个小个子的姑娘身后，又装作若无其事的样子走了几步，然后猛跑起来。[有时间词语]

(9) 一张对折的钞票躺在人行道上。一个人弯腰去捡钞票。噌——，钞票飞进了一家店铺的门里。一个胖胖的孩子坐在门背后。他把钞票丢在人行道上，钞票上拴了一根黑线……胖孩子满脸是狡猾的笑容。（汪曾祺《钓人的孩子》，转引自刘乐宁 2005）[无时间词语]

这类语篇的默认语序是时间顺序原则（参看戴浩一，1985 等），以及从句在前，主句在后的原则（参看陈平，1987b）。叙事语篇中，叙述者（言者或写作者）讲述连续的事件，随着事件在时空中展开，总有叙述主线和叙述的主要对象——行为主体。

非叙事语篇与事件无关，属于说明性语篇。具体而言可以再分作下面几类：

1) 程序：回答"怎样做"。如：菜谱、说明书。

(10) 将甜面酱、辣豆酱炒香，加高汤、糖、味精炒匀，倒入肉片、青椒一起炒拌，起锅前加入青蒜即可。

这类语篇所述内容的推进方式是程序性连接而不是逻辑性连接，说明顺序以程序的阶段性为基础。

2) 描述:言谈体现空间关系。

(11) 干枝梅主干弯曲、枝杈稍长,浑身长满了针一样的小刺,枝杈上长满椭圆形淡绿色的小叶。

(12) 进了房间,一眼就可以看到一张宽大的沙发床,床头边有一个精致的小茶几,紧靠窗台的是一张大桌子。衣柜安放在左面墙角。

这类语篇所述内容的推进方式不是逻辑性连接也不是程序性连接,而属于叙述性连接。这类语篇的默认的语序是视线所及的观察顺序。(可参看廖秋忠,1988a)

3) 评论:说明"为什么",原因。

(13) 当时,家里已经破落了,出去找工作吧。找工作的话,当时就很难。人家心里头就是不愿意用,八旗子弟,那会儿提笼架鸟,什么都不会干,所以不愿意用。再一个呢,一听你这姓氏呢,地位比较高,就又不敢用。

这类语篇所述内容的推进方式属于逻辑性连接。

值得注意的是,由于非叙事语体与事件无关,因而行为主体不是语篇的重要因素。

总之,不同语体的面貌是由"传媒""方式"和"功能类型"进行多重组配的结果。我们更关注语体特征的句法表现,也就是,哪些特征有可能导致哪些句法后果。更进一步说,我们关心语用动因对句法的塑造。

18.3 共时系统中的句法选择

18.3.1 中间语态

陶红印(2007)关于操作语体动词论元结构的实现及语用原则的讨

论就是一个很好的例子。操作语体具有时间连续性,但是不关注动作主体。陶文发现,操作语体的这一特征决定了操作语体句子的语法面貌,即:

1) 以单论元为主;
2) 语句施事的及物性普遍受到抑制;
3) 凸显及物动词的受事。

例如:

(14) 夏季,毛巾擦汗的次数多,即使天天洗涤,也难免黏糊糊的,并有汗臭味。

(15) 毛皮衣最怕水,水洗后会使皮板走硝,变硬断裂。

如果离开具体的语体环境,"擦汗"和"怕"最容易使人想到的主体是"人",因为指人名词或有生命事物名词常常在句子中扮演施事,这是一种无标记现象。但是在操作语体里,受事和与受事相关的系事是主语或话题。由于受事得到彰显,施事受到抑制,受事所指被赋予了施事的色彩。"毛巾""毛皮衣"成为主体,被抬到了典型施事的位置。形成了无人称的被动句,也就是中间语态(middle voice)。

陶文讨论的这类现象,正好说明了所谓的中间语态产生的机制,也就是"不关注行为主体"。陶文的研究也说明,任何语法关系都需要在一定的环境中去理解,也只有放到具体语体中才能理解它形成的动因。

18.3.2 施事宾语句

施事宾语句是颇受语法学界关注的句类,对这类句子可以从不同的角度去描写和说明(参看范晓,1989;张伯江,1989;任鹰,2005 等)。施事宾语句的主要特征就是动作行为的主体在动词之后。多数施事宾语含有数词,如(16)(17);有些虽然行为主体没有数量词修饰,但是动词前却有表示限量的副词,如(18)。下面的例子引自易洪川(1997):

(16) A：书都领了吧？

B：领了十几个人。

(17) 注意加衣服,隔壁感冒了好几个人。

(18) 报评教学奖的还有几个,科研奖不行,只报了王老师。

我们知道,行为主体的无标记位置是主语,而主语是相对于谓语而言的,主语和宾语并不是在同一个语法层级上的。将主体放到宾位,实际上是语法上的降级处理。施事宾语句的施事与身处主语位置的施事相比已经不是典型的施事(参看任鹰,2005),我们对此的解释是,施事置于宾语位置,功能在于弱化行为主体。这个特点,决定了施事宾语句无法用"没"否定。同时,它也不同于"易位",无法恢复为施事主语句。它的核心特征是,既不关注时间连续性,也不关注动作主体。施事宾语句的功能在于"表量",是说明性语句,而不是叙述性语句。所以,施事宾语句总有量化成分共现,而且只用于对话,不用于叙事。

我们知道,叙事体一般较少涉及互动交际,作为一个事件,时间连续性和动作行为的主体是重要的构成因素,因此,叙事语篇具有**过程性、事件性**特征。相对而言,对话语体是在交换信息和观点,而不是说出事件的过程。因而对话语篇的时间连续性不强,动作主体特征也因谈论内容而异,**现场性和评论性**更为突出。这就是为什么施事宾语句只用于对话、不用于叙事语体的理据。

18.3.3 时体标记的缺省

新闻报道是以事件为核心的叙事语体。在这种语体中,时间连续性和动作主体是支撑整个语篇的核心。不过,尹世超(2000)《报道性标题中罕用"了"》发现,新闻报道的标题却罕用时体标记。下面的例子,正文中的时体标记在标题中都不出现。例如:

(19) 标题:乔石向甘地墓献花圈

正文:正在这里访问的中国全国人大委员长乔石今天上午向甘地墓献了花圈。

(20) 标题:中国男篮结束集训

正文:中国男篮今天圆满结束了在柳州为期40天的集训。

时体标记都是表现事件过程的,是叙事语体的表达方式。标题中不用时体标记是去掉了叙事语体的过程性特征的表现形式。过程结构缺省,说明这类结构凸显动作主体,但不关注时间连续性。这符合标题的特性——全文的话题。标题所具备的很多语法特点(可参看尹世超,2001),实际都与弱化时间连续性相关。

18.3.4 关系小句的功能

叙述事件的时候,对过程的描述是以时间顺序为线索的,时间的改换往往带来场景和人物的变换。因此,时间的重要程度大大超过其他因素。而对话语体是在交换信息和观点。对话语篇的谈话重心是当前彼此关心的事物,而不是一个事件的过程。自然,对话中时间因素的重要性退居次要地位。

一个名词性成分的所指对象在谈话中有可能是谈话的话题,也有可能仅仅作为与谈话内容相关的客体出现在言谈当中。前者一旦被引入谈话中,在首次出现之后还会被反复重提。而后者往往在谈话中出现一次,而后不被重提。名词性成分在谈话中的隐现情况分成三类,即:首现、复现、偶现。

追踪(tracking;Du Bois,1980;Chen,1986;Du Bois and Thompson,1991)是指一个言谈对象在被引入谈话之后,说话人可以描述这个人物的活动,使用不同的形式来指称这个对象。

以关系小句为例,陶红印(2002)、方梅和宋贞花(2004)同样是针对口语关系小句的研究,都是取样于无准备的自然口语的转写材料,都是采取对关系小句的分布做穷尽统计的方法,但是得出的结果却很不相同。

首先,陶红印(2002)发现,叙事体中出现最多的关系小句是表示时间的,其次是指人的,再次是指物的。因为叙事篇章中时间小句的作用是标志情节转移,而叙述中情节转移是最重要的,所以表示时间的小句出现得最多。方梅和宋贞花(2004)则发现,对话体口语中出现最多的关系小句首先是指物功能的,其次才是指时间和指人的。因为叙事语体的过程性和事件性决定了指时间类关系小句使用频率高,而对话语体的现场性和评论性特征决定了时间类小句不是高频用法。

第二,陶文指出叙事语体中,关系小句主要功能是追踪,特别是长距离回指(long distance anaphora),通过一个已知的行为来限定所指对象,增加核心名词所指对象的可辨识性。也就是说,整个名词短语用来表现一个旧信息,如(21a)。方、宋文发现,对话体中,关系小句的首要功能是命名,也就是说,整个名词短语未必指称一个已经谈到过的人物,而是提供一个新信息,如(21b)。

(21) a. 然后,那个小孩子很感谢这三个人——这三个小孩子。所以,还他帽子的时候,他就给那——小孩子——给那个〖还他帽子的〗小孩子三个芭乐。

那个芭乐树下已经放了两——两篓那个——〖已经摘好的〗芭乐。

b. 现在我们听听咱们电视机前跟我们一起看节目的观众他们的观点是怎么样的。

这种对比研究揭示出了关系小句的篇章功能和语义表达功能会因语体差异而有不同侧重,口语对话有别于叙事的种种特点,也是现场性和评论性的语体属性使然。

关系小句的优势功能在两种不同语体中的差异。即：

叙事语体:追踪 ＞ 引进 ＞ 命名

对话语体:命名 ＞ 追踪 ＞ 引进

对话语体这种交际模式所具有的现场性和评论性决定了：
1)关系小句的篇章功能倾向——命名功能为主,追踪功能为辅;2)关系小句的表达特征的分布格局——可以表现现实状态(前时时点和共时时点表达),也可以表现非现实状态(超前时点表达)。

这个结果与叙事语体中的关系小句的情形形成对照。换句话说,关系小句这种句法形式作为一种指称手段,在不同语体当中的功能差异确实存在。

18.4 语体因素在语法演变中的作用

18.4.1 类推

演变是渐进的。一种语法形式产生之初,往往发生在特定的句法环境和特定的语体当中。一个典型的例子就是动宾式的类推,即将大量的不及物动词和形容词用作及物动词。这类用法广泛用于广告、标语、题词。

下面的例子引自吴锡根(1999)：

(22) a.立足上海,<u>服务全国</u>。

b.利用独特优势,<u>服务经济建设</u>。(《人民日报》,1994-6-19)

c.开发信息资源,<u>服务四化建设</u>。(邓小平为《经济参考》的题词)

d.包灵孕宝营养液,<u>健康两代人</u>。|凤凰进我家,<u>洁净我全家</u>。|洁诺牙膏,抗菌防蛀,<u>强健牙齿</u>。(广告)

这类用法见于文章标题,与正文的叙述形成对照:

(23)标题:氢燃料飞机可望翱翔蓝天。

正文:科学家预计,2010年之后新一代客机将翱翔于蓝天(《光明日报》,1994-8-29)

(24)标题:浙江女足无缘全运会决赛。

正文:浙江女子足球队以0∶1负于东道主山西队,基本上与决赛无缘。(《浙江日报》,1997-5-24)

我们知道,动词居于介词短语之后的时候,"介词X"表示在动作作用之下,事物达到的终点。而终点总是在行动之后才会到达。动词居于介词短语之前,"介词X"表示动作的预定目标,而目标总是在行动之前设定的(参看沈家煊,1999a)。介词的使用无论在动词之前还是之后,都是表现事件过程的。可以说,这是叙事语体的表达方式。而广告、标题中不用介词结构,是去掉了叙事语体的过程表现形式,因为标题不需要体现事件过程结构。这个现象与上文谈到的标题中缺省时体成分出于相同的动因。

另一个有趣的现象是被修饰成分为代词的修饰性结构,本书第一章称为"描写性关系小句"。赵元任(1968:151)曾经注意到,形容词不能修饰代词,"可怜的我""一个无产无业无家可归的我"书面上能见到,说话时听不到。不过,我们看到,当代汉语里这类用法是十分常见的,而且有进一步扩大的倾向。修饰成分不仅仅限于形容词,还可以是一个"VP的"。例如:

(25)a.曾师傅发现这个问题以后,<u>好学的他</u>找来各种资料翻阅。(中央一频道)

b.我第一次约会真是难忘,<u>从不爱逛街的我</u>足足陪她逛

了5个小时。(中央一频道)

c. [本报记者吴芳实习记者徐阳李玉报道]今天中午,在亦庄工作的李先生乘坐974路公交车回单位。11点45分左右,汽车行至朝阳区大洋路974公交车站时,突然一股力量把坐在车门侧第二排外侧座位上看风景的他甩了出去。(《北京青年报》,2006-5-13,A5版)

"VP 的+人称代词"结构在当代报刊中的使用频繁,适用范围也不仅仅限于文学体裁(参看魏志成,2007)。

我们知道,在叙事语体里,关系小句是用已知事件来限定指称对象的范围,增加名词所指的可辨识性。而上面例句中的这类"VP 的"不同,似乎是将述谓小句的谓语由独立陈述形式变为涉名关系小句形式、述谓小句的主语做核心名词。"VP 的"所修饰名词的所指对象是确定的,"VP 的"的作用不是增强所指的可辨识性,而是提供新信息。由于这些新信息属于背景信息,不便以等立的句法结构来表现,因而必须做句法降级,处理作从属句。用不同的句法手段区别前景信息和背景信息是这类结构产生的基本动因。

我们看到,这类现象也只见于叙事语篇,因为叙事语篇的铺陈过程就是前景与背景信息交替的过程。与口语交际比较,书面媒介较少有时间压力,允许复杂的句法构造。这类新的句法结构的产生以书面语为条件,就不足为奇了。从本质上说,语体的差异反映了交际需求的差异。与对话语体相比,前景信息与背景信息的区分在叙事语体中具有重要意义,相应地也会促生表现和区分不同属性信息的句法手段。

"定语+人称代词"的来源是什么?王力先生认为是外来语的影响,近来也有学者认为,这类结构的产生有翻译的影响,也有汉语内在的因素。例如(参看张凤琴、冯鸣,2004):

(26) 我只当情人，不由的口儿里低低声声地骂，细看他，却原来不是标标致致的他。(清代，《霓裳续谱-杂曲》)

(27) 我还是时常的我，他还是时常的他哩么？"(清代，《醒世姻缘传》)

从张凤琴、冯鸣(2004)提供的材料看，"定语＋人称代词"的早期形式中，定语都是描写性的，如"标标致致的他""时常的我""时常的他"，没有看到"VP 的＋人称代词"这类结构组合。

而到了 20 世纪上半叶，"定语＋人称代词"这类结构在现代文学名家的作品中已经开始流行，据魏志成(2007)对《中国散文鉴赏文库》"现代卷"和"当代卷"183 万字的考察，文库所收 203 位作家中有 41 位作家的作品使用过"定语＋人称代词"结构，共 110 处。除了散文，小说也有。有些作家的作品中的使用频度相当高，据张凤琴、冯鸣(2004)对郁达夫早期作品《沉沦》的统计，"定语＋人称代词"出现 60 次之多。虽然魏志成(2007)和张凤琴、冯鸣(2004)没有将"描写性定语＋人称代词"与"VP 的＋人称代词"分别统计，但仅从论文提供的例证来看，两类"定语＋人称代词"分布都相当普遍。

另一方面，"VP 的＋人称代词"不是孤立产生的，在共时系统中"VP 的＋专名"已经相当普遍。例如：

(28) 说到此处，一手拿放大镜，一手捏着小小的笔尖的老张十分的兴奋，……

(29) 今天中午，在亦庄工作的李先生乘坐 974 路公交车回单位。

换言之，"VP 的$_{描写性}$＋专名"结构使得"VP 的$_{描写性}$＋人称代词"的广泛使用具备了更加稳固的基础。

一个语法单位"例"的频率是时时变化的，"型"的高频使用有可能触发新的理解和诠释，产生一种新的语义联系或者功能联系。从"形容词_描写性＋专名"过渡到"VP 的_描写性＋专名"、从"形容词_描写性＋人称代词"过渡到"VP 的_描写性＋人称代词",就属于这类情形。

18.5 小结

上面讨论的现象到底是修辞现象还是句法现象,或者说是用法还是语法?回答这个问题涉及两个方面。

第一,语法总是有语体倾向的。即便是有形态屈折的语言,一个给定的句法范畴也会因语体差异呈现不同的面貌。例如英语的从句和非定式动词在口语和书面语里就有很大差别。在口语中,关系代词作为从属句形式标记,用与不用、用哪一个,远不及书面语那么严整。(参看 Biber et al., 1999；Thompson, 2002)

第二,语法形式的形成涉及不同层面。就个体层面而言,一个新的形式产生之初,作为一种尚未被普遍接受的表达方式,甚至有可能是不合语法的表达方式；或者有可能仅仅是一种语用模式,即为满足某种语用需求而采用的表达方式,而非强制性的句法手段；而从历史的角度看,严谨的"语法"往往是从具有特殊语用要求的"用法"起步,不断沉淀固化(fossilization)而来的。

第十九章　语体特征的句法语义表现

19.0　引言

篇章对句法结构形成的制约、篇章对句式和句式变体使用的制约以及句中的篇章现象是功能语言学者最为关注的问题(参看廖秋忠,1991)。20世纪80年代以来,篇章现象的研究主要关注衔接(cohesion)现象(包括形式的连贯及意义和功能的连贯)和篇章结构的研究。其中篇章结构的研究着力于找出各种文体或语体的结构要素以及这些要素组成篇章的情况。深化有关篇章对句法结构制约的研究,有必要将不同语体的结构要素与其句法表现相结合进行考察。

本章通过不同语体材料的对比分析,说明:

1) 句法特征具有语体分布差异;
2) 句法限制具有语体相对性;
3) 句法形式的语义解读具有语体依赖性。

具体来说,有的句法限制在不同语体的适用性各异,有些则是绝对限制。句法特征在不同语体条件下的分布差异,反映了不同的情态类型和语气类型的信息在小句句法整合(clause integration)过程中的限制。句法形式的意义解读对语体特定具有依赖性,尤其是言域义的浮现,直接反映了互动交际中言语行为表达的特点。

19.1 句法特征的语体分布差异

作为母语者,在判定一个句子"能说"或者"不能说"的时候,离不开这个句子的语体背景。比如:

(1) 愣了半天了。

如果我们问一个汉语母语者(1)合不合语法,回答是肯定的。但是在下面的例(2)的语境里,同样是这个合语法的小句"愣了半天了",却不能接受了,要变成(3)或(4)才能接受。

(2) *愣了半天了,他问了句:"曹先生没说我什么?"

(3) 愣了半天,他问了句:"曹先生没说我什么?"

(4) 愣了半天了,你倒是说句痛快话啊!

"愣了半天了"它单用能成句,放在复杂句里反而不能说了。为什么会出现这样的情况呢?关键就在小句末的"了$_2$"。对照例(2)和(3),两例都是叙事语篇(narrative discourse)中的语句,第一个小句的主语是零形式,与后面第二个小句的主语同指。这种零形反指形式是汉语叙事语体里一种典型的修饰性小句,提供时间处所等背景信息(详见第一章),而背景信息往往表现为依附性小句(Hopper,1979;Hopper and Thompson,1980)。例(2)在时间状语的位置却没有采用依附小句的结构形式。正是这个原因,作为修饰性小句时不带"了$_2$"能说;带上"了$_2$",其修饰性小句的地位也随之改变,反倒不能说了。例(4)则不同,它显然是从对话里截取的一个片段,第一个小句是叙述,第二个小句"你倒是说句痛快话啊"是祈使,两个小句有各自的语气,是相对独立的两个表述。因为小句之间不是修饰与被修饰的关系,因而第一个小句用了"了$_2$"是可接受的。反过来,如果把常用作修饰性小句的简单结构"了$_1$"小句与一个带有祈使语气的小句搭配,也难以接受。例如:

(5) ?愣了半天,你倒是说句痛快话啊!

小句主语零形反指在叙事语体里都是修饰性小句,提供条件、时间、伴随状况等背景信息。反指零形主语小句的背景信息属性决定了在(5)这个非叙事句里,"了₁"小句与一个带有祈使语气的小句组合不到一起。①

下面看看副词的用法。

叙事语体里小句之间不是依靠逻辑衔接。多个小句相连构成的小句链,有可能是等立关系(coordination),也有可能是主次关系,主次关系(cosubordination)还有可能是套叠交错的。叙事语体中的条件关系不一定要靠关联词语显示(参看第一章)。例如:

(6) a.病了,他舍不得钱去买药,自己硬挺着。(《骆驼祥子》)
　　b.?确实病了,他舍不得钱去买药,自己硬挺着。
　　c.甲:怎么说病就病了? 昨天还好好的今天就病得起不
　　　　来了?
　　　　乙:确实病了。他昨天就发低烧了,我没告诉你。

在(6a)里有三个小句,第一个小句"病了"是条件小句,其零形主语与后续小句"他"主语同指。具有评注意义的副词"确实"不能用在条件小句里,如(6b)。这是因为"确实"是语气副词,加上这类副词以后,就失去了对后面小句的依附,成为自足的陈述句,如(6c)。

如果一定要用这个评注性副词,只有通过添加主语和关联词语,明确小句间的关系。例如:

(7) 他确实病了,但是他舍不得钱去买药,自己硬挺着。

总之,只要涉及小句的句法整合(integration),所谓的合法与不合法就离不开语体特征的考量。而这些语体条件,实际上反映了不同的情态类型和语气类型在句法整合过程中的限制条件。

具有客观视角的说明类语篇和操作类语篇排斥体现主观视角的

副词。

先来看说明类语篇。典型的说明性语篇的叙述者是外化于交际场景的,以书面语为载体的说明性语篇,其叙述的字里行间不体现言者的视角、立场。例如:

(8) 寺坪石中,还有一种石头,在它因为经过火烧而略微发黄的外表背后,还保有一份难得的纯净和洁白,它就是寿山石三大类之一——水坑石。水坑石的生长环境多水,造就了它冰肌玉骨一般的石质,透明度极高,因此水坑类寿山石多以"晶"和"冻"来命名。

说明类语篇排斥表达言者主观立场的副词。例如:

(9) a. 故宫也被称作紫禁城,建筑精美,布局统一。(《故宫博物院》)

b. 故宫也被称作紫禁城,建筑非常精美,布局完整统一。

c.[?]故宫也被称作紫禁城,建筑确实精美,布局完整统一。

例(9)的 b 句用的是程度副词"非常",c 句用的是表示评价意义的语气副词"确实",但后者可接受性差。

说明类语篇在只有互动交际模式下才有可能使用评注副词,比如在导游向游客介绍某一事物的时候。例如:

(10) 各位看到了吧,故宫的建筑确实精美。

因为,"确实"这样的评注义副词的使用必然带来言者视角,它对于互动交际模式具有依赖性。

下面看程序性语体。典型的程序性语体是操作语篇。在这类语体里,过程叙述一般不加评注性副词。例如:

(11) a. 生菜洗净,撕成片,备用。(《60 款美味减肥菜谱》)

b.[?]生菜确实洗净,撕成片,备用。

c.[?]生菜洗净,确实撕成片,备用。

上述用例说明,某些语体要求将叙述者外化,会导致那些体现言者视角、态度的成分受到排斥。

上述例证提示我们,谈句法限制脱离不开其适用的语体。内省"能说"与"不能说",一方面有结构层面是否合法的问题;另一方面,这种合法性总是要受到语体的制约。

19.2 句法限制的语体相对性

句法限制因语篇类型(discourse types)差异而呈现出差异性。

比如,汉语语法著述对副词的语法分布定义为"只能做状语"。但是在对话里,副词可以单用。陆俭明(1982)《现代汉语副词独用刍议》和陆俭明(1983)《副词独用考察》两篇文章就专门讨论了可以独用的副词,把"独用"定义为可以单独成句或单独做谓语,文章收集了大量用例。从功能分布来看,副词独用有几种情形——问话、答话、接话、祈使句,主要用于对话。有的是与语气词共现,如"赶紧啊""尽量吧""大概吧";有的不需要语气词,如"马上""顺便""未必"。这样看来,说明副词的语法功能的时候,仅仅说它是只能做状语就不够全面了。

再看"了$_1$"。早有学者指出,"动词+了$_1$"后面如果是光杆名词宾语的时候,这种简单结构"了$_1$"小句②不能完句(参看贺阳,1994;黄南松,1994;孔令达,1994)。在叙事语篇里确实存在这个限制。例如:

(12) a. 要了碗馄饨,他一口气全吃下去了。

b.* 要了碗馄饨。

不过,这条规律在对话里似乎也可以突破的。例如:

(13) A:吃早饭了吗?

B:要了碗馄饨。

(14) A:吃什么了?

B:要了碗馄饨。

可见,这条限制必须加上一条语体特征说明。即,在叙事语体里,"动词+了₁"后面如果是光杆名词宾语的时候不能结句。

值得注意的是,会话语篇(conversational discourse)可以"救活"的非法句子也是有条件的。表达时间、原因、条件的小句所受限制较少,而表状态类小句所受限制较多。下面看几组例子:

1) 零形主语小句表时间

(15) a.收拾完东西,他忽然想起该给家里打个电话了。

b.*收拾完东西。

(15') A:你什么时候给老妈打电话啊?

B:收拾完东西。

(15a)的零形主语小句"收拾完东西"是一个时间状语小句,不能独立进入篇章,如(15b)。但是,在对话里,当一方问及时间的时候,作为答话却可以接受,如(15')。

2) 零形主语小句表原因

在叙事语体里,未完成体(包括表示动作持续、反复进行等体标记)的典型用法是为时间主线提供正在进行的背景事件(参看 Hopper and Thompson,1980),汉语的"V 着"小句也是如此(参看 Li, Thompson and Thompson,1982)。例(16a)"怀里揣着十万现金"正是如此。故而不能将它单独成句,如(16b):

(16) a.怀里揣着十万现金,他一路上总怕被贼盯上。

b.*怀里揣着十万现金。他一路上总怕被贼盯上。

(16') A:他怎么神神鬼鬼的?

B:*怀里揣着十万现金。

怀里揣着十万现金呢。

(16a)的零形主语小句"怀里揣着十万现金"是一个原因状语小句,不能独立进入篇章,但是,在对话里,当一方问及原因的时候,作为答话也难接受,除非加上句末语气词,如(16')。而祈使句里的"着"(如"你好好听着!""拿着!")并不是未完成体标记。如果我们看看近代汉语里"着"的用法就会理解,这个用在祈使句句末的"着"是句末语气词,从唐代"着"就开始用作表示命令、役使语气了(参看吕叔湘,1940/1984;孙锡信,1999)。

3) 零形主语小句表现样态

零形主语小句表现样态的,无论问话是多么开放性的话题,也"救不活"这个句子,如(17b)。即便作为应答语,再加上句末语气词,这个句子也仍旧不能说,如(18)。

(17) a. <u>迷迷糊糊地睁开眼睛</u>,他发现自己整个睡在地上。

b. *迷迷糊糊地睁开眼睛。

(18) A:他什么样?

B:*迷迷糊糊地睁开眼睛。

*迷迷糊糊地睁开眼睛<u>呢</u>。

上述三类零形主语小句在对话中的不同表现说明,有的句法限制因语体差异而具有不同适用性,有些则是绝对限制。

19.3 语义解读的语体依赖性

语句意义的整体解读对语体具有依赖性。比如,以往的情态研究中经常会谈到,表能力的情态成分用在疑问句可以表请求。例如,当我们说"能把窗户关上吗?"的时候,不是问对方有没有能力把窗户关上,而是问对方是否愿意去把窗户关上,或者请求对方把窗户关上。特定的言语行为(如请求)与特定的句型相联系(如"能+疑问"),约定俗成,属于适宜条件(参看沈家煊,1990)③。而这种请求意义的解读是以互动交际言谈为条件的,这是我们比较熟知的现象。

语句意义的整体解读对语体的依赖性不仅仅表现在疑问句的解读,言域义(参看沈家煊,2003)的解读往往也是以对话语体为条件的。比如本书第十四章连词的话语标记功能、第十五章会话结构与连词的浮现义、第十六章"是不是"从疑问标记到话语标记和第十七章语气词变异形式的互动功能(北京话的"呀""哪""啦")讨论到的各类现象。

值得注意的是,这种依赖不仅限于虚词的意义和功能,一些最为基本的句式的解读也同样有语体依赖性。下面以"是"字句的用法为例。

"是"字句的基本意义是表达等同(equative)关系,比如"李先生是校长"的"是"字前后的名词具有等同关系。不过,在互动交际中,这种等同句却可以有另外一种解读。在面对面的现场交际环境下,提示某事物就存在于言谈现场。相当于,"我告诉你,这里有某物"(详见方梅,1991)。语境中,这类语句的使用是一种宣告行为。例如:

(19) 这是词典,你查查不就知道了。

(20) 这是纸和笔!不写完甭想玩去。

从整体意义解读上并不是一个述谓句,而是施为句,虽然语句中并没有"宣布""告诉"之类的施为动词。

除了"是"的前面是指示词"这",而不是处所成分(如"山上、那里是一座水库"),有别于"是"字存在句(existential),这类"是"字句有一些特点不同于一般表示等同关系的判断句。例如:

1) 主句现象(main clause phenomenon)

在作为独立句的时候有上述解读;作为内嵌小句的时候,仍旧是一般判断句。例如:

(21) 我知道这是词典。查了,可是没收这个词。

2) 不能受副词修饰。例如:

(22) a.这是笔,给你放这儿了啊。

19.3 语义解读的语体依赖性

　　　　b.*这才是笔，给你放这儿了啊。

3）定指性

"是"后面的名词性成分排斥无定(indefinite)名词短语。例如：

　　(22') a.这是笔，给你放这儿了啊。

　　　　b.*这是一支笔，给你放这儿了啊。

　　　　c.*这是彩色的笔，给你放这儿了啊。

　　这类"是"字句的言域意义解读依赖面对面的对话言谈，是互动交际模式下的浮现义。

　　连词的意义解读对语体的依赖就更加明显。下面以"所以"为例。

　　"所以"的行域义是引出一个客观事理上的后果。比如"今年旱情严重，4个月没下雨，所以土壤墒情不好"。在对话里，"所以"还有知域用法，引出说话人推断的结果。例如：

　　(23) 甲：你(教练)老是那个心里嘀嘀咕咕嘀嘀咕咕的，运动
　　　　　　员没法儿有信心。

　　　　乙：<u>所以</u>来了一个崇尚进攻的教练，至少在这个心气儿
　　　　　　方面，自信心方面对国家队有很大提升。

在上面的例子里，说话人乙知道以前的教练不自信导致队员不自信这个事实，这是他得出国家队换帅有助于提高队员自信这个结论的依据。这里的"所以"引出言者的推断，如果删除，言者推断的这层意思就无从体现。

　　对话中，"所以"除了可以表达说话人推断的结果，甚至可以仅仅用作说话人向对方提示自己的回应行为。下面这个例子是第十五章曾讨论过的(例句序号(15)依第十五章原码)：

　　(15) 甲：你做的牛肉还有吗？

　　　　乙：有。

　→　甲：<u>给我拿点吧</u>。

乙:这牛肉啊,跟别人家做的不一样。
甲:是,味道不一样。
乙:用高压锅炖15分钟,再加各种佐料炖两个小时,是跟猪蹄子一起炖的。
甲:嗯。
乙:用猪蹄子吧就能结成牛肉冻儿。
甲:好吃。
→ 乙:所以,赶紧给你去拿牛肉。

上面这个例子里,说话人甲提出请求("给我拿点吃吧"),几个话轮之后,说话人乙使用了"所以"引出对对方请求的回应。而这个含有"所以"的话轮具有言语行为单位义,删除"所以",命题意义不会改变。说话人用"所以"引出对对方请求的回应行为,这个"所以"是言域用法。这种言域用法的"所以"逻辑语义已经弱化,其功能仅仅是体现言者的语力(illocutionary force)。连词的这种用法同样具有语体依赖性。

廖秋忠先生(1991)说,在一般对话中,话题经常转移,整个交际行为前后并无不连贯的感觉,但却没有一个总的话题。另外,在相邻的话轮中,从语义上看,有时也找不到共同的命题内容,无法建立语义的宏观结构。在对话里,意义、功能的连贯主要不是靠语义来判断,对话是一种言语行为,要从行为的社会规范及言语行为的相关性来理解对话的连贯。

我们认为,对话互动交际的特点,触发了连词的一系列虚化的用法。连词这种虚化的动因在于,谈话的参与者要尽量使自己的言谈内容与对方的谈话内容具有意义上的关联性,或者至少在形式上要做相应的关联性包装,同样也是会话中合作原则的体现。(参看第十四章和第十五章的讨论)

19.4 小结

综上所述,新的功能和意义的浮现也对特定语体具有依赖性。下面再看"还是"的用法。

"还是"作为副词有两个基本意义:1)表示行为、动作状态保持不变或不因上文所说的情况而改变;仍旧;仍然。2)表示经过比较、考虑,用"还是"引出所选的一项(《现代汉语八百词》)。仍旧义的"还是"如"明天你还是这个时候来取照片"里的"还是"。后一种意义的"还是"如:"我看还是去颐和园吧,十三陵太远。""还是你来吧,我在家等你。"

与"仍旧"义"还是"比较,这类表达说话人意愿的"还是"除了不能替换作"依然"或者"依旧"之外,具有下述特征:

1) 非重读音节

语音形式上有区别,"仍旧"义"还是"自身总是重音所在,如(24);而表达言者意愿的"还是"不能重读,如(25):

(24) 这次^还是我去。

(25) 还是^我去。

2) 言者取向

"仍旧"义的"还是"总是指向施事主语。而这类表达言者意愿的"还是"只能指向说话人,表达说话人的选择。比如下面的例(26),尽管 a 句主语是第一人称,b 句主语是第二人称,c 句主语没有出现,"还是"都用来引出言者的意愿,而不随着主语的改变而改变。例如:

(26) a. 我还是吃了饭送他走。

b. 你还是吃了饭送他走。

c. 还是吃了饭送他走。

表达言者意愿的"还是"不参与命题表达,删除"还是"以后,命题意义不变。

  (27) a. 我(还是)吃了饭送他走。
    b. 你(还是)吃了饭送他走。
    c. (还是)吃了饭送他走。

因此,可以说,这个"还是"是表现祈愿情态的副词。

  这种表达言者意愿的"还是"在现代汉语里以对话语体里常见。而从历史上看,在"还是"祈愿情态早期时作为选择问句的答句,与言者的选择共现一并作为应答语。然后逐步摆脱对选择问句的依赖,不依赖选择问句而直接表达言者意愿。

  在"还是"祈愿情态这个演变过程中,第一步,"还是"逐步摆脱对选择问句的依赖,而将选择问句的答句的功能——说话人的选择,吸收到了"还是"的意义解读当中。第二步,"还是"逐步摆脱对认识义和比较义词语和格式的依赖,同时,吸收了对话环境所提供的意义和功能。"言者意愿"这个意义的浮现是以问句所提供的选择项逐步隐退为前提的。与不用"还是"相比较,答句用了"还是"表达"我告诉你我的意愿"。在演变过程中,交际功能模式所赋予的功能解释渗入到虚词的意义中。

  从历时材料看,其早期形式用于非应答语是有条件的,用"还是"的答句只能是非现实情态句(irrealis),包括未然事件叙述句、评论句、建议或祈命句三类语气类型。"还是"不依赖应答语位置、不依赖于"(的)好"独立使用在祈命句中只有近百年的历史。如下表所示(详见方梅,2013)。

	非答句	评论句	祈命句
语言自迩集	(+)	我说;(的)好	—
燕京妇语	(+)	+	—
谈论新篇	+	+	还是……(的)好
京语会话	+	+	(建议类)
老舍小说	+	+	+
王朔小说	+	+	+

"还是"从连接选择项到表达祈愿情态的演变过程说明,在虚词意义和功能演变的过程中,不仅相邻词汇之间可能发生意义的渗透,交际功能模式所赋予的功能解释也会参与其中。特定交际模式下的功能进入该交际模式下的词汇解释,进而逐步脱离原有交际模式,沉淀为这个虚词的功能(关于"还是"的意义和功能浮现,详见方梅、乐耀(2017)第七章)。

　　对跨语体材料的考察可以看到,句法形式的意义解读对语体具有依赖性,言域义的浮现,直接反映了互动交际中言语行为表达的特点。

附　注

① 王洪君等(2009)的研究指出,"了$_2$"的使用与交际场景有关,《新闻联播》等通讯新闻很少用"了$_2$","了$_2$"的使用具有营造话主显身、主观上与受话互动的时空,构成"主观近距离交互"的效果,是对特定风格的选择,而不是对记叙、说明、议论等不同文体的选择。从统计的角度看,这个观察是很有道理的。不过,我们对小说叙事与对话材料的对比,同属于"主观近距离交互",但对(1)—(5)的对比似乎没有解释力。正如王洪君等(2009)所述,"主观近距离交互"这种语用限制是使用"了$_2$"的必要条件,不是充分条件。

② 所谓简单结构"了$_1$"小句是指不带有表达事件情状的状语、补语或焦点标记成分的小句。下面的结构类型不属于所谓简单结构"了$_1$"小句。如:
　　(1) 我<u>去年春上</u>盖了三间瓦房。
　　(2) 他吃<u>完</u>了一盘菜。
　　(3) 我想<u>起</u>了一件往事。
　　(3) 他<u>只</u>吃了馒头。
朱庆祥(2012)对小句宾语复杂性与小句的依附性的关系有详细考察。

③ Levinson(1983)将意义分为七类:推衍(entailments)、规约隐涵(conventional implicature)、预设(presupposition)、适宜条件(felicity condition)、一般情况下的会话隐涵(generalized conversational implicature)、特定情况下的会话隐涵(particularized conversational implicature)、其他的会话隐涵(non-conventional implicature)。相关汉语分析参看沈家煊(1990)。

第二十章 结语

从历时角度看,语言中的去范畴化(de-categorization)主要表现为:功能发生扩展和转移、句法形态上失去其必有成分的地位、语义上从命题意义到非命题意义。功能发生扩展和转移,表现为在句法同一层级的不同范畴之间,从语法范畴甲转为语法范畴乙,比如名词与动词间的转类;或者表现为由高范畴属性成员变为低范畴成员,如动词变为副词。但前一种去范畴化不构成语法化(grammaticalization)。

去范畴化的考察关注特定句法成分失去了哪些功能属性,语法化研究关注由高范畴属性成员变为低范畴成员的演变;而浮现语法(emergent grammar)对变异(variation)的研究,不仅观察正在发生的语法化现象,也关注并未构成语法化的去范畴化现象;同时,关注从句法范畴到语用范畴的去范畴化,关注语用功能的浮现规律。透过对共时差异的观察,发现语言范畴的动态表现及其动因。

我们全书分十九个专题讨论了语法功能和语用功能的浮现。从共时差异角度看,这些功能浮现的条件有些与语法化研究所揭示的历时演变规律具有一致性,比如,类推、高频效应等,它们都是重要的演变机制。另一方面,着眼于共时差异的观察,从自然口语材料入手,结合跨语体分析,能够发现不同于单纯历时视角的规律。

20.1 功能扩展与结构浮现

20.1.1 功能扩展

新的用法的浮现,有相当一部分属于仅仅发生功能扩展,而并未产生新的语法范畴的情况。比如"人家",本来指"旁人"。但是,口语对话中可以用来指言者自己,如(1);"咱(们)"本来是包括式,指说话人和听话人双方,但是在口语对话也可以单指受话人,如(2):

(1) A:你这是…?

B:<u>人家</u>手都快勒断了,还不快点儿接着。

(2)(成年人对小孩)<u>咱们</u>都上学了,哪儿能跟他们小孩儿争玩具呀,是不是。

这些用法具有表达言者态度的功能(详见方梅,1998;方梅、乐耀,2017),是在互动交际模式下的境迁语(contextual expressions)。上述用法虽扩大了原有词汇的指称功能,但是功能扩展并未导致其语法属性的变化。

20.1.2 句法结构的浮现

第一章讨论到背景化的两类句法手段——小句主语的零形反指和描写性关系小句。

相对而言,反指零形主语小句这类结构的历史更早些。下面是民国初年小说中的用例。这些小说整体风格上是话本体,而不是文人小说,因而,自然会话的特点更显著一些。例如:

(3) 不提快嘴,单说春爷。<u>回到家中,杨氏一天没吃饭</u>,大奶奶那里直劝,说:"又有孩子吃奶,你不吃东西行吗?"春爷安慰了一番,大致把快嘴说的话,略说了一遍,随后说道:……(损公《新鲜滋味之四种:麻花刘》)

(4) 那天将吃完早饭,采芹要上地里看看去,还没走呢,外头有人直叫"郑先生"。(损公《新鲜滋味之十七种:小蝎子》)

反指零形主语小句即传统语法所谓"蒙后省略",方梅(1985)发现,这类省略是有篇章条件的。被"蒙后省略"的这个成分,它是整段话的话题。从篇章角度看,其实还是承前省略。如果从话题链(topic chain)的延续角度看,这种反指零形主语是话题延续性(topic continuity)强的表现。虽然功能上它与英语非谓状语小句相同,但是从产生机制上看,恐怕与汉语作为话题优先语言这个基本特点密不可分。

关于描写性关系小句的结构浮现,赵元任(1968:151)曾经注意到,无论有"的"没"的",形容词照例不能修饰代词,"可怜的我""一个无产无业无家可归的我"书面上能见到,说话时听不到。我们认为,"动词+的+专名/人称代词"构成的描写性关系从句是"描写性定语+专名/代词"形式进一步类推的结果。即:

形容词"的"_{描写性}+专名/代词 → 动词"的"_{描写性}+专名/人称代词

值得注意的是,有些看似新的结构,我们可以发现其实质是旧有结构关系的翻新,比如第八章讨论到的用于指称行为的"S 这 VP"。虽然现代北京话的"S 这 VP"与古代汉语的"主-之-谓"结构之间没有直接的承袭关系。不过,历史上"主-之-谓"结构的存在至少说明,嵌入指示词这种句法手段是汉语里固有的结构关系模式。而从功能角度看,"S 这 VP"与古代汉语"主-之-谓"在语篇分布上具有共性,都用来表现已知信息(given information)或可激活信息(evoked information)。尽管从古至今，汉语语法系统都允许动词直接拿来用作指称，但是古今都存在通过改变句法形式来指称行为的结构。无论是古代汉语用"之"还是现代书面语用"的"，以及现代北京话用"这"，这种句法改变都具有相似的篇章功能动因。

20.2　语法范畴的浮现

所谓浮现范畴是指，它们在共时系统中还没有完全语法化，表现为对语用条件的依赖，比如对特定语体的依赖、对言者社会角色和社会关系的依赖等。语法范畴的浮现是正在发生的语法化，但是内部情况也有所不同。

1) 在既有语法系统中没有该语法范畴。比如"说"浮现出从句标记用法（见第五章）、"这"浮现出定冠词用法和"一"浮现出不定冠词用法（见第七章）。这些都发生在口语中使用，而书面语中少见。

2) 有些浮现语法现象，虽然对特定语用条件有较强的依赖，但是就其范畴属性而言，并非新出现的，比如名词用作形容词（"性格特别肉""关系特别铁"）等词类"活用"现象（详见第十一章）。

总之，语法化的过程，是从语言成分的功能解读高度依赖于语用条件逐步发展为较少依赖于语用条件的过程。

20.3　语用功能的浮现

语用功能的浮现是在特定语用条件下发生的。比如，人称代词的功能扩展和话语标记功能的浮现，高度依赖互动交际模式下的对话语体。

虽然第五部分的三章内容都针对话语标记，如连词的话语标记功能、会话结构与连词的浮现义、"是不是"从疑问标记到话语标记。但是,"语用化"现象并不仅仅限于话语标记的浮现。比如,"你北京有什么了不起的",其中的人称代词"你"并不用来指称,而是体现言者的对立情感和负面评价(详见第九章)。"你"从人称代词到体现言者态度的附着形式,有语法化因素——发生句法降级,这种降级的结果并不是用来体现语法关系,而是服务于语用目的的。

另一方面,有些现象既有语法化——范畴类别的降级,又有语用化——成为专门用来表现某类话语行为的成分。比如,高频使用的情态助动词浮现出饰句副词(sentential adverb)的用法(详见第六章),体现言者对其所属命题内容的态度或评价。

20.4 语音弱化

语音销蚀(erosion)是语法化的伴随现象。主元音央化,声调销蚀,音长缩短等被认为是汉语里语音弱化的典型表现(江蓝生,1999/2000;潘悟云,2002),不过,细分析起来,情况似乎更为复杂。大致有下述几种情形。

A.轻声(失去声调)。如北京话里回指性"这"用法有声调,如(5);定冠词用法说成轻声,如(6):

(5) A:听说你揍过他?

B:揍,<u>这</u>(zhè)你也听说啦?

(6) 你知道吗,就<u>这</u>(zhe)外国人呐,他们说话都跟感冒了似的,没四声。

B.中和(央元音化/单元音化)。比如,实义动词不说成轻声,同时元音保持复合形式。而作为意义更虚化的趋向动词,其元音发生单元音化。如:

(7) 来(lái)北京　　好起来(le);
　　去(qù)北京　　混下去(qe);

C.合并(压缩时长、音节简化)。如"是不是"说成 shìbúr:

(8) A:咱是干什么的啊,咱就是听领导吆喝的,<u>是不是</u>。

B:你这嘴要是不这么贫啊,你早当官儿了你。

D.脱落。例如"是"在用作话语标记的"不是"里,元音脱落,说成 sh 或 r。例如:

(9) A:那里面全是人,西单图书大厦里面全是人。

B:<u>不是</u>..你碰到那种签名的了吗? 现在不是有很多名人他要卖书的话。

语音弱化是词汇意义或命题意义的衰减伴随现象,而且这种符号简化(signal simplicity; Hopper and Traugott,1993/2003:64)具有跨语言共性,不仅见于在从实义动词到语法功能范畴的语法化过程,例如英语 *I'm gonna go*; 也体现在惯用语化(idiomatization)表达的形成过程,如 *you know*。

汉语构词系统中,轻声已经成为一种具有能产性的词汇形态手段。例如:

末音节非轻声	末音节轻声
编辑(动词)	编辑(指人名词)
爱人(动宾结构)	爱人(指人名词)
倒卧(并列结构)	倒卧(指人名词)

汉语轻声的核心特征就是压缩音节时长,实际也是符号简化的表现。

20.5　语音强化

语音强化则更多体现言者的主观意图。众所周知,焦点信息可以不比采用句法手段而直接通过对比重音传递。语音强化是语用表达的伴随现象,时长的延展(如延宕或者元音长音)成为体现修辞目的的手段。

比如,通过给疑问代词做长音处理,改变语气类型,将疑问结构变为话语否定式,用作否定性回应话语。可以表达言者的负面评价,也可以表达对对方所述内容的不认同。以"什么呀"为例,话语中有三种可能的韵律表达方式:

1) 什么呀。做疑问句时,"么"轻声。

2) 什=么呀。做否定性应答时,"什"长音,"么"轻声。表示对方所述(事实)有误,如(10);或者用作反对对方的观点,引出言者的观点,如(11)。

3) 什么=呀。表达言者的否定评价和轻蔑的态度,"么"长音。如(12)。

(10) 志国:哎哟你可回来了,哎哟还是让人给送回来的吧,赶紧谢谢警察叔叔……

和平:什=么呀,这是咱片儿警小许,看我拿东西忒多,在胡同口儿他帮我提回来。(《我爱我家》)

(11) 傅老:我看呐,保姆这个事儿还得赶紧定下来,这么下去非把咱们家都给惯坏了不可。

小凡:哎哎,我喜欢小桂,长的有点儿像我们班那沈旭佳那意思。

志国:是吧。

小凡:爸,我要小桂,留小桂吧。

志国:哎,对……

和平:什=么呀,小兰多好啊,又老实又朴实又勤快。

(《我爱我家》)

(12) A：我不爱回家，没劲，看着我哥他们就烦。
　　　B：你哥结婚了？
　　　A：孩子都三岁了。嗨，没出息！什么＝呀，小日子过得还挺来劲。"

"特指疑问代词＋语气词"通过改变音长特征的方式，可以改变语句的语气类型，不寻求未知信息，而是表达言者的负面评价或否定态度。而这类负面评价或否定态度的解读依赖于互动性话语，属于浮现意义，其浮现条件是用作应答语。

20.6　类推机制与重新分析

共时系统中，平行结构的类推作用非常重要，它会触发新的组合，并对新的结构组合的解读带来重新分析。

类推可能带来新结构的浮现，这类变化的典型现象就是描写性关系小句的浮现(见第一章)。而用"这"加在动词或小句上构成指称形式，它的形成机制也是类推。"这(S)VP"式是对"这＋名词"用于名词前指称事物的类推；"S这VP"是对"人称代词＋指示词＋名词"的类推(第八章)。

类推触发重新分析(reanalysis)的典型例子是"V-里"中"里"的处所意义的虚化和结果义的浮现。动词后"里"的虚化以动词是单音节为必要条件，在共时系统中，"单音节动词＋单音节动词/形容词"构成动结式是大量的，如"流走、睡好、吃光"等。"动词-里"组合中"里"的处所意义的虚化和结果义浮现在很大程度上受动结式的影响，也是类推带来的重新分析的结果。

反面的例子如"这""那"在功能扩展上的不对称性。在北京话里，指示词"这"和"那"的虚化表现出明显的不对称性,"这"后的名词不依赖上文或言谈现场实际存在的对象,已经开始脱离了指示词的基本功能,既非指别又非替代,虚化出了定冠词的用法。而"那"则沿着衔接(cohesion)功能虚化,进而成为连词(参看《现代汉语八百词》)。

"这"和"那"的使用频次差异很大,徐丹(1988)讨论"这"与"那"语法上的不对称时曾经提到"这"位于第 10 个常用词,而"那"位于第 182 位。我们检索《中国语言生活状况报告(2005)》(商务印书馆,2006)发现,在报纸、广播电视、网络高频词的排序中,"这"位于 15 位,其后是"这个"(83 位)、"这种"(213 位)、"这次"(441 位);而"那"位于 223 位,其后是"那么"(423 位)(见《报告》表 13 报纸、广播电视、网络高频词语表")。

20.7 高频效应

在演变的动态过程中,使用频率(frequency)是"固化"的重要成因。

以描写性关系小句的浮现为例。赵元任(1968:151)曾经注意到,无论有"的"没"的",形容词照例不能修饰代词,"可怜的我""一个无产无业无家可归的我"书面上能见到,说话时听不到。而据魏志成(2007)对《中国散文鉴赏文库》"现代卷"和"当代卷"183 万字的考察,到 20 世纪上半叶,"定语+人称代词"这类结构在现代文学名家的作品中已经开始流行,文库所收 203 位作家中有 41 位作家的作品使用过"定语+人称代词"结构,共 110 处。除了散文,小说也有。有些作家的作品中的使用频度相当高,据张凤琴、冯鸣(2004)对郁达夫早期作品《沉沦》的统计,"定语+人称代词"出现 60 次之多。虽然魏志成(2007)和张凤琴、冯鸣(2004)没有将"描写性定语+人称代词"与"VP 的+人称代词"分别统计,但仅从论文提供的例证来看,两类"定语+人称代词"分布都相当普遍。

再看"动词-里"中"里"的功能浮现。吕叔湘(1965/1984)的研究就已经指出,"里"是一个高频词。与其他单音节方位词比较,"里"和"上"相似,用例和搭配面大大超过其他词。从语义方面看,作为一个后置词意义已经泛化。其指示功能不仅可以用于物理空间,也可以指概念空间。比如,可以附着在抽象名词后面(如:节日气氛里),还可以附着在动词、形容词后面(如:把人往死里打/把人往坏里想)。很多"里"的用例不指具体方位,没有"定向性"只有"泛向性",指示方位的语义作用已经不十分重要。据崔希亮(2002)通过对 1600 万字的现代汉语语料中约 50000 例"里"的用法分析,发现"里"除了搭配具体方位名词之外,还可以用于环境、氛围、机构、时间、内容、情感、活动。"里"从表示具体的位置意义到可以表示抽象的意义,意义泛化是它进一步虚化的基础。

另一方面,与"动词(+在/到)+名词+里"(如:跳(到)河里)格式相比较,"动词+里头/边儿"格式的主要表达功能并不在处所表达。表现在,在口语叙事体语句当中,当动词后的处所成分第一次引入谈话的时候,倾向于使用"动词(+在/到)+名词+里",而不是"动词+里头/边儿"。而在面对面的交际当中,"动词+里头/边儿"(如:跳里头)格式的出现频率比它在叙事体当中的出现率要高得多。也就是说,相对于含有一个词汇名词的处所表达式而言,只要说话人认为所述动作的终点方位所指明确——可及性(accessibility)高,他更愿意使用一个不含有词汇名词的形式("动词+里头/边儿")来指称前面提到的或者语境中所指明确的这个处所。"动词-里"的出现,只不过是"动词+里头/边儿"当中的处所照应语更进一步弱化的结果。

语法演变涉及两种频率,一是"型"的频率(type frequency),二是"例"的频率(token frequency)。型的频率意味着更高程度的抽象化,结构语法性质的变化主要体现在型的频率。

型的高频可以促使特定结构对其中的组成成分放宽要求(参看 Bybee and Hopper,2001),高频会导致新的结构浮现。描写性关系从句的产生和发展就是这样。表现为,一方面核心词容忍度扩大,从一般光杆名词扩大到专名和人称代词;另一方面,修饰成分从状态形容词扩大到表现常态特征的动词。

型的高频有可能触发新的理解和诠释,从而产生一种新的语义联系或者功能联系,发生重新分析,如"V-里"中"里"的表结果功能的浮现。

综上所述,语法形式的形成涉及不同层面。就个体层面而言,一个新的形式产生之初,作为一种尚未被普遍接受的表达方式,甚至有可能是不合语法的表达方式;或者有可能仅仅是一种语用模式,即为满足某种语用需求而采用的表达方式,而非强制性的句法手段;而从历史的角度看,严谨的"语法"往往是从不那么严谨的"用法"起步,不断沉淀固化而来的。从章法到句法是一个渐进的过程,这个演变过程是逐渐从语用模式到句法模式、从不合语法到合乎语法的过程。句法同时也是不断变化的、在运用中逐渐成形的。

参 考 文 献

安　娜　2005　《基于传媒语言语料库的话语标记研究》,中国传媒大学博士论文。

安　欣　2006　《再论北京话的"-子"、"-儿"、"-头"》,中国社会科学院研究生院硕士学位论文。

蔡文兰　1987　带非名词性宾语的动词,《句型和动词》,语文出版社。

曹逢甫　2005　《汉语的句子和子句结构》,王静译,北京语言大学出版社。

曹逢甫　2006　语法化轮回的研究——以汉语鼻音尾/鼻化小称词为例,《汉语学报》第2期。

曹广顺　1995　《近代汉语助词》,语文出版社。

曹志耘　2001　南部吴语的小称,《语言研究》第3期。

陈　刚　1985　试论"着"的用法及其与英语进行式的比较,《中国语文》第1期。

陈　刚（编）　1990　《北京方言词典》,商务印书馆。

陈　刚　宋孝才　张秀珍　1997　《现代北京口语词典》,语文出版社。

陈建民　1984　《汉语口语》,北京出版社。

陈丽冰　2012　福建宁德方言小称后缀和小称变调,《方言》第4期

陈佩玲　陶红印　1998　台湾官话叙事体中音律单位的语法构成及其规律初探,《语言研究》第1期。

陈　平　1987a　释汉语中与名词性成分相关的四组概念,《中国语文》第2期。

陈　　平　1987b　汉语零形回指的话语分析,《中国语文》第 5 期。

陈　　平　1987c　话语分析说略,《语言教学与研究》第 3 期。

陈　　平　1988　论现代汉语时间系统的三元结构,《中国语文》第 6 期。

陈前瑞　2005　句尾"了"将来时间用法的发展,《语言教学与研究》第 1 期。

陈庆汉　2002　"N 的 V"短语中心语"V"语法性质研究述评,《汉语学习》第 5 期。

陈望道　1979　《修辞学发凡》,上海教育出版社。

陈　　颖　2015　《清末民初北京话语气词研究》,北京大学博士论文。

陈泽平　1999　福州方言的代词,李如龙、张双庆主编《中国东南部方言比较研究丛书(第 4 辑)·代词》,暨南大学出版社。

陈治文　1965　关于北京话里儿化的来源,《中国语文》第 5 期。

储泽祥　1997　《现代汉语方所系统研究》,华中师范大学出版社。

崔希亮　2002　汉语方位结构"在……里"的认知考察,《语法研究和探索》(十一),商务印书馆。

崔　　丽　2006　《电视纪录片解说词的衔接机制研究》,中国传媒大学博士论文。

崔山佳　2004　《近代汉语语法历史考察》,崇文书局。

大河内康宪　1985/1993　量词的个体化功能,《中国语学》232,汉译版见大河内康宪(主编)《日本近、现代汉语研究论文选》(吕必松主编"国外汉语研究丛书"),北京语言学院出版社。

大河内康宪(主编)　1993　《日本近、现代汉语研究论文选》(吕必松主编"国外汉语研究丛书"),北京语言学院出版社。

戴浩一　1985　时间顺序和汉语的语序(黄河译),《国外语言学》,1988 年第 1 期。

戴耀晶　2003　现代汉语助动词"可能"的语义分析,《语法研究和探索》(十二),商务印书馆。

邓守信 1985 汉语动词的时间结构,《第一届国际汉语教学讨论会论文选》,北京语言学院出版社。

丁 力 1999 从问句系统看"是不是"问句,《中国语文》第 6 期。

丁声树等 1997 《现代汉语语法讲话》,商务印书馆。

董少文 1958 《语音常识》,文化教育出版社。

董秀芳 2003 "X 说"的词汇化,《语言科学》第 2 期。

董秀芳 2004 "是"的进一步语法化:由虚词到词内成分,《当代语言学》第 1 期。

范 晓 1989 施事宾语句,《世界汉语教学》第 1 期。

方 梅 1985 关于复句中分句主语省略的问题,《延边大学学报(哲社版)》第 1 期。

方 梅 1991 具有提示作用的"是"字句,《中国语文》第 5 期。

方 梅 1994 北京话句中语气词的功能研究,《中国语文》第 2 期。

方 梅 1998 北京话他称代词的语义分析,邵敬敏主编《句法结构中的语义研究》,北京语言文化大学出版社。

方 梅 2000 自然口语弱化连词的话语标记功能,《中国语文》第 5 期。

方 梅 2002 指示词"这"和"那"在北京话中的语法化,《中国语文》第 4 期。

方 梅 2003 从空间范畴到时间范畴——说北京话中的"动词-里",吴福祥、洪波主编《语法化与语法研究》(一),商务印书馆。

方 梅 2004 从章法到句法:汉语口语后置关系从句研究,《庆祝〈中国语文〉创刊 50 周年学术论文集》,商务印书馆。

方 梅 2005 疑问标记"是不是"的虚化——从疑问标记到话语-语用标记,吴福祥、马贝加主编《语法化与语法研究》(二),商务印书馆。

方　梅　2006　北京话里"说"的语法化——从言说动词到从句标记,《中国方言学报》第1期,商务印书馆。

方　梅　2007　北京话儿化的形态句法功能,《世界汉语教学》第2期。

方　梅　2009　北京话人称代词的虚化,吴福祥、崔希亮主编《语法化与语法研究》(四),商务印书馆。

方　梅　2013　说"还是"——祈愿情态的浮现,台湾《语言暨语言学》专刊系列之五十 Breaking Down the Barriers: Interdisciplinary Studies in Chinese Linguistics and Beyond, Vol. 2。台湾:Academia Sinia。

方　梅　2016　再说"呢"——从互动角度看语气词的性质与功能,《语法研究和探索》(十八),商务印书馆。

方　梅　2017　负面评价表达的规约化,《中国语文》第2期。

方　梅　宋贞花　2004　语体差异对使用频率的影响——汉语对话语体关系从句的统计分析,Journal of Chinese Language and Computing,14(2):113-124.

方　梅　乐　耀　2017　《规约化与立场表达》,北京大学出版社。

费春元　1992　说"着",《语文研究》第2期。

傅　民　高艾军(编)　1986　《北京话词语》,北京大学出版社。

傅惠钧　2001　真性问与假性问:明清汉语选择问句的功能考察,《语言教学与研究》第3期。

高艾军　傅　民　2001　《北京话词语》(增订本),北京大学出版社。

高艾军　傅　民　2013　《北京话词典》,中华书局。

顾曰国　1994　John Searle 的言语行为理论与心智哲学,《国外语言学》第2期。

郭　锐　1993　汉语动词的过程结构,《中国语文》第4期。

郭圣林　2007　"NP+我"与"我+NP"的语用考察,《南京师大学报》第 4 期。

郭小春　2010　《电视足球解说的语体分析》,中国传媒大学博士论文。

郭小武　2000　"了、呢、的"变韵说——兼论语气助词、叹词、象声词的强弱两套发音类型,《中国语文》第 4 期。

郭昭军　2003a　《汉语情态问题研究》,南开大学博士研究生学位论文。

郭昭军　2003b　从"会$_2$"与"可能"的比较看能愿动词"会$_2$"的句法和语义,《语法研究和探索》(十二),商务印书馆。

郭作飞　2004　汉语词缀形成的历史考察——以"老"、"阿"、"子"、"儿"为例,《内蒙古民族大学学报(社会科学版)》第 6 期。

何乐士　2000　《古汉语语法研究论文集》,商务印书馆。

贺　阳　1994　汉语完句成分初探,《语言教学与研究》第 4 期。

洪　波　2008　周秦汉语"之 s"的可及性及相关问题,《中国语文》第 1 期。

洪　波　2010　周秦汉语"之 s"可及性问题再研究,《语言研究》第 1 期。

胡明扬　1981　北京话的语气助词和叹词(上)、(下),《中国语文》第 5 期、第 6 期。

胡明扬　1989　流水句初探,《语言教学与研究》第 4 期。

胡　勇　2005　《从肯定和否定的不对称看情态词的语用逻辑》,中国社会科学院研究生院博士论文。

黄伯荣(主编)　1999　《汉语方言语法类编》,青岛出版社。

黄南松　1994　试论短语自主成句所应具备的若干语法范畴,《中国语文》第 6 期。

黄瓒辉　2003　人称代词"他"的紧邻回指和紧邻预指,《语法研究和探索》(十二),商务印书馆。

贾采珠　1990　《北京话儿化词典》,语文出版社。

贾采珠　1991　北京口语儿化轻读辨义,《中国语文》第 4 期。

江蓝生　1994　"动词＋X＋地点词"句型中介词"的"探源,《古汉语研究》第 4 期。

江蓝生　1999/2000　语法化程度的语音表现,《中国语言学的新拓展》,香港城市大学出版社;又见《近代汉语探源》,商务印书馆,2000。

江蓝生　方　梅　1998　吕叔湘学术思想研究,《人民日报·学术动态》1998 年 7 月 18 日。

金受申　1965　《北京话语汇》,商务印书馆。

柯理思　2003　论谓词的语义特征和语法化的关系,吴福祥、洪波主编《语法化与语法研究》(一),商务印书馆。

孔令达　1994　影响汉语句子自足的语言形式,《中国语文》第 6 期。

孔令达　王祥荣　2002　儿童语言中方位词的发展及相关问题的讨论,《中国语文》第 2 期。

黎天睦　1994　论"着"的核心意义,戴浩一、薛凤生主编《功能主义与汉语语法》(吕必松主编"国外汉语研究丛书"),北京语言学院出版社。

李晋霞　刘　云　2003　从"如果"与"如果说"的差异看"说"的传信义,《语言科学》第 4 期。

李晋全　1983　谈非时地名词充当状语,《苏州大学学报》第 4 期。

李临定　1986　《现代汉语句型》,商务印书馆。

李　敏　2005　"N 的 V"指称事件,《河南大学学报(社会科学版)》第 3 期。

李　明　2001　《汉语助动词的历史演变研究》,北京大学博士论文。

李　明　2003a　汉语表必要情态的两条主观化路,《语法研究和探索》(十二),商务印书馆。

李　明　2003b　试谈言说动词向认知动词的引申,吴福祥、洪波主编《语法化与语法研究》(一),商务印书馆。

李　泉　2002　从分布上看副词的再分类,《语言研究》第 2 期。

李　讷　安珊笛　张伯江　1998　从话语角度论证语气词"的",《中国语文》第 2 期。

李人鉴　1961　一种比较特殊的句子成分,《中国语文》第 3 期。

李如龙　张双庆(主编)　1999　《中国东南部方言比较研究丛书(第 4 辑)·代词》,暨南大学出版社。

李善熙　2003　《汉语"主观量"的表达研究》,中国社会科学院研究生院博士学位论文。

李思敬　1984　从《金瓶梅》考察十六世纪中叶北方话的儿化现象,《语言学论丛》第 12 辑,商务印书馆。

李思敬　1988　论现代汉语普通话中儿系列字的音值和儿音缀的形态音位,《中国语言学报》第 3 期。

李小梅　2000　单音节形容词叠音后缀读 55 调辨,《中国语文》第 2 期。

李　莺　2001　重叠形容词变调问题的考察,《韶关学院学报(社会科学版)》第 11 期。

李延瑞　1996　普通话儿化韵及儿化音位,《语文研究》第 2 期。

李宇明　1995　《儿童语言的发展》,华中师范大学出版社。

李宇明　1997　疑问标记的复用及疑问功能的衰变,《中国语文》第 2 期。

李志江　1998　ABB 式形容词中 BB 注音的声调问题,《语文建设》第 12 期。

李佐丰　1994　《文言实词》,语文出版社。

李佐丰　2004　《古代汉语语法学》,商务印书馆。

梁敬美　2002　《"这-"、"那-"的语用与话语功能研究》,中国社会科学院博士论文。

梁实秋(主编)　1977　《远东英汉大辞典》,远东图书公司。

梁忠东　2002　玉林话的小称变音,《广西师范大学学报(哲学社会科学版)》第3期。

梁　源　2005　语序和信息结构:对粤语易位句的语用分析,《中国语文》第3期。

廖秋忠　1985　篇章中的框-棂关系与所指确定,《语法研究和探索》(三),北京大学出版社。

廖秋忠　1986　现代汉语篇章中的连接成分,《中国语文》第6期。

廖秋忠　1987　篇章中的管界问题,《中国语文》第4期。

廖秋忠　1988a　篇章中的论证结构,《语言教学与研究》第1期。

廖秋忠　1988b　物体部件描写的顺序,《语言研究》第2期。

廖秋忠　1991　篇章与语用和句法研究,《语言教学与研究》第4期。

林　焘　1962　现代汉语轻音和句法结构的关系,《中国语文》7月号。

林　焘　1982　北京话儿化韵个人读音差异问题,《语文研究》第2期。

林　焘　沈　炯　1995　北京话儿化韵的语音分歧,《中国语文》第3期。

林　焘　王理嘉　1985　《北京语音实验录》,北京大学出版社。

林裕文　1957　《词汇 语法 修辞》,新知出版社。

林裕文　1985　谈疑问句,《中国语文》第2期。

刘大为　1994　语体是言语行为的类型,《修辞学习》第3期。

刘丹青　2000　粤语句法的类型学特点,香港《亚太语文教育学报》第3卷,第2期。

刘丹青　2001　汉语给予类双及物结构的类型学考察,《中国语文》第5期。

刘丹青　2003　《语序类型学与介词理论》,商务印书馆。

刘　坚　江蓝生　白维国　曹广顺　1992　《近代汉语虚词研究》,语文出版社。

刘乐宁　2005　文体、风格与语篇连接,冯胜利、胡文泽编《对外汉语书面语教学与研究的最新发展》(哈佛大学高年级对外汉语教学研会论文集),北京语言文化大学出版社。

刘宁生　1985　论"着"及其两个相关的动态范畴,《语言研究》第2期。

刘祥柏　2004　北京话"一＋名"结构分析,《中国语文》第1期。

刘勋宁　1985　现代汉语句尾"了"的来源,《方言》第1期。

刘勋宁　1988　现代汉语词尾"了"的语法意义,《中国语文》第5期。

刘勋宁　1990　现代汉语句尾"了"的语法意义及其与词尾"了"的联系,《世界汉语教学》第2期。

刘勋宁　1999　现代汉语的句子构造与词尾"了"的语法位置,《语言教学与研究》第3期。

刘　英　1990　北京话"这ㄦ、那ㄦ、哪ㄦ"的儿化来源,胡盛仑主编《语言学和汉语教学》,北京语言学院出版社。

刘月华　1986　对话中"说""想""看"的一种特殊用法,《中国语文》第3期。

刘月华等　2002　《实用现代汉语语法》,商务印书馆。

龙果夫　1958　《现代汉语语法研究》,科学出版社。

鲁晓琨　2004　《现代汉语基本助动词的语义研究》,中国社会科学出版社。

陆俭明　1980　汉语口语句法里的易位现象,《中国语文》第1期

陆俭明　1982　现代汉语副词独用刍议,《语言教学与研究》第2期。

陆俭明　1983　副词独用考察,《语言研究》第 2 期。

陆俭明　1984　现代汉语里的疑问语气词,《中国语文》第 5 期。

陆俭明　马　真　1985　《现代汉语虚词散论》,北京大学出版社。

陆镜光　2000　句子成分的后置与话轮交替机制中的后续手段,《中国语文》第 4 期。

陆镜光　2004　说"延伸句",《庆祝〈中国语文〉创刊 50 周年学术论文集》,商务印书馆。

罗康宁　1987　《信宜方言志》,中山大学出版社。

吕叔湘　1940/1984　释《景德传灯录》中"在"、"著"二助词,《中国文化研究所集刊》第 1 期,又见《汉语语法论文集》(增订本),商务印书馆,1984。

吕叔湘　1943/1982　《中国文法要略》,商务印书馆,1982。

吕叔湘　1944/1984　"个"字的应用范围,附论单位词前"一"字的脱落,《汉语语法论文集》(增订本),商务印书馆,1984。

吕叔湘　1961/1992　汉语研究工作者的当前任务,《吕叔湘文集》第四卷,商务印书馆,1992。

吕叔湘　1980/1989　把我国语言科学推向前进,《吕叔湘自选集》,上海教育出版社,1989。

吕叔湘　1965/1984　方位词使用情况的初步考察,《中国语文》第 3 期;又见《汉语语法论文集》,商务印书馆,1984。

吕叔湘　1979　《汉语语法分析问题》,商务印书馆。

吕叔湘(主编)　1982　《现代汉语八百词》,商务印书馆。

吕叔湘　1985a　疑问・否定・肯定,《中国语文》第 4 期。

吕叔湘　1985b　《近代汉语指代词》(江蓝生补),学林出版社。

吕叔湘　1992　序,《语法研究和探索》(六),语文出版社。

吕冀平　1985　《复杂谓语》,上海教育出版社。

马庆株　1988　能愿动词的连用,《语言研究》第 1 期。

马庆株　1992　《汉语动词和动词性结构》,北京语言学院出版社。

马庆株　2004　语法化与语音的关系,石锋、沈钟伟编《乐在其中——王士元教授七十华诞庆祝文集》,南开大学出版社。

马希文　1987　北京方言里的"着",《方言》第 1 期。

麦　耘　1990　广州话的特殊 35 调,詹伯慧主编《第二届国际粤方言研讨会论文集》,暨南大学出版社。

麦　耘　1995　广州话的语素变调及其来源与嬗变,《音韵与方言研究》,广东人民出版社。

毛修敬　1984　北京话儿化的表义功能,《语言学论丛》第 12 辑,商务印书馆。

毛修敬　1989　带"小"的儿化现象,《中国语文》第 4 期。

梅祖麟　1988　汉语方言里虚词"着"字的三种用法的来源,《中国语言学报》第 3 期。

孟　琮　1982　口语"说"字小集,《中国语文》第 5 期。

牟晓明　2001　关于 ABB 式形容词的读音,《语文建设》第 2 期。

木村英树　1983　关于补语性词尾"着/zhe/"和"了/le/",《语文研究》第 3 期。

潘悟云　2002　汉语否定词考源——兼论虚词考本字的基本方法,《中国语文》第 4 期。

潘悟云　陶　寰　1999　吴语的指代词,李如龙、张双庆主编《中国东南部方言比较研究丛书(第 4 辑)·代词》,暨南大学出版社。

朴惠京　2005　《高频能愿动词的虚化》,中国社会科学院研究生院硕士论文。

彭宗平　2005　《北京话儿话词研究》,中国传媒大学出版社。

彭　赏　2008　《非范畴化与现代汉语中的名词状语》,湖南大学硕士论文。

齐沪扬　1998　《汉语空间问题研究》,学林出版社。

钱曾怡　1995　论儿化,《中国语言学报》第 5 期。

屈承熹　1991　汉语副词的篇章功能,《语言教学与研究》第 2 期。

屈承熹　2006　《汉语篇章语法》,潘文国等译,北京语言大学出版社。

冉永平　2000　国外话语标记语的语用学研究综述,《外语研究》第 4 期。

冉永平　2002　话语标记语 *you know* 的语用增量辨析,《解放军外语学院学报》第 4 期。

任晓彤　2010　《元曲选》中的语气词"呀"及其相关问题——兼与《元刊杂剧三十种》等文献比较,《内蒙古工业大学学报(社会科学版)》第 1 期。

任　鹰　2005　《现代汉语非受事宾语句研究》,社会科学文献出版社。

邵慧君　万小梅　2006　江西乐安县万崇话的小称变调,《方言》第 4 期。

邵敬敏　1991　现代汉语持续体"着"的语义,邵敬敏主编《九十年代的语法思考》,语言学院出版社。

邵敬敏　1996　《现代汉语疑问句研究》,华东师范大学出版社。

邵敬敏　朱　彦　2002　"是不是 VP"问句的肯定性倾向及其类型学意义,《世界汉语教学》第 3 期。

沈家煊　1989　不加说明的话题——从"对答"看"话题-说明",《中国语文》第 5 期。

沈家煊　1990　语用学和语义学的分界,《外语教学与研究》第 2 期。

沈家煊　1994　"语法化"研究综观,《外语教学与研究》第 4 期。

沈家煊　1997　词义与认知——《从词源学到语用学》评介,《外语教学与研究》第 3 期。

沈家煊　1998　语用法的语法化,《福建外语》第 2 期。

沈家煊　1999a　"在"字句和"给"字句,《中国语文》第 2 期。

沈家煊　1999b　语法化和形义间的扭曲关系,石锋、潘悟云主编《中国语言学的新拓展》,香港城市大学出版社。

沈家煊　1999c　《不对称和标记论》,江西教育出版社。

沈家煊　2000　句式和配价,《中国语文》第 4 期。

沈家煊　2001　语言的"主观性"和"主观化",《外语教学与研究》第 4 期。

沈家煊　2002　如何处置"处置式"——论把字句的主观性,《中国语文》第 5 期。

沈家煊　2003　复句三域"行、知、言",《中国语文》第 3 期。

沈家煊　2004　说"不过",《清华大学学报(哲学社会科学版)》第 5 期。

沈家煊　2010　从"演员是一个动词"说起——名词动用和动词名用的不对称,《当代修辞学》第 1 期。

沈家煊　2012　"零句"和"流水句"——为赵元任先生诞辰 120 周年而作,《中国语文》第 5 期。

沈家煊　王冬梅　2000　"N 的 V"和"参照体—目标"构式,《世界汉语教学》第 4 期。

沈家煊　完　权　2009　也谈"之字结构"和"之"字的功能,《语言研究》第 4 期。

石汝杰　刘丹青　1985　苏州方言量词的定指用法及其变调,《语言研究》第 1 期。

石毓智　1992　论现代汉语的体范畴,《中国社会科学》第 2 期。

史金生　2000　传信语气词"的""了""呢"的共现顺序,《汉语学习》第 5 期。

史金生　2003　语气副词的范围、类别和共现顺序,《中国语文》第

1期。

史有为 1985/1992 一种口语句子模式的再探讨——"倒装"、"易位"、"重复"、"追补"合议,《语文论集》第1期,外语教学与研究出版社。又见史有为著《呼唤柔性——汉语语法探异》,1992,海南出版社。

宋孝才 马欣华 1982 《北京话词语例释》,铃木出版社。

宋孝才 马欣华 1987 《北京话词语汇释》,北京语言学院出版社。

宋绍年 1998 古汉语谓词性成分的指称化和名词化,《古汉语语法论集》,语文出版社。

宋玉柱 1991 关于"-儿"的语法性质,《语文月刊》第2期。

宋贞花 2003 《口语对话关系从句的统计分析》,中国社会科学院研究生院硕士论文。

宋作艳、陶红印 2008 汉英因果复句顺序的话语分析与比较,《汉语学报》第4期。

孙朝奋 1994 《虚化论》评介,《国外语言学》第4期。

孙锡信 1999 《近代汉语语气词——汉语语气词的历时考察》,语文出版社。

太田辰夫 1958 《中国语历史文法》,蒋绍愚、徐昌华译,北京大学出版社,1987。

太田辰夫 1988 《汉语史通考》,江蓝生、白维国译,重庆出版社,1991。

谭景春 1998 名形词类转变的语义基础及相关问题,《中国语文》第5期。

谭景春 2010 关于由名词转变成的形容词的释义问题,《辞书研究》第1期。

陶红印 1999 试论语体分类的语法学意义,《当代语言学》第3期。

陶红印　2000　从"吃"看动词题元结构的动态特征,《语言研究》第3期。

陶红印　2002　汉语口语叙事体关系从句结构的语义和篇章属性,《现代中国语研究》(Contemporary Research on Modern Chinese)第4期。

陶红印　2003　从语音、语法和话语特征看"知道"格式在谈话中的演化,《中国语文》第4期。

陶红印　2004　口语研究的若干理论与实践问题,《语言科学》第1期。

陶红印　2007　操作语体中动词论元结构的实现及语用原则,《中国语文》第1期。

陶红印　2010　从语体差异到语法差异,《当代修辞学》第1期。

陶　炼　1998　"是不是"问句说略,《中国语文》第2期。

汪维辉　2003　汉语"说"类词的历时演变与共时分布,《中国语文》第4期。

王冬梅　2002　"N 的 V"结构中 V 的性质,《语言教学与研究》第4期。

王冬梅　2003a　动词的控制度和谓宾的名物化之间的共变关系,《中国语文》第4期。

王冬梅　2003b　动名互转的不对称及成因,《语法研究和探索》(十二),商务印书馆。

王福堂　2002　北京话儿化韵的产生过程,《语言学论丛》第26辑,商务印书馆。

王洪君　1987　汉语自指的名词化标记"之"的消失,《语言学论丛》第14辑,商务印书馆。

王洪君　李　榕　乐　耀　2009　"了$_2$"与话主显身的主观近距交互式语体,《语言学论丛》第40辑,商务印书馆。

王健慈　王健昆　2000　主语前后的副词位移,《面临新世纪挑战的现代汉语语法研究—98现代汉语语法学国际会议论文集》,山东教育出版社。

王理嘉　1995　儿化韵语素音位的讨论,《中国语言学报》第5期。

王　力　1980　《汉语史稿》(中册),中华书局。

王　力(主编)　1982　《古代汉语》,商务印书馆。

王　力　1984　"之""其"构成的名词性词组,《语言研究》第2期。

王　力　1989　《汉语语法学史》,商务印书馆。

王维贤　1994　《现代汉语复句新解》,华东师范大学出版社。

王　伟　2000　情态动词"能"在交际过程中的义项呈现,《中国语文》第3期。

王云路　1998　说"儿",《杭州大学学报》第3期。

魏志成　2007　论"定语＋人称代词"结构的来源,《中国语文》第5期。

吴春仙　2001　"一V"构成的不完全句,《世界汉语教学》第3期。

吴福祥　1995　敦煌变文的疑问代词"那"("那个"、"那里"),《古汉语研究》第2期。

吴福祥　2005　语法化研究的当前课题,《语言科学》第2期。

吴　平　2001　汉语会话中的反馈信号,《当代语言学》第2期。

吴锡根　1999　动宾式类推及其规范,《语言文字应用》第2期。

吴为章　1981　与非名词性宾语有关的几个问题,《中国语文》第1期。

肖治野　沈家煊　2009　"了$_2$"的行、知、言三域,《中国语文》第6期。

邢福义　1991　汉语复句格式对复句语义关系的反制约,《中国语文》第1期。

邢福义　2001　《汉语复句研究》,商务印书馆。

谢心阳　方　梅　2016　汉语自然口语中弱化连词的韵律表现,方梅主编《互动语言学与汉语研究》第1辑,世界图书出版公司北京公司。

徐　丹　1988　浅谈这/那的不对称,《中国语文》第2期。

徐　丹　1992　汉语里的"在"与"着",《中国语文》第6期。

徐　丹　1994　关于汉语里"动词＋X＋地点词"的句型,《中国语文》第3期。

徐　丹　1995　从北京话"V着"与西北方言"V着"的平行现象看"的"的来源,《方言》第4期。

徐晶凝　2005　《现代汉语话语情态表达研究》,北京大学博士论文。

徐晶凝　2009　时体研究的语篇、情态整合视角,《语言学论丛》第40辑,商务印书馆。

徐晶凝　2012　过去已然事件句对"了$_1$""了$_2$"的选择,《语言学论丛》第45辑,商务印书馆。

徐赳赳　2005　现代汉语联想回指分析,《中国语文》第3期。

徐赳赳　2010　《现代汉语篇章语言学》,商务印书馆。

徐烈炯　1999　从句中的空位主语,徐烈炯主编《共性与个性——汉语语言学中的争议》,北京语言文化大学出版社。

徐正考　1996　清代汉语选择疑问句系统,《吉林大学社会科学学报》第5期。

杨成凯　1987　小句作宾语的划界问题,中国社会科学院语言研究所现代汉语研究室编《句型和动词》,语文出版社。

杨成凯　1992　广义小句宾语的类型研究,《中国语文》第1期。

杨玉玲　2006　单个"这"和"那"篇章不对称研究,《世界汉语教学》第4期。

叶国泉　唐志东　1982　信宜方言的变音,《方言》第1期。

易洪川　1997　汉语口语里的一种施事宾语句,《语言教学与研究》第4期。

尹世超 2000 报道性标题中罕用"了",《语法研究与探索》(九),商务印书馆。

尹世超 2001 《标题语法》,商务印书馆。

于 康 1996 命题内成分与命题外成分——以汉语助动词为例,《世界汉语教学》第1期。

于根元 1983 关于动词后附"着"的使用,《语法研究和探索》(一),北京大学出版社。

俞 敏 1989 北京口语里有"动名词",《语言教学与研究》第1期。

俞 敏 1999 语音变化能不能用质变量变规律说明？——论北京话语音里儿化的影响,《俞敏语言学论文集》,商务印书馆。

袁 晖 李熙宗 2005 《汉语语体概论》,商务印书馆。

袁毓林 1992 祈使句"V+着!"分析,《世界汉语教学》第4期。

袁毓林 1995 "的"字的句法语义功能,《中国语文》第4期。

袁毓林 2002 多项副词共现的语序原则及其认知解释,《语言学论丛》第26辑,商务印书馆。

袁毓林 2003 无指代词"他"的句法语义功能,《语法研究和探索》(十二),商务印书馆。

翟 燕 2011 近代汉语后期语气词"啊"与"呀"、"哇"、"哪"的关系——以《聊斋俚曲》为例,《山东师范大学学报(人文社会科学版)》第5期。

詹卫东 1998 "NP+的+VP"偏正结构在组句谋篇中的特点,《语文研究》第1期。

张爱玲 2006 "人称代词+专有名词"及其表达效果,《长春师范学院学报(哲学社会科学版)》第2期。

张伯江 1993 "N 的 V"结构的构成,《中国语文》第4期。

张伯江 1989 施事宾语句的主要类型,《汉语学习》第1期。

张伯江　1997a　汉语名词怎样表现无指成分,《庆祝中国社会科学院语言研究所建所45周年学术论文集》,商务印书馆。

张伯江　1997b　认知观的语法表现,《国外语言学》第2期。

张伯江　1997c　疑问句功能琐议,《中国文》第2期。

张伯江　1999　现代汉语的双及物结构式,《中国语文》第3期。

张伯江　2000　论把字句的句式语义,《语言研究》第1期。

张伯江　2001　"怀疑"句式的语法化——语用动因和结构、语义变化,首届汉语语法化问题国际学术讨论会。

张伯江　2002　施事角色的语用属性,《中国语文》第6期。

张伯江　2007　语体差异和语法规律,《修辞学习》第2期。

张伯江　方　梅　1996/2014　《汉语功能语法研究》,江西教育出版社;商务印书馆,2014。

张凤琴　冯　鸣　2004　关于"定语+人称代词",《修辞学习》第6期。

张美兰　2006　清末民初北京口语中的话题标记——以100多年前几部域外汉语教材为例,《世界汉语教学》第2期。

张　敏　2003　从类型学看上古汉语定语标记"之"语法化的来源,吴福祥、洪波主编《语法化与语法研究》(一),商务印书馆。

张双庆　1999　香港粤语的代词,李如龙、张双庆主编《中国东南部方言比较研究丛书(第4辑)·代词》,暨南大学出版社。

张　雁　2001　从吕氏春秋看上古汉语的"主之谓"结构,《语言学论丛》第23辑,商务印书馆。

张谊生　1996　副词的连用类别和共现顺序,《烟台大学学报(哲学社会科学版)》第2期。

张谊生　1997　名词的语义基础及功能转化与副词修饰名词(续),《语言教学与研究》第1期。

张谊生　2000　《现代汉语副词研究》,学林出版社。

张谊生　2004　《现代汉语副词探索》,学林出版社。

章　也　任晓彤　2004　试论汉语中的"N＋的＋V"结构和"N＋之＋V"结构,《内蒙古师范大学学报(哲学社会科学版)》第1期。

赵日新　1999　徽语的小称音变和儿化音变,《方言》第2期。

郑庆君　2003　《骆驼祥子》话语结构的中英文比较,《中南大学学报》第6期。

中国教育部语言文字信息管理司编　2006　《中国语言生活状况报告(2005)》,商务印书馆。

中国社会科学院语言研究词典编辑室　2005　《现代汉语词典》(第5版),商务印书馆。

钟兆华　1997　语气助词"呀"的形成及其历史渊源,《中国语文》第5期。

周定一　1984　红楼梦里的词尾"儿"和"子",《中国语言学报》第2期。

朱德熙　1982　《语法讲义》,商务印书馆。

朱德熙　1983　自指和转指——汉语名词化标记"的、者、所、之"的语法功能和语义功能,《方言》第1期。

朱庆祥　2012　《现代汉语小句的依存性与关联性——基于分语体语料库的研究》,中国社会科学院研究生院博士论文。

朱晓农　2004　亲密与高调:对小称调、女国音、美眉等语言现象的生物学解释,《当代语言学》第3期。

邹韶华　王玉华　2002　《红楼梦》"里"、"外"方位用法研究,《语法研究和探索》(十一),商务印书馆。

左　岩　1996　英语会话中沉默的研究,《国外语言学》,第2期。

Aijmer, Karin　1997　*I think*-an English model particle. In Recensie van T. Swan and Olaf Jansen Westvik (eds.), *Modality in Germanic Language: Historical and Comparative Perspectives*. 1-

47. Berlin and New York: Mouton de Gruyter.

Andersen, Gisle and Thorstein Fretheim (eds.) 2000 *Pragmatic Markers and Prepositional Attitude*. Amsterdam: John Benjiamins.

Ariel, Mira 1988 Referring and accessibility. *Journal of Linguistics* 24:65-87.

Ariel, Mira 1990 *Accessing Noun-phrase Antecedents*. London and New York: Routledge.

Ariel, Mira 1991 The function of accessibility in a theory of grammar. *Journal of Pragmatics* 16: 443-463.

Ariel, Mira 1994 Interpreting anaphoric expressions: A cognitive versus a pragmatic approach. *Journal of Linguistics* 30:3-42.

Austin, John L. 1962 *How to Do Things with Words*. Oxford: Clarendon Press.

Berg, Marinus van den and Guo Wu 2006 *The Chinese Particle Le : Discourse Construction and Pragmatic Marking in Chinese*. London/New York: Routledge.

Bernardo, Robert 1979 The function and content of relative clauses in spontaneous narratives. *Proceedings of 5th Annual Meeting of the Berkeley Linguistics Society*. 539-551.

Biber, Douglas, Stig Johansson, Geoffrey Leech, Susan Conrad, and Edward Finegan 1999 *Longman Grammar of Spoken and Written English*. Longman: Pearson Education Limited.

Biq, Yung-O 1988 From objectivity to subjectivity: The text-building function of *you* in Chinese. *Studies in Language*. 12-1.

Biq, Yung-O 1990 The Chinese third-person pronoun in spoken

discourse. *Proceedings of the 26th Annual Meeting of the Chicago Linguistic Society.*

Biq, Yung-O 1991 The multiple uses of the second person singular pronoun in conversational Mandarin. *Journal of Pragmatics* 16: 307-321.

Biq, Yung-O 1995 Chinese causal sequencing and *yinwei* in conversation and press reportage. *Berkeley Linguistics Society* 21: 47-60.

Biq,Yung-O, James H-Y. Tai, and Sandra A. Thompson 1996 Recent Development in Functional Approaches to Chinese. In James Huang and Audrey Li (eds.), *New Horizons in Chinese Linguistics* 97-140. Dordrecht: Kluwer.

Biq, Yung-O 2000 Recent developments in discourse-and-grammar. 漢學研究 [*Chinese Studies*] 18: 357-394.

Bolinger, Dwight 1952 Liner modification. *Publications of the Modern Language Association of America* 67.

Brazil, David 1995 *A Grammar of Speech.* Oxford: Oxford University Press.

Brinton, Laurel J. 1996 *Pragmatic Markers in English: Grammaticalization and Discourse Functions.* Berlin: Mouton de Gruyter.

Brinton, Laurel J. 2008 *The Comment Clause in English: Syntactic Origins and Pragmatic Development.* Cambridge: Cambridge University Press.

Brinton, Laurel J. and Elizabeth C. Traugott 2005 *Lexicalization and Language Changes.* Cambridge: Cambridge University

Press.

Bussmann, Hadumod 1996 *Routledge Dictionary of Language and Linguistics*, translated and edited by Gregory Trauth and Kerstin Kazzazi. Routledge.

Bybee, Joan L. 2001 Main clauses are innovative, subordinate clauses are conservative: consequences for the nature of constructions. In Joan L. Bybee and Michael Noonan (eds.), *Complex Sentences in Grammar and Discourse: Essays in Honor of Sandra A. Thompson*. Amsterdam: John Benjamins.

Bybee, Joan L. 2006 From usage to grammar: the mind's response to repetition. *Language* 82:711-733.

Bybee, Joan L. and Hopper Paul (eds.) 2001 Introduction to frequency and the emergence of linguistic structure. *Frequency and the Emergence of Linguistic Structure*. Amsterdam: John Benjamins.

Bybee, Joan L., Revere Perkins, and William Pagliuca 1994 *The Evolution of Grammar: Tense, Aspect and Modality in the Languages of the World*. Chicago: University of Chicago Press.

Bybee, Joan L. and Paul Hopper 2001 *Frequency and Emergence in Linguistic Structure*. Amsterdam: John Benjamins.

Chafe, Wallace 1979 The flow of thought and the flow of language. In Talmy Givón (ed.), *Discourse and Syntax*. New York: Academic Press.

Chafe, Wallace 1984 How people use adverbial clause. *Berkeley Linguistics Society* 10:437-449.

Chafe, Wallace 1987 Cognitive constraints on information flow. In

Russell Tomlin (ed.), *Coherence and Grounding in Discourse*. Amsterdam and Philadelphia: John Benjamins.

Chafe, Wallace 1994 *Discourse, Consciousness, and Time: The Flow and Displacement of Conscious Experience in Speaking and Writing*. Chicago: University of Chicago Press.

Chafe, Wallace and Johanna Nicholos (eds.) 1986 *Evidentiality: The Linguistic Coding of Episremology*. Norwood, NJ: Ablex.

Chao, Yuen Ren(赵元任) 1968/1979 *A Grammar of Spoken Chinese*. Berkeley: University of California. 吕叔湘译《汉语口语语法》,商务印书馆,1979。

Chen, Ping 1986 *Referent Introducing and Tracking in Chinese Narratives*. Los Angeles: UCLA Ph. D. dissertation.

Chen, Ping 1996 Pragmatic interpretations of structural topics and relativization in Chinese. *Journal of Pragmatics* 26: 389-406.

Chen, Chung-yu 1986 Constraints on the V_1-*zhe*-V_2 structures. *Journal of Chinese Language Teachers Association*: 21(1): 1-20.

Chen, Chung-yu 1986 Stemming from the verbal suffix-*zhe*. *Journal of Chinese Language Teachers Association* 22(1): 43-64.

Chu, Chauncey C. 1978 Structure and pedagogy – A case study of the particles *Zhe* and *Ne*. *Journal of Chinese Language Teachers Association* 13(2):158-166.

Chu, Chauncey C. 1987 The semantics, syntax, and pragmatics of the verbal suffix-*zhe*. *Journal of Chinese Language Teachers Association* 22(1):1-41.

Chu, Chauncey C. 1998 *A Discourse Grammar of Mandarin Chinese*. New York: Peter Lang Publishing.

Comrie, Bernard 1976 *Aspect*. Cambridge: University Press.

Comrie, Bernard 1981 *Language Universals and Linguistic Typology*, 沈家煊译《语言共性和语言类型》, 华夏出版社, 1987。

Couper-Kuhlen, Elizabeth 1996 Intonation and clause combining in discourse: the case of *because*. *Pragmatics* 6(3):389-426.

Crystal, David 2000 *A Dictionary of Lingnistics and Ponetics*. 沈家煊译《现代语言学辞典》, 商务印书馆。

Dehé, Nicole and Michael Tomasello 2007 Parentheticals: An introduction. In Nicole Dehé and Yordanka Kavalova (eds.), *Parentheticals*. Amsterdam: John Benijamins.

Dendale, Patrick and Liliane Tasmowski 2001 Introduction: Evidentiality and related notions. *Journal of Pragmatics* 33(3):339-348.

Diessel, Holger 1999 *Demonstratives: Form, Function, and Grammaticalization*. Amsterdam: John Benjamins.

Diewald, Gabriele 2011 Pragmaticalization (defined) as grammaticalization of discourse functions. *Linguistics* 49(2):365-390.

Dixon, R. M. W. 2003 Demonstratives: A cross-linguistic typology. *Studies in Language* 27(1):2-112.

Dryer, Matthew S. 1991 SVO language and the OV/VO typology. *Journal of Linguistics* 27(2):443-482.

Dryer, Matthew S. 1992a Adverbial subordinators and word order asmmetries. In John A. Hawkins and Anna Siewierska (eds.), *Performance Principles of Word Order*, EUROTYP Working

Papers. European Science Foundation.

Dryer, Matthew S. 1992b The Greenbergian word order correlations. *Language* 68(1):43-80.

Du Bois, John W. 1980 Beyond definiteness: The trace of identity in discourse. In Wallace L. Chafe (ed.), *The Pear Stories: Cognitive, Cultural, and Linguistic Aspects of Narrative Production*. Norwood: Ablex Publishing Corporation.

Du Bois, John W. 1985 Competing motivations. In John Haiman (ed.), *Iconicity in Syntax*. Amsterdan: John Benjamins.

Du Bois, John W. 1987 The discourse basis of ergativity. *Language* 63(4):805-855.

Du Bois, John W. and Sandra A. Thompson 1991 *Dimensions of a Theory of Information Flow*. MS, UC Santa Barbara.

Du Bois, John W., Stephan Schuetze-Coburn, Susanna Cumming, and Danae Paolino 1993 Outline of discourse transcription. In Jane A. Edwards and Martin D. Lampert (eds.), *Talking Data: Transcription and Coding in Discourse Research*. 45-90. Hillsdale, NJ: Lawrence Erlbaum.

Eifring, Halovor 1993 *Clause Combinations in Chinese*. Department of East European and Oriental Studies, University of Oslo.

Erman, Britt 2001 Pragmatic markers revisited with a focus on *you know* in adult and adolescent talk. *Journal of Pragmatics* 33(9):1337-1359.

Finegan, Edward 1995 Subjectivity and subjectivisation: An introduction. In Dieter Stein and Susan Wright (eds.), *Subjectivity* and Subjectivisation: Linguistic Perspectives. Cambridge: Cambridge University Press.

Foley, William A. and Robert D. Van Valin 1984 Functional Syntax and Universal Grammar. *Cambridge Studies in Linguistics* 38. Cambridge: Cambridge University Press.

Foley, William A. and Robert D. Van Valin, Jr. 1985 Information packaging in the clause. In Timothy Shopen (ed.), *Language Typology and Syntactic Description* Vol. I. *Clause Structure*. Cambridge: Cambridge University Press.

Ford, Cecilia E. 1993 *Grammar in Interaction: Adverbial Clause in American English Conversation*. Cambridge: Cambridge University Press.

Fox, Barbara A. and Sandra A. Thompson 1990a A discourse explanation of the grammar of relative clauses in English conversation. *Language* 66(2):297-316.

Fox, Barbara A. and Sandra A. Thompson 1990b On formulating reference: An interactional approach to relative clauses in English conversation. *Pragmatics* 4:183-195.

Ford, Cecilia E., Barbara A. Fox, and Sandra A. Thompson 2002 Constituency and the grammar of turn increments. In Cecilia E. Ford, Barbara A. Fox, and Sandra A. Thompson (eds.), *The Language of Turn and Sequence*. New York: Oxford University Press.

Frajzyngier, Zygmunt 1995 A functional theory of complementizers, In Joan L. Bybee and Suzanne Fleixchman (eds.), *Modality in Grammar and Discourse*. Amsterdam: John Benjiamins.

Fraser, Bruce 1996 Pragmatic markers. *Pragmatics* 6(2): 167-190.

Fraser, Bruce 1999 What are discourse markers? *Journal of Pragmatics* 31(7):931-952.

Givón, Talmy 1979 *On Understanding Grammar*. New York: Academic Press.

Givón, Talmy 1980 The binding hierarchy and the typology of complements. *Studies in Language* 4:333-377.

Givón, Talmy 1982 Evidentiality and epistemic space. *Studies in Language* 6:23-49.

Givón, Talmy 1984/1990 *Syntax: A Functional-Typological Introduction*, Vol.II. Amsterdam: John Benjamins.

Givón, Talmy 1987 Beyond foreground and background. In Russell S. Tomlin (ed.), *Coherence and Grounding in Discourse*. Amsterdam: John Benjamins.

Givón, Talmy 1995 *Functionalism and Grammar*. Amsterdam: John Benjamins.

Goldberg, Adele E. 1995 *Construction: A Construction Grammar Approach to Argument Structure*. Chicago: University of Chicago Press.

Haboud, Marleen 1997 Grammaticalization, clause union and grammatical relations in Ecuadorian Highland Spainish. In Talmy Givón (ed.), *Grammatical Relations: A Functionalist Perspective (Typological Studies in Language)*, 199-127. Amsterdam: John Benjamins.

Haiman, John 1978 Conditionals are topics. *Languages* 54(3):564-589.

Haiman, John 1980 The Iconicity of grammar: Isomorphism and motivation. *Language* 56 (3):515-540.

Haiman, John 1985 *Natural Syntax: Iconicity and Erosion*. Cambridge: Cambridge University Press.

Haspelmath, Martin 1995 The converbs as a cross-linguistically valid category. In Martin Haspelmath and Ekkehard König (eds.), *Converbs in Cross-Linguistic Perspective*. Berlin: Mouton de Gruyter.

Hawkins, John A. 1990 A parsing theory of word order universals. *Linguistic Inquiry* 21(2):223-261.

Hawkins, John A. 1995 *A Performance Theory of Order and Constituency*. Cambridge: Cambridge University Press.

Heine, Bernd, Ulrike Claudi and Friederike Hunnemeyer 1991 *Grammaticalization: A Conceptual Framework*. Chicago: University of Chicago Press.

Heine, Bernd and Tania Kuteva 2002 *World Lexicon of Grammaticalization*. Cambridge: Cambridge University Press.

Heine, Bernd 2013 On the discourse markers: grammaticalization, pragmaticalization, or something else? *Linguistics* 51(6):1205-1247.

Himmelmann, Nikolaus P. 1996 Demonstratives in narrative discourse: A taxonomy of universal uses. In Barbara A. Fox (ed.), *Study in Anaphora*. Amsterdam: John Benjamins.

Hopper, Paul J. 1979 Aspect and foregrounding in discourse. In

Talmy Givón (ed.), *Syntax and Semantics*, Vol. 12:*Discourse and Syntax*. New York: Academic Press.

Hopper, Paul J. 1987 Emergent grammar. *Berkeley Linguistic Society* 13:139-157.

Hopper, Paul J. and Sandra A. Thompson 1980 Transitivity in grammar and discourse. *Language* 56(2):251-299.

Hopper, Paul J. and Sandra A. Thompson 1984 The discourse basis for lexical categories in universal grammar. *Language* 60 (4):703-752.

Hopper, Paul J. and Elizabeth C. Traugott 1993/2003 *Grammaticalization*. Cambridge: Cambridge University Press.

Hu, Jianhu, Haihua Pan, and Liejiong Xu 2001 Is there a finite vs. nonfinite distinction in Chinese? *Linguistics* 39 (6): 1117-1148.

Huang, Shuanfan 1999 The emergence of a grammatical category definite article in spoken Chinese. *Journal of Pragmatics* 31 (31):77-94.

Huang, Shuanfan 2003 Doubts about complementation: A functionalist analysis. *Language and Linguistics* 4(2): 429-455.

Jespersen, Otto 1933 *Essentials of English Grammar*,世界图书出版公司,2017.

Kaltenböck, Gunther 2007 Spoken parenthetical clause in English: A taxonomy. In Nicole Dehé and Yordanka Kavalova (eds.), *Parentheticals*. Amsterdam: John Benjamins.

Keenan, Edward L. 1985 Relative clause. In Timothy Shopen (ed.), *Typology and Syntactic Description* Vol. II: *Complex*

Constructions. Cambridge: Cambridge University Press.

Labov, William and David Fanshel 1977 *Therapeutic Discourse: Psychotherapy as Conversation*. New York: Academic Press.

Lambrecht, Knud 1994 *Information Structure and Sentence Form*. Cambridge: Cambridge University Press.

Lehmann, Christian 1989 Towards a typology of clause linkage. In John Haiman and Sandra A. Thompson (eds.), *Clause Combining in Grammar and Discourse*. Amsterdam: John Benjamins.

Lerner, Gene H. 1991 On the syntax of sentences-in-progress. *Language in Society* 20:441-458.

Levinson, Stephen C. 1983 *Pragmatics*. Cambridge: Cambridge University Press.

Li, Charles N. and Sandra A. Thompson 1974 Co-verbs in Mandarin Chinese: Verbs or propositions? *Journal of Chinese Linguistics* 2(3):257-278.

Li, Charles and Sandra A. Thompson 1981 *Mandarin Chinese: A Functional Reference Grammar*. Berkeley: University of California Press.

Li, Charles, Sandra A. Thompson, and R. McMillan Thompson 1982 The discourse motivation for the perfective aspect: the Mandarin partile *le*. In Paul J. Hopper(ed.), *Tense-Aspect: Between Semantics and Pragmatics*. Amsterdam: John Benjamins. (又见《已然体的话语理据:汉语助词"了"》,《功能主义与汉语语法》(戴浩一、薛凤生主编),北京语言学院出版社,1994。)

Longacre, Robert E. 1983 *The Grammar of Discourse*. New York: Plenum Press.

Longacre, Robert E. 1985 Sentences as combinations of clauses. In Timothy Shopen (ed.), *Language Typology and Syntactic Description Vol. II*, *Complex Constructions*, 235-286. Cambridge: Cambridge University Press.

Lord, Carol 1976 Evidence for syntactic reanalysis: from verb to complementizer in Kwa. In Sanford B. Steever et al (eds.), *Papers from the Parasession on Diachronic Syntax*. Chicago: Chicago Linguistic Society.

Lord, Carol 1982 The development of object markers in serial verb languages. In Paul J. Hopper and Sandra A. Thompson (eds.), *Syntax and Semantics Vol. 15*: *Studies in Transitivity* New York: Academic Press.

Lyons, John 1977 *Semantics*. Cambridge: Cambridge University Press.

Lyons, John 1982 Deixis and subjectivity: Loquor, ergo sum? In Robert J. Jarvella and Wolfgang Klein (eds.), *Speech*, *Place*, *and Action*: *Studies in Deixis and Related Topics*. Chichester and New York: John Wiley.

Lyons, John 1999 *Definiteness*. Cambridge: Cambridge University Press.

Ma, Jing-heng 1985 A study of the Manderrin suffix—*zhe*. *Journal of Chinese Language Teachers Association*: 20(3): 23-50.

Matsumoto, Yo 1988 Bound grammatical makers to free discourse markers: History of some Japanese conversations. *Berkeley Linguistics Society* 14: 340-351.

McCawley, James D. 1992 Justifying parts-of-speech assignments in Mandarin Chinese. *Journal of Chinese Linguistics* 20(2): 213-245.

Miller, Jim and Regina Weinert 1998 *Spontaneous Spoken Language: Syntax and Discourse*. Clarendon Press, Oxford.

Mourelatos, Alexander P. D. 1981 Events, processes, and states. In Phillip Tedesch and Annie Zaenen (eds.), *Syntax and Semantics* Vol. 14, *Tense and Aspect*. New York: Acdemic Press.

Meyer, Charles F. and Hongyin Tao 2005 Response to Newmeyer's 'Grammar is grammar and usage is usage'. *Language* 81(1):226-228.

Newmeyer, Frederick 2003 Grammar is grammar and usage is usage. *Language* 79:682-707.

Noonan, Micheal 1985 Complemantation. In Timothy Shopen (ed.), *Language Typology and Syntactic Description*, Vol.II. Cambridge: Cambridge University Press.

Norde, Muriel 2009 *Degrammaticalization*. Oxford: Oxford University Press.

Nuyts, Jan 2001 Subjectivity as an evidential dimension in epistemic modal expressions. *Journal of Pragmatics*, 33(3): 383-400.

Ochs, Elinor, Emanuel A. Schegloff, and Sandra A. Thompson (eds.) 1996 *Interaction and Grammar*. Cambridge: Cambridge University Press.

Palmer, Frank R. 1986 *Mood and Modality*. Cambridge: Cambridge University Press.

Payne, Thomas E. 1991 Medial clause and interpropositional relations in Panare. *Cognitive Linguistics* 2(3):247-281.

Payne, Thomas E. 1997 *Describing Morphosyntax: A Guide for Field Linguistics*. Cambridge: Cambridge University Press.

Peyraube, Alain 2000 Westernazation of Chinese grammar in the 20th Century: Myth or reality? *Journal of Chinese Linguistics* 28(1):1-25.

Psathas, George 1995 *Conversation Analysis: The Study of Talk-in-Interaction*. SAGE Publications.

Pu, Ming-Ming 2006 Spoken and written narratives: A comparative study. *Journal of Chinese Language and Computing* 16(1):37-61.

Quirk, Randolph, Sidney Greenbaum, Geoffrey Leech, and Jan Svartvik 1985 *A Comprehensive Grammar of the English Language*. London: Longman.

Reinhart, Tanya 1984 Principles of gestalt perception in the temporal organization of narrative texts. *Linguistics* 22:779-809.

Ransom, Evelyn N. 1988 The grammaticaliztion of complementizers. *Berkeley Linguistic Society*, Proceedings of the 14th Annual Meeting, Feb.13-15.

Ross, Claudia 1991 Coverbs and category disticntions in Mandarin Chinese. *Journal of Chinese Linguistics* 19(1):79-115.

Sacks, Harvey, Emanuel A. Schegloff and Gail Jefferson 1974 A simplest systematics for the organization of turn-taking for conversation. *Language* 50:696-743.

Saxena, Anju 1988 On syntactic convergence: the case of the verb 'say' in Tibeto-Burman. *Berkeley Linguistic Society*, Proceedings of the 14th Annual Meeting, Feb.13-15.

Schiffrin, Deborah 1987 *Discourse Markers*. Cambridge: Cambridge University Press.

Searle, John R. 1969 *Speech Acts: An Essay in the Philosophy of Language*. Cambridge: Cambridge University Press.

Shi, Xiaojing 2001 *Camal Xiangzi*. Beijing: Foreign Language Press. (原著:老舍《骆驼祥子》)

Shopen, Timothy 1985 *Language Typology and Syntactic Description*. Cambridge: Cambridge University Press.

Siewierska, Anna 2004 *Person*. Cambridge: Cambridge University Press

Smith, Carlota S. 1991 *The Parameter of Aspect*. Kluwei Academic Publishers.

Stein, Dieter and Susan Wright 1995 *Subjectivity and Subjectivisation*. Cambridge: Cambridge University Press.

Sweetser, Eve E. 1988 Grammaticalization and semantic bleaching. *Berkeley Linguistics Society* 14:389-405.

Sweetser, Eve E. 1990 *From Etymology to Pragmatics: Metaphorical and Cultural Aspects of Semantic Structure*. Cambridge: Cambridge University Press.

Tai, James H.-Y. 1985 Temporal sequence and Chinese word order. In John Haiman (ed.), *Iconicity in Syntax*. Amsterdam: John Benjamins.

Tai, James 1984 Verbs and times in Chinese: Vendler's four categories. *Lexical Semantics* 92(5):75-78.

Tan, Pack-Lin and Hongyin Tao 1999 Coordination construction in Mandarin conversation: Evidence for syntax-for-interaction. In Chaofen Sun (ed.), *Proceedings of Joint Meeting of International Association for Chinese Linguistics and 10th North American Conference on Chinese Linguistics*, 449-466. Graduate Students in Linguistics Publishing. L.A. University of Southern California.

Tao, Hongyin and Sandra A. Thompson 1994 The discourse and grammar interface: preferred clause structure in Mandarin conversation. *Journal of the Chinese Language Teachers Association* 29.3:1-34. (语法和话语的关联:汉语会话中常用的小句结构,《国外语言学》第 4 期。)

Tao, Hongyin 1996 *Unites in Mandarin Chinese Conversation: Prosody, Discourse and Grammar*. Amsterdam and Philadephia: John Benjamins.

Tao, Hongyin 1999a The grammar of demonstratives in Mandarin conversational discourse: A case study. *Journal of Chinese Linguistics*, 27(1):69-103.

Tao, Hongyin 1999b Adverbs of absolute time and assertiveness in vernacular Chinese: A corpus-based study. Paper presented at the 11th North American Conference on Chinese Linguistics.

Tao, Hongyin and Michael J. McCarthy 2001 Understanding non-restrictive which-clause in spoken English, which is not an easy thing. *Language Sciences* 23:651-677.

Teng, Shou-hsin 1981 Deixis, anaphora, and demonstratives in Chinese. *Cahiers de Linguistique-Asie Oriental*, No. 10.

Thompson, Sandra A. 1987 Subordination and narrative event structure. In Russell S. Tomlin (ed.), *Coherence and Grounding in Discourse*, 435-454. Amsterdam and Philadelphia: John Benjamins.

Thompson, Sandra A. 1997 Discourse motivations for the core-oblique distinction as a language universal. In Akio Kamio (ed.), *Directions in Functionalism in Linguistics*. Berlin: Mouton de Gruyter.

Thompson, Sandra A. 2002 'Object complements' and conversation: Towards a realistic account. *Studies in Language*. 26(1): 125-163.

Thompson, Sandra A. and Robert E. Longacre 1985 Adverbial clauses. In Timothy Shopen (ed.), *Language Typology and Syntactic Description*, Vol. II, *Complex Construction*. Cambridge: Cambridge University Press.

Thompson, Sandra A. and Anthony Mulac 1991 A quantitative perspective on the grammaticalization of epistemic parentheticals in English. In Bernd Heine and Elizabeth Traugott (eds.), *Approaches to Grammaticalization*, Vol. 2. Amsterdam: John Benjamins.

Thompson, Sandra A., Robert E. Longacre, and Shin Ja J. Hwang 2007 Adverbial clauses. In Timothy Shopen (ed.), *Language Typology and Syntactic Description*, Vol. II Complex Construction., 237-300. Cambridge: Cambridge University Press.

Tomlin, Russells 1985 Foregroud-backgroud information and the syntax of subordination. *Text* 5(1-2):85-122.

Tsao, Feng-fu 1979 *A Functional Study of Topic in Chinese: The First Step Toward Discourse Analysis.* Taipei: Student Book Company.

Tsao, Feng-Fu 1988 Topics and clause connectives in Chinese. *Bulletin of the Institute of History and Philology*, Academia Sinica 59: 695-737.

Tsao, Feng-fu 1990 *Sentence and Clause Structure in Chinese: A Functional Perspective.* Taipei: Student Book Company.

Traugott, Elizabeth C. 1985 On regularity in semantic change. *Journal of Literary Semantics* 14(3):155-173.

Traugott, Elizabeth C. 1988 Pragmatic strengthening and grammaticalization. *Proceedings of the Fourteenth Annual Meeting of the Berkeley Linguistics Society*, 406-416.

Traugott, Elizabeth C. 1991 English speech act verbs: a historical perspective. In Linda R. Waugh and Stephen Rudy (eds.), *New Vistas in Grammar: Invariance and Variation.* Amsterdam: John Benjamins.

Traugott, Elizabeth C. 1995 Subjectification in grammar. In Dieter Stein and Susan Wright 1995 (eds.), *Subjectivity and Subjectivisation*, 31-54. Cambridge: Cambridge University Press.

Traugott, Elizabeth C. 1999 From subjectification to intersubjectification. Paper presented at the Workshop on Historical pragmatics, 14th International Conference on Historical Linguistics, Vancouver, Canada, July 1999.

Traugott , Elizabeth C. 2000 From etymology to historical pragmatics. Paper presented at the Conference on Studies in English Historical Linguistics, UCLA, May 27th 2000.

Traugott, Elizabeth C. and Richard B. Dasher 2002 *Regularity in Semantic Change*. Cambridge: Cambridge University Press.

Wang, Yu-Fang 1998 How Mandarin Chinese use causal conjunctions in conversation. In Xuanfan Huang (ed.), *Selected Papers from the Second Conference on Language in Taiwan*. Taipei: Crane Publishing Company.

Wang, Yu-Fang 1999 The information sequence of adverbial clauses in Mandarin Chinese conversation. *Journal of Chinese Linguistics*, 27(2):45-89.

Whaley, Lindsay J. 1997 *Introduction to Typology: The Unity and Diversity of Language*. Thousand Oaks: Sage.

Xu, Yulong 1987 A study of referential function of demonstratives in Chinese discourse. *Journal of Chinese Linguistics* 15(1): 132-151.

Yamashita, J. 1994 An analysis of relative clauses in the Lancaster/IBM spoken English corpus. *English Studies* 75(1): 73-84.

Yue, Anne O. 1998 *Zhi* 之 in Pre-Qin Chinese. *T'oung Pao* 84, 1998(4/5):239-292.

术 语 索 引

（术语后数码为所在章节）

半活动状态　semi-active　14.2.1.1

背景信息　background information　0.2.1，1.0，2.0，2.3.2，14.2.2，19.0，19.1

背景化　backgrounding　1，2.0

变调　tone sandhi　7.4.2，13

变异　variation　20.1

标句词　complementizer　0.2，5.1.1，5.1.4，20.1

表述性言语行为　locutionary act　17.4.2.3，17.5.1

宾语从句标句词　object clause complementizer　5.1.4.1

补足语从句　complemental clause　5.1.1

不定冠词　indefinite article　0.2，7.0，7.4.2

不定指　unidentifiable　7.1.2

不可移动副词　non-movable adverb　6.3

不增加新信息的　non-informative　1.3.2，3.4

操作指南　procedural discourse　18.3

长距离回指　long distance anaphora　3.4，18.3.4

插入语　parenthetical　0.2.2，5，4.4

成事性言语行为　perlocutionary act　17.5.1

重新分析　reanalysis　5.3.2，20.6

传信　evidentiality　4.附注

术语索引　　411

触发语　trigger　8.2.1

处理策略　processing strategy　5.3.1

词汇化　lexicalization　4.4

词义淡化　semantic bleaching　0.2.3，4.3，12.2.3，12.3

次语体　subgenre　0.5

次要介词　secondary adposition　10.4.2

次要语法化　secondary grammaticalization　0.2.4

从属　subordination　1.1

从属标记　subordinator　0.2

从属小句　subordinate clause　0.3，1.1，4.1，4.2

大称　augmentation　13.5

存在句　existential　2，19.3.1

单一新信息限制　one-new-concept constraint　0.2.1，3.2.2.2，10.5.2，18.1

单一词汇题元限制　one-lexical-argument constraint　3.2.2.2

单指　individual　0.2.3，8.0，8.1.2，12.3

并联　parataxis　1.1

等立（等立关系）　coordination　1.1.2，19.0，19.1

等同（句）　equative　19.3.1

定冠词　definite article　0.2，7.0，7.2.3

定指　identifiable　7.1.2，7.附注

反馈信号　back channel　14.附注，16.3.1

反指　cataphora　1.2，19.1

方式直指　manner deixis　0.2.3

非内嵌依附小句　non-embedded dependent clause　1.2.2.1

非人称用法　impersonal use　9.1.1.1

非完整体　imperfective　2.3.1
非限定性小句　non-finite clause　1.2.2.2
非现实　irrealis　5.2.1，19.3
非直指性的　non-deictic　9.1.1.1
非专指　non-specific　3.3.1
非终结性的　atelic　2.1.2
浮现语法　Emergent Grammar　0.1
浮现意义　emergent meaning　11.0
附缀　clitic　0.2.3，10.4.2
附加小句　adjoined clause　5.2.1
附置词　adposition　10.4.2，10.附注
概念关联　frame-based　7.2.3
构词法　word formation　12.1，12.2
构式　construction　10.附注
固化　fossilization　5.3.1，18.4.2
惯用语化　idiomatization　20.4
规约化　conventionalization　0.2.1，0.2.4，3.2.2，5.3.1，11.0，17.9
关系小句　relative clause　0.2，1.3.1，3.0，18.34
关系名词　rational noun　10.4.2
关注动作主体　agent orientation　18.2
会话　conversation　2.2
会话语篇　conversational discourse　0.2.6，18.2，19.2
回指　anaphora　0.2.3，7.1.2，8.1.2，18.1.3
回指性的　anaphoric　7.1.1，8.2.1，8.3.2，18.1.3
后项连词　forward conjunction　14.4，15.1
后置词　postposition　0.2.3，10.附注

术语索引 413

后置关系小句　post-nominal relative clause　3.0
话轮　turn　4.4
话轮末　turn final　4.4
话轮起始　turn initial　15.4
话轮延续　turn holding　14.0，15.附注
话轮转接　turn taking　14.0，14.2，15.附注
话题　topic　6.3，7.2.2
话题标记　topic marker　0.2，7.2.2，8.2.1
话题建立　topic establish　0.2.5.3，7.2.2，7.3.1，8.2，14.2.1
话题链　topic chain　7.3.1，8.2.1，20.1.2
话题性　topicality　0.2.3
话题延续性　topic continuity　0.2.3，7.3.1，8.1，8.2，15.4，18.2，20.1.2
话题转换　topic switch　14，15.附注
话语标记　discourse marker　4.4，4.附注，14.0，14.2，15.3，15.附注
话语模式　discourse mode　7.3
话语情境　discourse situation　9.1
话语组织　discourse organizing　14.0，15.附注
及物性　transitivity　0.2，1.1
基于用法的语法　Usage-Based Grammar　0.1
见证义动词　evidential verb　4.0
降级　downgrad　0.2，1.2
交互主观性　inter-subjectivity　9.0
交互主观化　inter-subjectivition　0.2.3，16.4
交际意图　communicative intention　17.5.1

近指指示词　proximal demonstratives　0.2，7.0，8.0

境迁语　contextual expression　0.2.4，11.4，20.1.1

静态的　static　2.1.1

举动　move　14.附注

均质的　homogeneous　2.1.1

可激活信息　evoked information　1.2，8.2.1，8.3.2

可及性　accessibility　7.2.1，7.附注，10.2.1，10.附注，14.2.1.1，20.7

可移动副词　movable adverb　6.3

空间直指　spatial deictic　0.2.3

控制度　0.2.2，4.2.1

框式介词　circumposition　10.附注

类推　analogy　1.3.3，5.3.2，8.3，10.5.2，12.3，13.2，18.4.2，20.3

类指/通指　generic　0.2.3，3.3.1，7.1.2，8.0，8.1.2，9.1.1.2，12.3

例的频率　token frequency　20.7

连动存现结构　presentative serial verb construction　3.4

联想回指　associative anaphora　8.2.1

零句　18.1.2

零形回指　zero anaphora　1.2，9.1，19.2

零形主语　zero anaphoric subject　1.2

描绘　constructing a picture　3.4

描述的语境　described situation　9.1.1.1

模棱语　hedge　4.4

内嵌　embedded　1.1

内嵌小句　embedded clause　5.2.1

内指（的）　endophora (endophoric)　8.2.1，18.1.3

派生　derivation　12.2.2
派生词缀　derivational affix　12.2.2
毗邻语对　adjacency pair　3.2.2，15.1，16.2.1，18.1.4
频率　frequency　20.7
偏爱的题元结构　preferred argument structure　5.3.1，10.5.2
篇幅减少　weight-reduction　1.附注
前景　foreground　2.3.2，14.2.2.1
前景信息　foreground information　0.2.1，1.1
前景化　fore grounding　14.0，15.附注
前项连词　backward conjunction　14.3.3，15.1
前置词　preposition　10.附注
前置关系小句　pre-nominal relative clause　3.0
情景语境　situational context　0.1
情境用　situational use　7.1.1
情状类型　situation type　2.0
桥接语境/过渡语境　bridging context　0.2.4
屈折　inflection　12.2.2
屈折词缀　inflection affix　0.2.3
去范畴化　de-categorization　0.2，4.1，20
去句化　de-sententialization　1.1
去语义化　desemanticization　0.2.5
人称直指　person deictic　0.2.3
认识义动词　epistemic verb　0.2，4.0
认识[情态]　epistemic　4.附注
认同用　re-cognitional use　7.1.1，9.2.1
社会距离　social distance　7.3

社会语境　sociocultural context　0.1

施为句　performative utterance　0.2.6，2.附注，17.0，17.4.2.1，17.4.2.2，17.5.1，19.3

行事性言语行为　illocutionary act　0.2，17.4.2.3，17.5.1

行事性意义　illocutionary meaning　17.0，17.5.1

实义词汇　content item　0.2.3，10.4.2

时　tense　1.2.2.1，2.0

时间连续性　（temporal succession）　18.2

时间直指　temporal deictic　0.2.3

实义词　content word　5.1.4

示证义动词　evidential verb　4.0

示踪用　tracking use　7.1.1

事件　event　1.2.3，4.2，4.4

事件性　eventuality　1.2.3

饰句副词　sentential adverb (S-adverb)　0.3，6.3，20.3

饰谓副词　VP-adverb　6.3

事件主线　event-line　1，1.附注

释名从句标记　noun phrase complementizer　5.1.4.2

述谓语　predicate　8.0

述谓句　constative utterance　17.0，17.4.2.2，17.5.1，19.3

说明性语篇　expository discourse　18.2

谈话的起点　starting point　10.5.2

特指　specific　8.1.2

体　aspect　2.0，2.3.1

同指　co-referential　3.3.1，7.1，9.1.1.2

推断的理由　reason　15.2

推断性通晓　assumed familiarity　7.3
完整体　perfective　2.3.1
外指（的）　exophora（exophoric）　8.2.1，18.1.3
谓宾动词　complement-taking predicate　0.2.2，4.0
无定　indefinite　3.3.1，19.3.1
无指　non-referential　7.1.2，12.3
先行词　antecedent　8.2.1
衔接　cohesion　14.4，19.0，20.6
现实　realis　5.2.1
象似性　iconicity　10.1.2
销蚀　erosion　0.2.5，10.2.2，15.5，20.4
小称　diminution　13.5
小句　clause　3.2.2
小句复合体　clause combining constructions　1.1.1
小句关联标记　clause linkage marker　5.3.2
小句关联的等级序列　cline of clause combining　1.1.1
新信息　new information　1.3.2
信息流　information flow　18.1.2
信息的确定性　givenness, familiarity　7.附注，10.附注
型的频率　type frequency　20.7
形态句法　morpho-syntax　12.0，12.1
形态音素交替　morphophonemic alternation　17.1.1.1
行为言谈　behavioral discourse　18.2
行域　content　15.2
虚拟角色用法　dramatic use　9.1.1.1，9.2
序列　sequence　14.2.1.1

叙事　narration　2.附注，18.2，19.1

叙事语体　narratives　1.1，2.2，14.2.2.1，19.1

叙事语篇　narrative discourse　0.2.6，1.1，2.0，19.1

言外语境　extra-linguistic context　0.1，7.0，10.1.2，18.1.3

言内语境　linguistic context　0.1，7.0，10.1.2

言语形式的　verbal　14.附注

言语行为　speech act　17.3.2，17.5.1

言语行为功能　speech acting　14.0，15.附注

言语行为理论　Speech Act Theory　17.5.1

言域　speech acts　15.2，19.3

言者取向　speaker-oriented　4.3.2，6.附注，19.3.2

延伸句　extension　3.2.2

一次一个新信息　One New Concept at a Time　3.4

依附性　dependency　1.1.2，2.2.2，5.1.4

依附小句　dependent clause　1.1

已知信息（旧信息）　given information　8.3.2，20.1.2

以言行事　doing things with words　17.4.2.1

异质的　heterogeneous　2.1.1

引语标记　quotative marker　0.2，5.1.2

有指　referential　7.1.2，7.附注

语调单位　intonation unit　3.2.2.2，3.4，4.1.3，4.3.3，16.1.4，16.附注，18.1

语法词　grammatical word　0.2.3，5.1.4，10.4.2

语法化　grammaticalization　0.1，1.1，10.4，15.5，20.2

语法性斜坡　Cline of Grammaticality　0.2.3

语力　illocutionary force　15.2，19.3

语篇类型　discourse type　0.2.6，18.0，18.2

语篇性　textuality　7.3

语篇用　textual use　7.1.1，9.1.2

语气　mood　1.2.2.1

语体　genre　0.2.6，18，19

语序　word order　0.2，3.0

语义弱化　semantic reduction　14.0，14.1

语音销蚀　erosion　0.2.5

语用标记　pragmatic markers　0.2.5，4.附注，15.3，15.附注

语用化　pragmaticalization　0.2.5，2.1，15.5

语用模式　0.2.6，11.0

远指指示词　distal demonstratives　0.2，7.0

韵律　prosodic　4.1.3

真值条件　truth condition　14.0

整合　integration　1.1，19.1

增加信息的　informative　1.3.2，3.4

知域　epistemic modality　15.2

直指（词）　deixis　0.2.3，7.附注

直指性的　deictic　0.2，9.1

指称属性　referential status　0.2，7，8.1.2

指示词　demonstratives　0.2.3，7.0，8.0

指称的现实性属性　hypotheticality of reference　7.3

致因　cause　15.2

中间语态　middle voice　18.3.1

终结性的　telic　2.1.2

重块头　heavy　3.2.2.2

重音　stress　19.3.2
主从　hypotaxis　1.1.1
主次（主次关系）　cosubordination/hypotaxis　1.1.2，19.1
主观性　subjectivity　0.2.3，4.3.2
主句　main clause/matrix clause　0.2.2，1.1.1，4.0，4.2.1，4.3.3
主句谓语　main clause predicate　0.2.2，4.1.1，4.2，6.1.1
主句现象　main clause phenomenon　19.3
主要介词　primary adposition　10.4.2
主要语法化　primary grammaticalization　0.2.4
主语取向　subject-oriented　6.附注
助动词　auxiliary　6.1
状语小句　adverbial clause　0.2，18.4.2
追补　afterthoughts　18.1.2
追踪　tracking　18.3.4
准标句词　semi-complementizer　5.1.3
在线生成　on line processing　18.0
自立小句　independent clause　1.1
自然发生的语言材料　naturally-occurring data　0.1
自由会话　spontaneous conversation　14.0
左向偏置　left dislocation　14.2

后　　记

本书的主要内容来自本人主持的国家社科基金重点课题"汉语动态呈现语法研究"的研究。这个课题于2005年立项,2010年结项。书稿于2013年3月获得商务印书馆语言学出版基金资助项目立项。

对书稿初稿的修改,除了遵照审稿人的意见进行内容上的修改,为使全书更具有整体性,也在初稿的基础上对章节进行了增删和调整。为了体现内容上的内在联系,国家社科基金重点课题立项的前期研究和结项之后的相关研究也放这本书里。书中各章的内容曾经以期刊论文或者论文集论文的形式发表,此次成书在内容上有所增删。

感谢所有曾为本书研究工作提出意见和建议的先生,特别是:毕永峨(Yung-O Biq)、蔡维天(Wei-Tien Dylan Tsai)、曹广顺、Hilary Chappell(曹茜蕾)、陈平、Redouane Djamouri(罗端)、邓思颖(Sze-Wing Tang)、郭锐、Christine Lamarre(柯理思)、Charles N. Li(李讷)、刘丹青、陆俭明、陆镜光(Kang Kwong Luke)、潘海华、Alain Peyraube(贝罗贝)、沈家煊、石定栩、Sandra A. Thompson、陶红印、王洪君、吴福祥、徐丹、乐耀、张伯江。与各位先生的切磋交流使我受益良多。感谢乐耀、王文颖、谢心阳、方迪、关越通读全书。

感谢本书的责任编辑戴文颖对书稿付出的心血。

感谢我的家人,感谢家人的理解、宽容和支持。

专家评审意见[1]

陶红印

在当代功能语言学理论中,由美国语言学家 Paul Hopper 等所倡导的浮现语法(亦称动态变化语法)理论具有深刻的哲学内涵。其基本主张是,语言规则从根本上来说是动态变化的:变化是绝对的,不变是相对的。语言中的规律受制于(也可以说起源于)语言交际的使用。这种主张反映在语言学研究的实践上需要研究者考察真实篇章话语的语料,并借助于交际中的各种因素考察语言规律的来源和变化轨迹,甚至预测今后变化的方向。在国际语言学界,利用动态变化语法理论研究其他语言的著述已经形成相当规模,但是用它来系统研究汉语的著作目前还比较缺乏。《浮现语法——基于汉语口语和书面语的研究》(以下简称《浮现语法》)在这方面做了系统尝试,值得我们重视。

当然,说这部专著值得我们重视,并不只是因为作者选择了一个具有重要影响的语言学理论作为出发点,而主要是因为作者通过对大量汉语真实语言运用现象的考察,深刻地揭示了语法现象的动态变化特征,并总结出多个前人未能发现的规律。本书可说是汉语功能语言学理论和实践相结合的一个成功范例,具有突出的学术价值。下面我们仅就若干重要方面略作评述。

首先,本书所考察的语法现象范围十分广泛。纵览书中章节,我们可以注意到作者尤其专注于各类语词及其相关格式的意义及功能的扩展与创新,例如第 3—5 章涉及指代词,第 9 章是选择连词"还是",第

10章讨论方位成分"里",第12章涉及多类连词,第6和第7章分别考察表认证义和表言说义的动词。本书也考察了多种句法层面上结构式(如零形主语反指小句、关系小句等)用法的功能因素,以及语体语境特征对语法的影响(第六部分)等。这些章节描写充分,解释有力,充分证明了浮现语法理论的深刻解释力和高度的相关性。

第二,作者重视利用综合手段解释语言现象,常常能在方法论上给读者以启迪。例如第4章在讨论指示词的时候,作者认为当代北京话"S这VP"这个格式指称具体行为,是来源于"主语＋这一＋动词"。作者提出了语音方面的证据,指出其中的"这","语音形式是 zhèi,不是 zhè,这个读音透露出应该是'这'与'一'合音而来的,与北京话回指性名词短语里的'这'语音相同。"这就为说明"这"的扩展用法的路径提供了合理的描述。类似的情况也反映在第10章对"动词＋里"格式的语音特征的描述,作者指出作为辅助成分的"里"只能有轻音,没有对比重音,常常跟单音节动词结合等。第12章在考察连词的扩展用法的时候,利用话轮和话语篇章结构描述变化类型并分析导致变化的因素。相对于前人对连词的研究多局限于小句与小句之间的关系,作者在这里把连词的用法放到说话人会话的大环境中加以考察。例如在论证连词"因为"的传信用法(作者称之为"知域的用法")的时候,作者发现,对话中后续话轮起始位置也可以出现"因为",而且这种"因为"引出的是说话人的理解和推论,是言者推断的理由。还有,历史语言材料也是作者考察考察语词和结构变化轨迹时常常关注的一个重要因素。除此之外,几乎在每章中我们都能看到作者利用语义、语用、音律和类型学等因素解释汉语现象。这种开阔的视野使得本书常常能在同类研究中超出前人。

第三,本书对汉语句法语义现象多有独到的见解和深入的解释。作者在真实语料基础上对各类现象的精细描述(例如有关指示词的各章)无疑是值得称道的,同时我们也必须指出,作者并不满足于描述的充分,而更追求解释的合理。几乎在本书的每章中,我们都能看到作者试图把现象、演变轨迹和背后的(演变)机制有机地结合起来,这种尝试无疑增加了研究的深度。例如,第1章在讨论反指零形主语小句的地位时,突破了前人有关回指、省略等说法,从言谈中的前景、背景的对立中寻找话语因素。作者最终把零形主语小句定位为汉语这种缺乏形态手段的语言服务于背景化言谈需要的一种句法降级手段。作者指出:

> 零主语、依附性、非内嵌、后句/末句含有完句成分,这是汉语反指零形主语小句的总体特征。也可以说,句法降级有一种手段是以强制性要求主语零形反指为特征的。这种强制性可以理解为对缺少形态标记手段的补偿。小句采用零形主语反指是将小句间的关系从等立关系转为主次关系的手段,小句零形主语反指是综合运用语序和连贯手段对背景信息进行包装,以此背景化手段取得功能与句法形式的协调。

这种解释把句法成分的有和无的选择看成一种系统对立,可说是动态句法学、语言类型学和话语语法理论的高度统一,为我们研究动态语法提供了一个非常有用的研究视角。

当然,本书作为开创性研究,内容覆盖面也较大,有些方面难免还有需要改进的余地。就我们目前看到的章节来说,下面的问题——既有组织方面的也有更具实质性的——可能需要作者在修改时适当注意。

在编排方面,本书目前似乎还处于专书和论文集之间的不定状态,体例等方面还需要做进一步的统一。例如,多个章节有对同样的理论概念重复介绍的现象,作为独立的论文这种重复可能是必要的,但作为专书应该就没有这个必要了。这方面的例子有:有关前景和背景的区别,第1章和第2章有重复介绍。关于新信息在语调单位内的分布限制,第 2、12 和第 14 章有重复介绍。其他如关于语调单位的概念、语用标记和话语标记的区别标准等,不同章节也有不同程度的重复。可以考虑把涉及全书的重要理论概念放在书前引论部分统一介绍,后面只做引用即可。还有,书中本来可以相互引用的章节,有时忽略不谈而引用了早期的一些单篇论文。例如第 3 章讨论了指示词,后面的章节(如第 4 章)在涉及同样问题时没有引用这一章的讨论,而是引用了 2000 年的论文。

第 1 章用大量篇幅对后面各章内容做简要介绍,略显重复,反而有些很有讨论必要的内容却没有交代。除了上面提到的贯穿全书的重要理论概念外,我们建议作者还可以考虑对所用到的语料的性质和来源以及多种研究手段做些介绍。本书的书名提到口语和书面语,给读者带来的期待是口语和书面语的某种程度上的比较,而全书没有看到这方面的系统比较。在研究手段方面,如何判断基本用法和扩展用法及中间状态,如何利用综合因素考察语言现象,如何从类型学的角度考察汉语话语语法,共时语言学和历时语言学的结合方法等,作者在研究中都做了非常有效的探索,但是全书整体上并没有对这些方法论问题进行明确讨论。如果在引论中对此做些总结或理论探讨,相信会对初学者甚至有经验的研究者都会十分有益。

书中有些解释还可以做进一步的挖掘。如前所述,第 4 章在讨论指示词的时候,作者提出当代北京话"S 这 VP"这种指称具体行为的格式来源于"主语＋这一＋动词"。这个论断是很有见地的。然而更深入的问题是:如果这个假设成立,这能否更能说明指称行为的指示用法来源于类似于"一……(就……)"的格式,即表面上是一个瞬时的时间,由瞬时时间进而推出事件之间的紧密联系,构成一种特殊的状态(conditional)关系,其背后的机制应该是 Traugott/Dasher (2005) 所谓的邀约推断(invited inferencing)。如果这种说法成立,那么这种格式和古代汉语里的"主-之-谓"结构到底是何种关系就可能需要重新审视了。

书中有些论述的细节尚待精确化。例如第7章(3.2节)讨论言说动词"虚化的动因",但是我们看到的是两条演变路径("言说动词＞引语标记＞准标句词＞标句词"和"言说动词＞话题标记＞例举标记＞条件从句标记＞虚拟情态从句标记"),动因和过程似乎应该有所区别。第8章(第2节)和结语章都提到"语义磨损"的概念,但都没有加以解释说明。第10章认为"动词－里"的"里"已经完成了从空间范畴到时间范畴的变化,但是如何判定"里"(即"里头/边儿")和动词成分结合以后还保留了多少空间意义,用什么方法判断等,都还有可以进一步讨论的余地。另外,同一章,为何在解释了"里"为"里头/边儿"的弱化形式以后还要用信息理论解释"动＋里"的优先原因,对其中的动机的描述也还不是十分清楚。第12章(第4节)把谈话中的位置分为"话轮起始位置"和"前后话轮之间的",逻辑上不能说是很严密,因为两者完全可以理解为同一个所指。同一章在论述连词的意义时提到,"叙述同一个事件或者论证同一个命题的时候,连词的意义相对比较实在",这个说法似有循环论证的意味,因为我们也可以说,连词的意义比较实在可能是因为所叙述的事件相同或所论证的命题相同。结语章(第4节)提到"处"的两种用法(chù、chǔ)的语用频率效应,由于没有具体解释,这一节不容易理解。同一章的4.3节讨论高频成分的"俗语化"趋势,没有说明什么是"俗语化",从所举例子中也看不出和通常理解的俗语有什么联系。我们猜测这里可能指的是板块化或短语化。

当然,上述瑕疵远不足以掩饰本书的重要贡献。作为国内汉语功能语言学最新也是最具代表性的成果之一,相信《浮现语法》一书的出版一定能够对从动态变化的角度研究汉语起到极大的推动作用。故十分乐意推荐本书的出版。

附　注

① 评审意见中涉及的章节号为原书稿的排列,与出版定稿的章节安排及表达形式不尽一致。特此说明。

参考书目

Traugott, Elizabeth C. and Dasher, Richard B. 2005. *Regularity in Semantic Change*. Cambridge: Cambridge University Press.

评审人：陶红印

2013 年 2 月 12 日

专家评审意见

毕永峨

　　这本书是以当代浮现语法观点剖析汉语的典范著作。作者对理论作了详细的描述与讨论,再以此理论架构为基础,深入地探讨了汉语词法,句法及修辞的一些重要课题。经由对这些课题的分析与论证,作者具体说明了功能语法学派的立场,即语言结构与语言使用为一体之两面,也具体呈现了语言共时面中语法化与语用化的浮现现象。

　　相对于生成学派一向关注人类语言的先天性与独立性,功能学派一向关注语言与人类心理认知和互动需求的密切关联性。二十世纪后期,由于科技进步,对自然口语的研究越趋深入,在八十年代,一些功能学派的学者,进一步提出在当时视为激进的"浮现语法"观点。从对人们日常口语会话的观察中,语言学家体认到语言随时处于变化之中,而人们使用语言就是启动变化的机制。换言之,语法不是铁板一块,而是活的有机体。语言结构无非是语言经多数人频繁使用约定俗成的沉淀。因此,对持浮现语法观点的语言学家而言,找出语言使用导致语言结构改变的事例与其机制是最重要的课题。

　　本书就是针对当代汉语,以浮现语法的角度,探讨口语(及其他语体)中语言结构(句法)因应语用需求(章法)而产生的变化。浮现语法的现象可以从相辅相成的两个面向理解。一方面,语用需求会导致某些语法创新的现象,即语法化。譬如为了区隔篇章言谈中的前景与背景,汉语的各式小句常成为背景化策略的手段。又如,指示词与人称代词往往是言谈话题建立与延续的手段。当代北京话中近指词"这"已经有了定冠词的用法,而数词"一"则朝向不定冠词的方向发展。再如,关系小句的前置与后置也是语用规则语法化的例子。前置小句用来指称、识别一个已知的言谈对象,而新兴的、尚未完全语法化的后置小句则体现了核心名词应尽早确认的语用需求,并且对此核心名词作描述及说明,提供新信息。另一方面,相对于语法化的就是语用化,也就是语言资源(句法、词汇)会因为交际需求导致"一物多用"的现象。譬如高频认证义动词(如"觉得")的句法限制松动,语义从客观表达转为主观评价。又如,表达复句关系的连词,特别是后项连词(如"所以"),常出现在话轮起始位置,表达为什么要说(言域)或所说的与上文的关系(话语标记)等浮现义。

　　本书除了导言与结语之外,分为十六章[①],内容丰富,涵盖构词、句法与修辞问题。十六章以六大主题相扣,组织条理分明。作者文字通顺流畅,读来易懂;对于有关汉语各课题过往文献的整理与评述齐全而周详;对浮现语法的起源背景、历来相关文献,与论证细节亦有十足的掌握。作者最大的贡献,在于以浮现语法观点,具体、深入、且全面地描述并解释了汉语共时面中语法与词汇的变异现象,清晰地呈现章法与句法的相生与共,从而提供一条汉语研究的新路径。以浮现语法从事汉语研究的文献目前数量尚不算多,本书的出版恰逢其时。严谨的理论架构,研究方法的一致,与研究课题广博、完整的涵盖范围,是本书重要性之所在。本书绝对值得推荐出版!

　　书稿仍然有一些由于电脑书写造成的错字或重复段落,相信在校对过程中作者及责任编辑会尽力改正。

附　注

① 原书稿提交评审时为十六章,现出版定稿改为二十章。特此说明。

评审人:毕永峨

2013年2月17日